ÉTUDES SUR L'ISLAM

ET LES

TRIBUS DU SOUDAN

COLLECTION DE LA *REVUE DU MONDE MUSULMAN*

PAUL MARTY

ÉTUDES SUR L'ISLAM

ET LES

TRIBUS DU SOUDAN

TOME PREMIER

LES KOUNTA DE L'EST — LES BERABICH
LES IGUELLAD

PARIS

ÉDITIONS ERNEST LEROUX

28, RUE BONAPARTE (VI°)

1920

LES KOUNTA DE L'EST

CHAPITRE PREMIER

ORIGINES DES KOUNTA

Sous le nom de Kounta (1), on désigne cette puissante
unité eth nique,dont les divers rameaux s'échelonnent du
Touat au territoire de Zinder par le circuit occidental du
Sahara : Touat, Adrar mauritanien, Tagant, Assaba, Hodh,
Azaouad et boucle du Niger, Timetrin, Adrar des Iforas,
et, maintenant, rive haoussa orientale du Niger jusqu'à
Tahoua. Ce n'est plus une tribu car, depuis 7 à 8 siècles
qu'a commencé leur exode du Touat et que les campements
se sont égrenés sur la route précitée, chaque branche locale s'est développée dans son ambiance, s'est adaptée à
son milieu, a crû souvent très abondamment, et a fini
par constituer une véritable tribu. Ce n'est pas une confé-

(1) *Kounta* et mieux *Kenta*. On dit au pluriel *Kenata*. Le singulier est
Kounti ou *Kenti*.

1.

dération, car quelque relâché que soit le lien confédératif
en pays arabe, il n'y a rien de semblable ici. Les divers
rameaux kounta, dispersés dans l'infinité saharienne, se
connaissent tout au plus de nom, se fréquentent fort peu,
se voient — sauf inimitiés personnelles ou familiales —
généralement avec plaisir, mais ne sont, ni ne se sentent
unis par quelque lien que ce soit, sauf par celui de la com-
munauté de leurs origines premières et peut-être aussi par
la même affiliation qadrïa.

Tribu lettrée et nettement arabisée, les Kounta possèdent sur leur passé d'abondantes traditions historiques et
légendaires et un certain nombre de textes écrits d'inégale
valeur et d'inégale importance. De ceux-ci trois sont à
retenir :

1º Le *Tarikh Kounta*, petit opuscule où la tradition
historique kounta a été résumée par Baye ould Sidi Amor,
de Téléya, dont on verra la notice au chapitre IV. Elle
débute par Sidi Oqba, l'ancêtre légendaire de la tribu, et
se termine au seizième siècle, à l'aurore de la période
historique.

2º Le *Kitab El-taraïf oua El-talaïd* (Livre des biens
acquis et hérités), volumineux ouvrage où le cheikh Sidi
Mohammed (✝ 1826) narre, avec beaucoup d'autres choses,
la vie de son père, le grand cheikh Sidi-l-Mokhtar (1730-
1811) et de sa mère Mbirika.

3º Un autre *Tarikh Kounta*, qui, d'ailleurs, n'a pas été
utilisé dans le présent travail, et qui a été rédigé, au début
du dix-neuvième siècle, sur l'ordre et les indications de
Sidi-l-Mokhtar Al-Kabir.

A l'aide de cette documentation, orale et écrite, il est
possible de distinguer dans la vie de la tribu trois périodes :

1º La période de la légende, qui va de la fin du sixième siècle au début du quinzième siècle, où tout ce qui est rapporté
est faux ou à peu près et où, chemin faisant, on aura peine à

établir, de-ci de-là, quelques faits ou dates vraisemblables.
Quel que soit, aux yeux de la critique, son peu de valeur,
il faut néanmoins la connaître, car les intéressés la tiennent pour authentique, et, au demeurant, on ne sait pas ce
qui se cache sous cette affabulation.

2° La période de la tradition historique, qui va du début
du quinzième siècle à la naissance du Cheikh Sidi Mokhtar
Al-Kabir (1730), se déroule, malgré certaines invraisem-
blances et les prodiges accoutumés, avec une grande net-
teté de détails et dans un accord souvent parfait avec les
événements extérieurs. Les critiques les plus sévères peuvent en considérer le récit, pour le moins, comme le
schéma authentique de la vie de la tribu.

3° La période historique, qui compr' d le dix-huitième
siècle et se résume dans la vie du grand Sidi-l-Mokhtar
(† 1811).

Ce sont les deux premières périodes qui sont traitées
dans ce chapitre. Elles concernent en effet l'histoire générale de la tribu et peuvent servir d'introduction à tout essai
historique sur chacune des grandes divisions : Kounta du
Touat (Extrême-sud algérien), Kounta de l'Ouest (Mauritanie), Kounta du Hodh, et Kounta de l'Est (Haut-Sénégal
et Niger). Par la suite, on entre dans l'histoire personnelle
de chacun des groupements et dans le domaine de l'ac-
tualité, et les informateurs sont de vieilles barbes, qui ont
vu les faits dont il est parlé ou les acteurs qui les ont joués,
et qui peuvent être eux-mêmes recoupés par les relations
de voyage des René Caillié, Barth, Lenz, et, depuis 1894, par
nos archives politiques.

I. — LA PÉRIODE LÉGENDAIRE.

Les Kounta assurent descendre d'Oqba ben Nâfi, le célèbre conquérant de l'Afrique du Nord (fin du septième siècle)

Cette tradition est répandue non seulement chez eux, mais dans toutes les tribus lettrées sahariennes. Leur arbre généalogique d'ailleurs, qu'il soit recueilli dans le Tagant, le Hodh ou l'Adrar des Iforas, ou traduit des textes écrits, vieux déjà d'un siècle, se rattache très nettement à ce grand homme de guerre.

Voici la première partie de ce tableau généalogique :

Oqba ben Nâfi.
|
El-Aqeb.
|
Yaqoub.
|
Ouarid dit Chakir.
|
Omar dit Douman.
|
Abd Allah dit Yahsèn.
|
Othman.
|
Yahia
|
Sidi Ali (début du xvᵉ siècle).

« Le berceau des Kounta est à Kairouan. » Oqba ben Nâfi a fondé Kairouan, le fait est historique, mais la légende kounta qui y fait périr le héros, assassiné par le chef berbère Koceïla, est fausse. Oqba n'a pas été enterré à Kairouan, mais près de Biskra, à Sidi Oqba même, et par conséquent Kairouan n'est pas le berceau des Kounta. Ce tombeau de Biskra ne reçoit d'ailleurs, à l'heure actuelle, et quoi qu'en prétendent les annalistes kounta, la visite d'aucun pèlerin saharien ou soudanais. Seuls les gens des Ziban, d'Oued Rir et de l'Aurès y vont en pèlerinage, mais il est exact que dans les siècles passés, quand les pèlerins se rendaient à la Mecque par la voie saharienne et les pays de Barbarie, au lieu d'emprunter comme au dix-neuvième siècle, la route de Gambie ou du Sénégal,

quelques pèlerins kounta et méhajib passèrent au Zab pour
y visiter le tombeau d'Oqba.

A remarquer que ce meurtre de « leur ancêtre Oqba »
est souvent invoqué par les Kounta comme une des causes
de la haine inextinguible qu'ils nourrissent contre les
Touareg (plus spécialement Oullimiden), car disent-ils, les
Touareg descendent du Berbère Koceïla, l'assassin de
notre ancêtre.

Il faut placer ici une remarque qui expliquerait bien des
traditions soudanaises jusqu'ici restées incompréhensibles.

Encore que la tradition générale détermine le saint enterré à Sidi Oqba (Biskra) comme étant Sidi Oqba ben
Nâfi, un petit nombre de lettrés indigènes des Ziban ont
conservé la tradition que ce tombeau était celui d'Oqba
ben Amir.

Or c'est à Oqba ben Amir que tous les Peul soudanais,
sénégalais et guinéens prétendent se rattacher, et à un Oqba
ben Amir qui serait venu dans le Hodh. N'y aurait-il pas
eu dès lors confusion entre les deux Oqba? On a le choix
et on peut construire de toutes pièces avec les Kounta et les
Peul diverses hypothèses, et choisir celle qu'on voudra et
qui leur donnera aux uns et aux autres partiellement raison.

Il ne faut pas négliger l'objection que les historiens
arabes modernes font indirectement à cette version. D'après
eux, Oqba ben Amir, mort 3o ou 35 ans avant Oqba ben
Nâfi, n'aurait pas dépassé l'Égypte (1).

« Oqba laissa un de ses fils, Al-Aqeb, à Birou, ancienne
ville, sur les ruines de laquelle Oualata a été élevée.
C'est par cet Al-Aqeb que les Kounta se rattachent à Oqba.
Celui-ci continua ses conquêtes dans le Sahel soudanais et
soumit le Takrour ; puis il repartit vers le Nord, laissant
Al-Aqeb chef du pays et son représentant. Al-Aqeb fit

____

(1) Sa tombe, au Caire, avoisine au S.-E. celle de l'imàm Châfi'i.

bâtir une mosquée à Birou-Oualata et y fut enterré. Son tombeau s'y voit toujours. »

On le voit, la légende continue. C'est vraisemblablement dans la seule imagination des indigènes qu'Oqba est venu au Soudan et y a conquis les pays qui s'étendent du Sénégal au Niger et portaient le nom de Takrour.

D'après la tradition orale, après avoir détruit Es-Souq, Oqba se dirigea sur Oualata, emmena tous ceux qui voulurent le suivre dans ses courses à travers le Takrour, dont il conquit les villages et atteignit Saqa Boura « où se trouvaient alors, dit le *Tarikh*, des Berbères Aureba ».

Saqa Boura était la capitale du Macina. Ses habitants Aureba seraient donc, dans la tradition, des Peul : les Ouwarbé, ou bien les Ourourbé actuels, qui auraient été vaincus, réduits en captivité et emmenés à Tichit.

Cette légende est bien naïve, et il est difficile de voir dans les Aureba les ancêtres des Peul, ou même simplement des Guirganké qu'à Tichit, Chingueti et Oualata on appelle Masna ou Massina, et qui sont, comme j'essaie de le démontrer ailleurs, des nègres Soninké, métissés de blancs. L'azer qu'ils parlent encore est un dialecte soninké avec des infiltrations de berbère et d'arabe.

Bekri, qui raconte avec force détails l'expédition d'Oqba au Fezzan et dans le Sous, dit bien que, dans ces provinces, il a été au contact des Berbères voilés, mais se garde bien de lui faire traverser le Sahara.

Par contre, il relate que le roi Zenaga, qui commandait Aoudaghost entre 961 et 971 (300 ans après Oqba), fournit au roi (nègre) des Masna une colonne contre le roi (nègre) Aougham, qui fut défait et tué, et dont les femmes se jetèrent dans des puits pour ne pas tomber aux mains des « hommes blancs ». Ce fait prouve qu'elles étaient des négresses et que les gens des Masna et d'Aougham étaient des noirs.

La tradition kounta n'apporte donc aucune lumière dans ce débat.

Quant à l'erreur, qui fait de Koceïla, le chef des Berbères de l'Aurès, vaincus par Oqba, le chef des Aureba, elle est facile à expliquer par la confusion des noms, et l'incertitude des chroniques kounta.

En résumé, il semble donc bien que la conquête du Takrour et du Macina, si conquête il y a eu, a été l'œuvre non d'Oqba, mais d'un de ses descendants.

On est pourtant obligé de constater l'universalité et la fermeté de ces traditions indigènes, qui dépassent les Kounta et les autres Maures, mais sont aussi répandues dans toutes les tribus peul. Serait-ce que le mot « bahr » qu'on avait jusqu'ici traduit par « océan » et assigné comme limite extrême aux courses aventureuses d'Oqba ben Nāfi, devrait être pris dans son sens saharien de « fleuve » et désignerait le Sénégal ou le Niger?

Cette interprétation expliquerait bien des choses. Elle justifierait les nombreuses traditions soudanaises, et en ce qui concerne les Kounta, elle permettrait d'admettre qu'un fils d'Oqba, Al-Aqeb, ou un de ses descendants, ait dominé dans la région de Birou, devenue par la suite Oualata, dans la deuxième moitié du septième siècle, ou plus tard.

Toujours est-il qu'on montre à Oualata la mosquée, la première en date du pays, construite par Al-Aqeb et où il fut enterré. Cette mosquée s'est écroulée en 1914. Le tombeau d'Al-Aqeb que signalait déjà, en 1800-1820, le cheikh Sidi Mohammed le Kounti a été recouvert par les décombres et s'y trouve toujours. On a bien relevé une partie de la mosquée, mais ce n'est pas celle où était le tombeau.

Ce saint personnage n'est l'objet ici d'aucun culte particulier et son tombeau reçoit fort peu de pèlerins.

« Le fils d'Al-Aqeb fut Yaqoub, qui finit sa vie dans le Zab et y fut enterré. Son tombeau, très célèbre, est un but de pèlerinage où se rencontrent des Kounta, des Tadjakant, et, parmi les Ida Ou Al-Hadj, ceux qui portent le nom de Id Eiqoub. »

La critique est facile. Il y a ici confusion entre Yaqoub et son grand-père Oqba ; c'est celui-ci qui a été enterré dans le Zab (Biskra). Les recherches obligeamment effectuées à ma demande par l'officier-interprète Longobardi, de Biskra, ont établi qu'il n'y a aucun tombeau d'un descendant d'Oqba dans le Zab et que, par conséquent, on n'y a jamais vu de pèlerins kounta ou de leurs voisins du Sahara.

Yaqoub eut pour successeur son fils Chakir, dit encore ici Sarir, « dont le tombeau à Kairouan est connu et visité par des pèlerins kounta et méhajib, et qui était le détenteur de la baraka ».

Kairouan était, en effet, après le Zab, une étape presque obligatoire sur la route du pèlerinage et les Qadrïa-Kounta, en route pour la Mecque, y passaient, les siècles derniers, comme passent aujourd'hui par Fez, où se trouve le tombeau du fondateur du Tidjanisme, tous les adeptes de cet ordre qui s'en vont en Orient.

Ici se produit une légère divergence dans les traditions kounta.

Chakir, disent les uns, a un fils Ouard. Ouard, disent les autres, n'est qu'un surnom de Chakir.

Ensuite, dit le *Tarikh Kounta*, Chakir, ou Ouard, ou Ouard Chakir, comme on voudra, a un fils Abdallah Yahsèn (ou Yahs), qui vient s'établir dans le Dahra (Orléansville), y professe brillamment, et est enterré à Mostaganem. Son fils est Omar Douman, qui, pour fuir les guerres civiles, émigre vers les oasis sahariennes, mais meurt en route et est enterré au Mzab (Ghardaïa).

Ouard Chakir, dit la tradition plus généralement répandue, a pour fils Douman, et Abd Allah Yahsèn est le fils de Douman.

Il est impossible de distinguer quelle est la véritable
filiation et quelle est l'invention, et d'établir la vérité
des faits eux-mêmes. Il est en tout cas acquis que les tom-
beaux de ces deux ancêtres des Kounta sont inconnus à
Ghardaïa et à Mostaganem.

Avec Othman, fils de Yahsèn ou de Douman, suivant
l'une ou l'autre version, on retrouve une filiation non con-
troversée. Othman parvient au Touat et se fixe dans
l'oasis d'Azzi, y professe, y meurt et y est enterré. Le
Touat, dernier habitat possible de l'extrème Sud algérien, a été de tout temps le refuge des vaincus ou plus
simplement des timides, du Nord ; et c'est ce qui y a provoqué cette extrème bariolage de races et d'origines ethniques. Othman et son père étaient dans la tradition, en
venant y chercher la paix et la tranquillité des solitudes
sahariennes.

Yahia, son fils, marabout réputé, vit dans le Touat au
milieu d'une grande affluence de télamides. Il y meurt et
y est enterré.

Son fils et successeur spirituel fut Sidi Ali, avec lequel
on abandonne le domaine de la légende pour entrer dans
celui de la tradition historique (début du quinzième siècle).

En dehors des inexactitudes, les lacunes sont nombreuses dans cette première partie. Le tableau généalogique
le plus complet donne huit générations, d'Oqba qui mourut
en 682-683 à Sidi Ali qui mourut dans la première moitié
du quinzième siècle. Huit générations sont manifestement
insuffisantes pour remplir le cadre de plus de sept siècles,
et il est évident que même si Oqba est vraiment l'ancètre
des Kounta, il y a eu de nombreuses omissions dans
l'arbre généalogique, tel que l'a conservé la tradition.

Ces omissions n'ont pas manqué d'entraîner des ana-
chronismes et erreurs considérables, mais il est inutile de
s'y appesantir ici, car cette partie historique relève surtout
de l'histoire générale de l'Afrique du Nord ; et ce qui en a

été dit plus haut suffit à conduire le sujet aux origines touatiennes et historiques des Kounta.

On remarquera enfin que la légende attribue à tous ces chefs de famille la barbare coutume, instituée par Oqba. de tuer tous ses enfants mâles. sauf un, celui sur lequel se portait son choix paternel pour continuer la race, la lignée des chefs et l'autorité spirituelle. Cette coutume se serait prolongée pendant trois générations encore jusqu'au cheikh Ahmed Bekkaï. Il y a là une confusion manifeste entre l'élimination des enfants par le père au profit du plus digne, et la mort réelle. Le père supprimait moralement ses enfants, en les soumettant à l'autorité de celui qu'il désignait comme chef politique et de famille et détenteur de la baraka : il ne les mettait certainement pas à mort. Rien dans les mœurs de l'Afrique mineure ou saharienne ne nous permet de supposer à ce moment une telle cruauté. Cette confusion a certainement été voulue par les tolba, soit par l'impossibilité de pouvoir expliquer cette unité de générations pendant sept siècles, soit pour dissimuler leur création, de toutes pièces, de cet arbre généalogique.

Le *Tarikh Kounta*, qui rapporte cette tradition et sa fin, en donne la signification exacte, à mon sens. L'usage était, dit-il en résumé, que le père se consacrât à l'éducation de ses fils ; il les connaissait ainsi parfaitement et quand il sentait sa fin prochaine, il choisissait parmi eux celui qui se signalait particulièrement par ses mérites et ses aptitudes ; il le bénissait, et *faisait des vœux* pour que Dieu prît les autres : il ne resterait alors comme seul héritier que l'enfant choisi par le père. La femme du cheikh Ahmed Bekkaï, ayant remarqué que l'affection spéciale de son mari se portait sur le plus jeune de leurs trois enfants, Omar, se confia à son propre père et lui demanda conseil. Celui-ci lui fit part de la vieille tradition familiale. La mère, ne voulant pas que les autres enfants fussent désavantagés au profit d'Omar, exécuta les conseils de son père. Elle

suivit, vers la fin de la nuit, le cheikh qui sortait pour
faire ses prières matinales, marcha les pas dans ses pas,
attendit la fin de la récitation de la fatiha, puis le saisit
par la ceinture, s'enlaça à lui et demanda la grâce de ses
fils.

Le cheikh, vaincu par la grâce ou par la chair, la lui
accorda, au moins en apparence, mais ne voulant plus
succomber aux tentations du Malin, se sépara de sa femme,
en laissant un testament écrit, et partit en voyage.

II. — LA TRADITION HISTORIQUE.

Par Sidi Ali, père de Sidi Mohammed Al-Kounti, l'ancètre éponyme de la tribu, on pénètre, sinon dans l'histoire parfaitement authentique, au moins dans la période
préliminaire : la tradition y est si claire, si nette et si précise ; elle cadre généralement si bien avec les informations
que nous possédons d'autres sources qu'il y a lieu de la
considérer comme vraie dans son ensemble. On peut d'ailleurs répéter l'expérience suivante aussi souventes fois
qu'on voudra. Prendre une famille kounti, isolée depuis
plusieurs siècles dans son groupement du Tagant, du Hodh,
ou du nord, ou du sud de la boucle, et demander à celui
de ses membres, qui a conservé le souvenir de ses origines,
de donner la liste de ses ancêtres. On arrive toujours entre
la dixième ou la douzième génération à Mohammed Al-
Kounti, fils de Sidi Ali.

Cette période va donc de cet ancêtre (début du quin
zième siècle) à la naissance du cheikh Sidi-l-Mokhtar Al-
Kabir (1729). Voici la portion du tableau généalogique qui
la concerne, au moins en ce qui concerne les Kounta de
l'Est.

Sidi Ali (XIVe-XVe siècles).

Sidi Mohammed Al-Kounti (XVe siècle).

Sidi Ahmed al-Bekkaï (XVe siècle † 1504).

Sidi Mohammed Al-Kounti As-Sar̆ir, ancètre par ses sept fils de la plus grande partie des Kounta de l'Ouest et du Hodh.	Taleb Bou Bakar Al-Hadj, ancètre des Hemmal.	Sidi Omar Cheikh, ancètre des Kounta de l'Est (XVe-XVIe siècles).		
		Ahmed Al-Firem, ancètre des Regagda.	Sidi-l-Mokhtar Cheikh, ancètre des Oulad Sidi-l-Mokhtar.	Al-Ouati, ancètre des Oulad Al-Ouati (XVIe siècle).
				Sidi Haïb Allah (XVIe siècle).
				Sidi Mohammed (XVIIe siècle).
				Abou Bakar (XVIIe siècle).
				Ahmed († 1739).
				Sidi-l-Mokhtar Al-Kabir (1729 † 1811).

Sidi Ali vécut, dit le *Tarikh Kounta*, sous le règne du sultan Abou-l-Faris, de la dynastie des Hafcides de Tunis, (1393-1433) qui se l'attacha et écouta toujours ses conseils. Le marabout était d'autre part en relations aussi bien avec les principaux marabouts berbères-çanhadja, qu'avec les chefs arabes-hassanes. La chose est bien possible, car le sultan Abou-l-Faris devint, après la conquête de Tlemcen (1423), le maître incontesté de l'Afrique mineure. Sidi Ali devait plus d'une fois revenir, malgré ces honneurs, à la tranquillité de sa Zaouïa saharienne. Il y avait épousé la fille du chef de la tribu Id Oukal, Mohammed Alim ben Kounta ben Zazem. Il y mourut, au cours d'un de ses voyages, et fut enterré à Azzi.

Ces Id Oukal étaient une tribu de la grande famille le

touna, donc çanhadja, donc berbère. L'ethnique kounta qui allait devenir le nom de la tribu est donc, lui, d'origine berbère. Au surplus, les Id Oukal paraisssent ne pas être autre chose que les ancêtres des Doukkala, la puissante tribu berbère qui vit dans l'arrière pays d'Azemmour-Mazagan (Maroc).

Sidi Ali laissait, de sa femme doukkalia, un fils qui, par respect et en vertu d'une coutume très pratiquée dans les tribus arabes, fut doté comme surnom du nom de son grand-père maternel : ce fut *Sidi Mohammed Kounti*. Il vécut dans les deux premiers tiers du quinzième siècle. Son père l'ayant laissé auprès de ses oncles maternels, c'est au Touat qu'il fut élevé et paracheva son éducation religieuse. Il y reçut les leçons d'un maître, qui a laissé un nom dans l'histoire de la mystique religieuse et dans la chaîne spirituelle des Qadrïa : Abou-l-Abbas As-Sebti. Il s'attacha à ce saint marabout, le suivit à Ceuta, sa patrie, et ne se sépara de lui qu'après sa mort, alors qu'il venait d'être consacré dans la hiérarchie mystique « pôle de l'Islam ».

Avec Sidi Mohammed Al-Kounti, nous assistons au début de l'exode saharien des Kounta. Le marabout vint chercher fortune dans le Sahara occidental auprès de sa tribu maternelle, les Id Oukal, qui nomadisaient du Tiris à la Séguia hamra. Il s'établit dans les parages de Zemmour, le point d'eau et le centre de pâturages le plus important de la région, et travailla à asseoir sa domination religieuse tant sur les Lemtouna-Doukkala, qui étaient toujours les maîtres politiques de la région, que sur les tribus arabes Beni Hassan, qui commençaient à arriver et allaient s'imposer à tous et devenir les guerriers hassanes de nos jours.

Il est assez difficile de démêler le rôle que joua Sidi Mohammed Al-Kounti dans ses luttes entre Berbères et Arabes.

Il ressort toutefois nettement du *Tarikh Kounta* que le marabout lâcha le parti de ses oncles maternels pour passer à la cause arabe. Pour quelle cause ? « Il était le gérant de leurs intérêts, dit le *Tarikh*, jusqu'au jour où les décrets du Tout-Puissant s'appesantirent sur eux, alors qu'ils avaient la prépondérance politique des pays sahariens jusqu'à la bordure soudanaise. Non sans chagrin, il sépara sa cause de la leur. »

On peut supposer, étant donné au surplus que, par ailleurs, l'auteur parle du « ressentiment du saint contre ses oncles maternels » qu'il y eut autre chose que la mauvaise fortune des Id Oukal pour entraîner leur séparation. Sinon ce serait une preuve d'ingratitude et d'indélicatesse dont le *Tarikh* n'aurait pas, pour le moins, fait une mention aussi ouverte. Il est vrai que, depuis un demi-siècle que nous connaissons les Kounta, on a pu constater qu'entre beaucoup de qualités le sens de l'opportunisme est chez eux prépondérant, et il n'y aurait rien d'étonnant que leur ancêtre Sidi Mohammed, au demeurant pieux marabout, ait passé sans aucune gêne au parti arabe, le jour où il fut manifeste que celui-ci l'emporterait.

Toujours est-il que s'alliant aux hassanes Oulad Nacer, il les reçut dans son campement, écoutant leurs offres tentatrices et, au nom de son magistère divin, leur accorda l'autorité sur les tribus berbères. Il y mit toutefois une condition : « Lorsque, leur dit-il, vous aurez conquis la suprématie au point de ne plus rien avoir à craindre des Berbères, vous mettrez fin à vos attaques et, avec vos enfants respectifs, vous leur imposerez votre pacte et votre alliance. » Les Hassanes protestaient : « Leurs fractions sont nombreuses et s'accroissent tous les jours, elles se prêtent un mutuel secours. » « Non, répondit le cheikh, ne les razziez pas inutilement, n'achevez pas les blessés. Dieu m'a accordé ce que je lui demandais : leur règne va finir, le vôtre commence. »

Une alliance générale des Arabes hassanes, et même si
l'on en croit le *Tarikh* et ce qui est tout à fait probable, des
tribus berbères asservies, renversait en cette fin du quinzième siècle la domination lemtouna dans cette partie de la
Haute-Mauritanie : nord de l'Adrar, sebkha d'Idjil, Zemmour. Elle préludait à la conquête arabe du Sahara occidental qui allait se poursuivre dans l'Adrar et le Tagant au
seizième siècle et se clore, au dix-septième siècle, dans la
basse Mauritanie par la guerre de « Cherr Boubbah ».

Les Berbères vaincus furent astreints à une redevance.
Ils gardèrent officiellement leur nom racial : « Çanhadja »
devenu dans leur dialecte berbère « Zenaga », et ce terme
de Zenaga, perdant avec le temps son sens originel et
ethnique a fini par signifier simplement « tributaire ». Ils
reçurent aussi des Arabes le terme de mépris de « lahma »
c'est-à-dire « viande », qu'on mange ou qui se gâte. Quelques fractions se consacrèrent à l'étude et aux pratiques
de piété et devinrent avec le temps les premiers zouaïa ou
tolba.

A cette époque (quinzième siècle), l'Adrar était peuplé
par trois rameaux lemtouna : les Tadjakant, dont le centre
était Tiniégui entre Chinguéti et Ouadane et qui n'avaient
pas encore entamé les luttes qui ont amené leur fractionnement (1); les Id Ou Al-Hadj (Id Ou Aïch) installés à Tichit,
et les Tafoulalet.

Sid Mohammed Al-Kounti prit femme parmi ses voisins : il épousa une jeune fille djakania, de la famille de
Mohammed ben Al-Hassan ben Ichef. Elle lui donna un
fils qui fut Sidi Ahmed Al-Bekkaï, Il fut enterré à Fask,
dans le Tasiast (Mauritanie).

Il reste enfin à signaler, pour compléter la vie de Sid
Mohammed Al-Kounti, l'ancêtre éponyme de la tribu, un

____

(1) Au sujet de ces luttes, voir l'*Emirat des Trarza*, livre II : chronique
des tribus : les Tadjakant, par PAUL MARTY, in Collection de la *Revue du
Monde Musulman*.

intéressant document trouvé par l'officier-interprète Martin au Timmi (Touat) et qu'il a produit dans son remarquable ouvrage : *Les oasis sahariennes.*

Cette pièce établit la présence de Sid Mohammed, qu'elle détermine « ben Al-Ouafi » dans le Touat, en 1460, ce qui confirme d'une façon absolue la tradition kounta.

« En 1460, notre oncle Sidi Mohammed ben Al-Ouafi vint s'établir à Zaouiet-Kounta et, l'année suivante, des marabouts de la famille de notre seigneur et aïeul le cheikh Al-Mokhtar vinrent habiter Djazlou (Zaglou).

« En 1464 arrivent encore des Oulad Ben Daoud, des Oulad Delim, etc.

« Mais tout ce monde repartit pour l'Azaouad en 1469, chassé par une disette. »

Cheikh Sidi *Ahmed Al-Bekkaï* a vécu aux quinzième-seizième siècles. Ce fut lui qui fit des Kounta les islamisateurs et les directeurs spirituels des tribus sahariennes, mouvement qui se propagea dans les pays noirs et allait amener la première islamisation des Nigritiens. Son rôle fut considérable : après lui, les Kounta vont se vouer à cette fonction de prédication et de direction religieuse qui fleurira du plus vif éclat avec son fils Omar Cheikh, paraîtra s'éclipser quelque peu pendant deux siècles, mais refleurira brillamment avec Sidi-l-Mokhtar Al-Kabir († 1811) et ses fils et petits-fils, et qui est loin d'être éteinte aujourd'hui.

Le *Tarikh* reconnaît bien ce rôle du cheikh. « Il fut la souche des Kounta et l'origine de leur élévation, la base sur laquelle s'édifia leur puissance et la raison première de la proéminence de leur rang, pour ceux-là même qui ne tenaient aucune noblesse de leur parent, — et nous sommes de père et de mère nobles. »

Avec ce « pôle » des mystiques, très savant, très perspicace, directeur des hommes, rénovateur des principes à observer,

guide des voies à suivre », va ..... er au Sahara la voie
qadrïa. Ahmed Al-Bekkaï n'es ..... ncore officiellement
dans la chaîne (*selsela*) aposto ..... de la voie, mais il y
est affilié, et son fils Sidi Omar C.... kh, deviendra le grand
maître de l'ordre et donnera le nom paternel à la ramifica-
tion qadrïa dont il sera le fondateur. Ce surnom de « Bekkaï », c'est à-dire le « larmoyant », fut donné au cheikh
par ses contemporains po ' honorer sa piété. On rapporte
en effet, qu'il manqua une fois la prière à la mosquée. Le
repentir lui fit immédiatement couler des larmes abondantes, et par la suite et pendant cent ans (?) il ne cessa
jamais de pleurer, ou tout au moins d'avoir les yeux hu-
mides.

Il épousa aussi une femme des Tadjakant, la fille de
Yaqoub la Ramadinia et en eut trois fils : *a)* Sid Mohammed
Al-Kounti, dit Saŗir (junior) pour le distinguer de son
grand-père ; *b)* Taleb Bou Bakar Al-Hadj et *c)* Sidi Omar
Cheikh. Les campements de ces trois fils ont été la souche
de toutes les tribus kounta relevant de l'Afrique occidentale.

Sidi Mohammed est l'ancêtre, par ses sept fils, des Kounta
de l'Ouest et d'une grande partie de ceux du Hodh. C'est
de lui qu'une étude sur ces groupements devra repartir.

Taleb Bou Bakar est, par ses deux fils, l'ancêtre des Hemmal (fraction des Kounta de l'Azaouad), des Ahel Dazreq
et des Douman ; cette dernière fraction a disparu.

Sidi Omar Cheikh est l'ancêtre des autres Kounta de l'Est.
Ce sont donc ces deux derniers fils d'Ahmed Bekkaï qui,
seuls, nous intéressent aujourd'hui.

Ahmed Al-Bekkaï vécut dans la haute Mauritanie, de la
Séguia al-Hamra à Zemmour et de Zemmour à Tiniégui
chez les Tadjakant. Ses pérégrinations l'amenèrent avec
ses disciples à Oualata soit dans le but de faire le pèlerinage
de la Mecque, comme le rapporte la tradition de l'Ouest,
soit, comme le rapporte le *Tarikh*, pour vivre loin de sa

femme qui par ses prières nocturnes avait eu raison de sa
volonté et l'avait fait rompre avec la tradition, ainsi qu'il a
été rapporté plus haut.

Oualata, peuplé comme aujourd'hui de Mehajib et de
quelques éléments marka-sarakollé (Soninké) en partie
émigrés aujourd'hui vers Goumbou et Nara, était alors un
pays infesté de fauves ; et on n'osait pas entrer dans la
ville ou en sortir, dès le crépuscule, et jusqu'au matin, car
on était assuré d'être dévoré par les lions, les panthères et
les loups. Sidi Ahmed Al-Bekkaï et ses disciples y étant
parvenus dans la soirée, après la fermeture des portes,
s'établirent aux abords du village et mirent les entraves à
leurs montures. Mais une pauvre femme, partie à la recherche de son âne, ne le retrouva qu'après la fermeture
des portes, broutant paisiblement, près du camp de Sidi
Ahmed Al-Bekkaï au milieu de lions pacifiques. Elle saisit
sa bête par une oreille et l'enmena ; mais voici que, passant près de Sidi Ahmed et ses compagnons, elle vit les
fauves se frotter contre le Cheikh et se coucher derrière
lui, tandis que les chameaux paissaient, mélangés à des
lions et à des panthères. Elle interrogea les nouveaux
venus, et ils répondirent qu'ils étaient des hôtes étrangers.
« Ne savez-vous pas, leur dit-elle, qu'aucun être vivant ne
saurait passer la nuit hors du village, sans être la proie des
fauves ? » Ils lui répondirent : « Nous sommes les serviteurs de Celui dont les lions et les panthères sont les
chiens. »

« Elle partit avec son âne, et, étant rentrée au village,
elle dit aux habitants : J'ai à vous rapporter une chose
étrange, c'est qu'il y a dans le bas-fond près d'ici, une
troupe d'hommes, et s'il était permis de croire à la présence d'un prophète sur la terre, je dirai qu'il est au
milieu d'eux. » Et elle leur raconta ce qui s'était passé.

Les gens de Oualata n'en sortirent pas pour autant, cette
nuit-là, mais le lendemain, ils se rendirent à son campe-

ment, et amenant en ville le Cheikh et ses gens, lui expo-
sèrent les dangers que faisait courir à leur vie et à leur prospérité la présence de ces fauves. Le Cheikh se rendit alors
dans la brousse et leur ordonna au nom d'Allah, de se retirer dans le Bakhounou, province sise au sud de Oualata.
C'est ce qu'ils firent immédiatement en emportant leurs
petits dans leurs gueules. Depuis Ahmed Al-Bekkaï, les
lions, les panthères et les chacals sont revenus dans les parages de Oualata, mais il faut reconnaître qu'il y en a aussi
dans le Bakhounou.

Le cheikh voulut alors reprendre son voyage, mais les
citadins l'en empêchèrent soit par la force, comme le dit la
tradition de l'Ouest, soit en lui représentant que sa besogne
n'était pas achevée et qu'il laissait derrière lui des fauves
bien plus terribles que les lions et les chacals, à savoir
leurs vices, leurs passions, leur ignorance, leurs désordres.

Le cheikh se rendit à ces raisons et planta sa tente près
de Oualata. Il se consacra à leur instruction, à leur réforme
morale et mourut plus que centenaire, en 1504. Il fut enterré primitivement à l'ouest de la ville, sur le bord de
l'Oued, dans ce qu'on appelle aujourd'hui le « Baten », c'est-
à-dire la vallée. Il arriva, dit le *Kitab*, que, quelques années
plus tard, les berges rongées par les eaux s'affaissèrent, que
les terres formèrent barrage. Un lac naquit, qui infecta de
moustiques, d'odeurs nauséabondes et de paludisme les
habitants de la ville. Mais l'un d'entre eux, ayant vu en
songe le cheikh qui lui ordonnait de transporter ailleurs
son corps, les notables résolurent de déplacer le tombeau.
On exhuma le corps, qui apparut tel qu'il avait été couché
le premier jour et les yeux pleins de larmes. Pour la dernière fois, Bekkaï, le cheikh fut transporté vers le haut de
la ville, sur le rocher où l'on voit encore son tombeau aujourd'hui. En réalité, et d'après les renseignements locaux,
c'est parce qu'à plusieurs reprises les pluies de l'hivernage
emportèrent son tombeau que ses disciples le déplacèrent.

Ce tombeau est très vénéré aujourd'hui encore, et, tous les vendredis de très bonne heure, les marabouts de Oualata vont y prier.

Le *Tarikh es-Soudan* dit du grand askia songaï Al-Hadj Mohammed : « Ce prince s'empara de tout le pays des Kounta, jusqu'à l'océan Atlantique et son autorité s'étendit de Boudoukou à Teghazza. » Il ressort de ces quelques lignes, les seules que ces chroniques consacrent aux Kounta que la tribu exerçait alors comme une sorte de prépondérance morale puisqu'elle est ici représentative de toutes les tribus maures du Hodh et de la Mauritanie, et d'ailleurs passa, pour un temps, avec ces tribus, sous le joug songaï.

Des trois fils qu'avait eus Ahmed Bekkaï de sa femme, la fille d'Agda Bouya, des Remadine (Tadjakant , le deuxième Taleb Bou Bakar était mort avant son père dans la force de l'âge. La succession paternelle se partagea entre les deux survivants: 1° Sidi Mohammed Kounti, l'aîné, qui hérita de l'autorité politique et revint par la suite avec la plupart des campements kounta dans le Tagant ; 2° Cheikh Sidi Omar Cheikh, le dernier, qui hérita de la baraka paternelle et de ses visées d'apostolat, et les porta à leur apogée.

Sidi Omar, né vers 1460, fit ses premières études auprès de son père, puis entreprit une série de longs voyages dans l'Afrique du Nord, du Maroc à l'Egypte, passa en Syrie, fit le pèlerinage de la Mecque, et rentra chez lui par la route classique africaine. Il continua par la suite ses pérégrinations en pays noirs et parcourut le Sahel soudanais (Takrour), du Sénégal au Niger. C'est au cours de ces voyages qu'il fit la rencontre du grand cheikh Al-Marili, qui paraît avoir été la plus grande figure religieuse de cette époque.

Ce Marili, d'origine tlemcénienne, s'était acquis un

grand renom au Touat, et, grand missionnaire d'Islam, vint porter la bonne parole dans les pays noirs et même à la cour des askia de Gao. Ses tentatives de réforme et d'islamisation provoquèrent des révoltes au Touat, notamment de la part des Juifs et un de ses fils y périt. Il traqua alors sans pitié les Juifs, très nombreux aux oasis sahariennes, saccagea leurs villages et en dispersa les habitants aussi bien dans l'Afrique du Nord que dans le Sahara soudanais. Al-Marili était le grand maître des Qadrïa dans l'Ouest africain, disciple, comme on le verra, du Sid Abd Ar-Rahman A-Soyouthi. C'est par lui que la chaîne des Qadria va pénétrer dans la lignée kounta.

En effet, Sidi Omar, séduit par la prédication et les vertus d'Al-Marili, s'attacha à lui et le suivit dans toutes ses tournées apostoliques. Il paraît avoir été son délégué pour la diffusion de l'Islam et du Qaderisme dans le Sahel soudanais, et c'est sans doute pour cela que le nom de Sidi Omar et de Kounta y est plus connu que celui de Marili, et que le rameau naissant devait, par la suite, avec son autonomie, devenir dans la grande confrérie qadrïa, le rameau Bekkaïa, du nom de Sidi Omar Cheikh ould *Bekkaï*.

Sidi Omar retourna en Orient avec son maître, fit à nouveau le pèlerinage avec lui et revint définitivement s'établir dans le Sahara occidental. C'est au cours de ce voyage qu'ils rencontrèrent en Egypte le cheikh Soyouthi qui conféra l'ouird à Marili, le reliant ainsi aux Qadrïa d'Orient, d'Ifrikïa et d'Espagne. La tradition rapporte qu'il s'inclina aussitôt après devant son disciple et lui demanda à son tour de lui conférer l'affiliation qadrïa, voulant ainsi faire éclater aux yeux de tous la vertu de Marili.

A la mort de Marili (vers 1532), son disciple, Sidi Omar, s'émancipa de l'autorité de ses successeurs du Touat et devint lui-même le grand maître des Qadrïa du Takrour et du Sahara. C'est vers cette date que se produisit la séparation des campements kounta.

Elle débuta par une querelle entre les fractions Oulad Mellouk blancs et noirs. Al-Ouafi, fils de Sidi Omar, prit parti pour les premiers, et son cousin Ouïs, fils de Sidi Mohammed Kounti, prit fait et cause pour les autres. Les deux cousins, jugeant bon de faire comme leurs protégés, en vinrent aux mains, et Ouïs, au paroxysme de la colère, saisit violemment Al-Ouafi par le poignet tandis que celui-ci, posant un pied sur celui de Ouïs, y appuyait de toutes ses forces : « L'un et l'autre retirèrent leur main ou leur pied avec tellement de violence que la chair resta en route. » Les deux frères convinrent alors que cet incident, venant sans doute après beaucoup d'autres, ne devait plus se renouveler et que, pour séparer « ces deux étalons enragés », il fallait opérer la scission de la tribu. Sidi Mohammed resta donc sur place, nomadisant du Hodh à l'Adrar, au Tagant et au Sénégal, et Sidi Omar alla s'établir avec ses télamides et ses tributaires dans la Hammada de la Séguïa-hamra : Ziane, Erg Chache et Ouad Chebb. Le *Tarikh kounta* nous apprend que leurs courses de prosélytisme et de commerce les amenaient dans tous les coins du Sahara : au Nord, vers le Sous, le Tafilelt et le Touat ; au Sud, vers Tombouctou, le Soudan, et jusqu'à Katséna et le Gouber, dans le Northern Nigeria. L'influence de l'Islam et spécialement des doctrines de charité et de mansuétude de la Voie qadrïa dut être des plus heureuses sur ces populations nomades et barbares du bas Sahara.

Un document, trouvé au Touat par l'officier-interprète A. G. P. Martin, établit à cette date ces relations des Kounta avec le Bornou.

Le sultan du Bornou, Kandié ould Diamchach, écrit « à tous les marabouts de la descendance du cheikh Al-Mokhtar et de Sidi Omar Cheikh et à tous leurs frères de Dermahaka, établis au Touat. »

« Chose étonnante, leur dit-il, comment avez-vous abandonné la coutume de vos pères et avez-vous cessé de venir dans notre pays ?

« Depuis le traité avec le sultan notre seigneur Seghra, vous n'êtes plus revenus chez nous.

« Certes, par Dieu ! je ne vous causerai ni ne vous ferai causer aucun dommage d'aucune sorte.

« Venez donc comme c'était l'habitude : aucun de ceux qui viendront du Touat, avec une lettre de vous, ne sera astreint à des contributions, car le pays est vôtre comme il était à vos pères. »

Cheikh Sidi Omar mourut vers le milieu du seizième siècle, en 960 H. soit 1552-1553 J.-C., précise une tradition, mais il est possible que cette date ne soit pas exacte, car elle est également donnée pour la mort de son fils et successeur Ahmed Firem. Il a dû y avoir confusion. Il laissait trois fils qui sont les ancêtres des actuelles fractions des Kounta de l'Est : Ahmed, dit Faïrem (le bec-de-lièvre), ancêtre des Regagia ; Sidi-l-Mokthar cheikh, ancêtre des Oulad Sidi-l-Mokhtar ; et Sidi Ouafi, déjà nommé, ancêtre des Oulad Al-Ouafi. Il fut enterré dans l'Iguidi, à l'est de la Seguia. Leur mère commune était une femme des Id Eïcheli, Tamekhlacet bent Al-Fara Yellab.

Le cheikh serait mort assassiné par les Chleuh dans les conditions suivantes rapportées par le *Kitab al-Taraïf*. Il était en prière au sommet d'une montagne dans le Sous quand une bande de coupeurs de routes berbères, passant par là, déchargèrent sur lui leurs fusils. Il fut blessé et son sang coula et, par la blessure, s'échappa une flamme lumineuse qui monta jusqu'au ciel. Les brigands épouvantés s'enfuirent, vinrent au village voisin qui était Aqqa, et racontèrent aux habitants le prodige dont ils venaient d'être les témoins. Les gens du village y furent, le relevèrent et l'ensevelirent avec piété, tandis que de nombreux oiseaux blancs voletaient sur son corps et qu'un parfum, semblable à celui du musc, se répandait dans l'atmosphère. Au moment où ils prononçaient la formule : « Allah akbar », on entendit une semblable oraison, poussée entre ciel et terre par une voix formidable.

On lui construisit un mausolée et, depuis ce temps, les visiteurs y affluent et apportent de l'argent, des dattes, des aliments et habits de toute sorte, que les miséreux se partagent.

A Cheikh Sidi Omar succéda comme chef politique des Kounta et directeur de la confrérie, son fils aîné, *Sidi Ahmed* dit *Al-Firem*, c'est-à-dire le « bec-de-lièvre » ou le « brèche-dents », on verra tout à l'heure pourquoi. Il vécut dans la première moitié du seizième siècle et mourut vers 1553, ou plus tard, si cette date de 1553, qui est donnée aussi pour la mort de son père, se rapporte à celui-ci. Il avait épousé sa cousine, une fille de Sidi Ahmed ben Taleb Bou Baker, son oncle. Son tombeau est à Bou Lanouar, où il a donné naissance à un vaste cimetière.

Il fut aussi un grand thaumaturge. Il se rendait un jour en compagnie d'une grande caravane, vers le Touat, quand on aperçut un djich qui accourait. Le cheikh ordonna à la caravane de s'arrêter, et levant le doigt vers l'ennemi, dit : « Vous n'avez rien à craindre. Pied à terre ! » ; on obéit. Le djich arriva et trouva la caravane changée en pierre. Un djicheur alors brandit sa lance, disant : « Il y avait là à l'instant un homme monté sur un chameau clair et revêtu d'habits blancs. » Et il en frappa la pierre. Le coup atteignit les dents du cheikh et les brisa, et c'est de là que lui vint le nom de « brèche-dents » (Firem). Le chef du rezzou cria alors : « O gens, faites cesser ce sortilège et revenez à la réalité humaine ; vous n'avez rien à craindre. » Sur un signe du cheikh, le charme fut détruit et la caravane reprit sa forme ; les cuisiniers travaillaient à leurs marmites ; les chameaux, les bagages étaient tels qu'au-

paravant, etc. Kadi, chef du rezzou, et une partie de ses
hommes revinrent à Dieu entre les mains du cheikh. L'on
voit encore aujourd'hui chez les Kounta quelques-uns de
leurs descendants.

La direction spirituelle de la voie bekkaïa se maintint
dans la descendance d'Ahmed Firem, jusqu'au dix-huitième siècle, où elle passa dans une fraction voisine, les
Ahel Sidi Ali, pour revenir ensuite dans les Oulad Ouafi
des Kounta. Cette chaîne mystique se sépare donc ici de
l'arbre généalogique des Kounta de l'Est et sera étudiée
plus loin.

Le deuxième fils de Sidi Omar, Sidi-l-Mokhtar Cheikh,
nomadisa plutôt dans l'Extrême-Sud marocain, de la Seguia
au Dra et du Dra au Touat : c'est au berceau de la famille,
dans la Zaouïat-Kounta du Touat, qu'il mourut et fut enterré. Ses descendants se trouvent, soit en petit nombre
dans l'oasis dite Zaouïat-Kounta, soit constitués en fractions autonomes sous le nom de Oulad Sidi-l-Mokhtar
chez les Kounta de l'Est (Kounta sahariens).

Le troisième fils de Sidi Omar, Sidi-l-Ouafi, vécut et nomadisa dans le Hodh. Son tombeau est à Al-Marir. Ses
descendants ont suivi l'exode kounta vers l'Est et se trouvent maintenant au nord de Bamba. C'est dans la lignée
de Sidi-l-Ouafi que devait renaître l'autorité politique et
religieuse des Kounta.

Sur les quatre descendants de Sidi-l-Ouafi, *Sidi Haïb
Allah* son fils (fin du seizième siècle) ; *Sidi Mohammed* ould
Sidi Haïb Allah (dix-septième siècle) ; *Abou Baker* ould
Sidi Mohammed (dix-septième siècle et début du dix-huitième siècle); et *Ahmed* ould Abou Baker (fin dix-septième
siècle, † 1739), ni les textes écrits ni la tradition orale ne
nous donnent de renseignements.

On trouve un simple renseignement dans le *Tedzkiret*.

A la suite d'un combat qui se livra, le 19 mars 1720, entre Kabara et Tombouctou, entre les troupes du pacha Ba Haddou, de Tombouctou, et les contingents arma-touareg du caïd Mansour, les gens de Ba Haddou subirent de nombreuses pertes. L'ennemi, occupant toujours les lieux, les citadins ne pouvaient se risquer sur le champ de bataille pour enlever leurs morts sans courir les plus graves dangers. « Tout le monde se rendit donc auprès de Sid Ceddiq le Kountaoui pour lui demander de faire transporter à Tombouctou les cadavres qui gisaient sur la route. Le prix du transport de chaque cadavre se monta à mille cauris. » Ce saint marabout, qui pouvait ainsi se glisser en homme de Dieu entre les deux camps, paraît être Abou Baker, dont le surnom est Ceddiq.

Les Kounta de l'Est sont, pendant ces deux siècles, dans le Hodh, vivant en fractions séparées, dont les campements nomadisent, suivant la saison, des pâturages et puits sahariens à la brousse et aux mares sahéliennes, et du méridien de Tichit à celui de Tombouctou.

Il appartenait à Ahmed ould Abou Baker, le Ouafi, Baba Ahmed, comme on l'appelle encore, de donner naissance à celui qui allait, comme pontife, faire refleurir le nom kounta, l'ouird qadri et la piété islamique dans toute cette région, et, comme chef politique, conduire les Kounta vers les pâturages de l'Azaouad et transformer définitivement ces marabouts en homme de guerre et de razzia.

CHAPITRE II

I. — ENFANCE.

Cheikh Sidi-l-Mokhtar le Kounti, le « Grand » comme
l'a surnommé la postérité, a été un très saint marabout,
un lettré de première valeur, un homme politique, qui a
joué dans la vie saharienne, de 1760 à 1811, un rôle des
plus importants. Textes écrits et traditions orales sont una-
nimes sur ce point. Mais ce fut surtout un pontife, véritable conquérant religieux, dont l'enseignement attira à sa
tente les tolba maures, dont les missionnaires se répandi-
rent dans tous les pays noirs de l'ouest africain, et à l'action duquel par conséquent Sahara et Soudan sont rede-
vables, à l'heure actuelle, de leur islamisation dernière.
C'est à la fois le maître qui raffermit et éclaire la foi des
marabouts et l'apôtre des nations païennes. En dehors des
tribus sahariennes, son souvenir est des plus vivaces au
Sénégal, en Guinée, en haute Côte d'Ivoire et dans tout
le Soudan islamisé. Tous les peuples noirs qui se disent
attachés au Qaderisme, ici premier véhicule de l'Islam, relèvent, à un degré ou à un autre, de l'affiliation et de
l'apostolat du Cheikh Sidi-l-Mokhtar le Grand.

Il naquit au nord-est d'Araouan, à Kethib Ouralla, dans
l'Azaouad. Une tradition donne comme date de sa naissance 1729-1730, c'est la plus commune. Une autre donne
1722-1723. Toutes les deux le font mourir le 29 mai 1811,
à l'âge, soit de 84 ans, soit de 91 ans (lunaires). Il fut enterré à Bou-l-Anouar.

Le Cheikh était l'avant-dernier des enfants d'Ahmed
ben Bou Baker : il sera question plus loin de ses deux
frères consanguins : Mohammed et Sidi Bou Baker, qui
furent ses tuteurs. De leur mère Allalïa bent Sidi Abou
Baker Al-Ouati, Ahmed eut encore deux filles Khadidja et
Al Mosmïa, mariées à des notables kounta. De sa deuxième
femme, il eut, par ordre chronologique, une fille qui épousa
Ahmed At-Tiis, notable kounti, dont la descendance fleurit
dans les campements actuels ; Sid Mohammed, qui mourut
enfant, le Cheikh lui-même, et enfin Sidi Ali, né en 1731,
et mort en 1783.

L'enfant se signala, dès le lendemain matin de sa naissance, par des prodiges. On vint, suivant la coutume, com-
plimenter l'heureuse mère, qui découvrit le berceau pour
faire voir l'enfant. Le Cheikh, qui rapportait lui-même le
trait par la suite, disait qu'il se souvenait parfaitement
avoir vu, ce jour-là, des personnes blanches de peau et
d'une grande taille. Il donnait même leur nom.

A quatre ou cinq ans, il perdit sa mère, Mbirika, fille de
Baddi et à dix ans, son père Ahmed. Ce fut son frère aîné,
Mohammed Abou Hamïa, *id est* le protecteur, qui fut
chargé de sa tutelle.

Le jeune enfant paraît avoir eu une enfance vagabonde.
Il dit lui-même que les deux premiers mots qu'il prononça
furent « oued » et « kedia » (colline). Il raconte encore que,
peu après l'exode du campement de Zemmour, il se pro-
menait seul un matin dans la brousse, suivant les ravins et
grimpant les rochers, revêtu d'un méchant petit burnous.
Il venait de gravir une colline, quand il aperçut au pied de

la roche une bête fauve. Il prit la fuite, mais glissa si malencontreusement que son burnous resta accroché à une aspérité de la roche. Cet accident le sauva d'ailleurs, mais il ne fut sauvé de cette fâcheuse situation que le soir par les hommes venus à sa recherche.

Au dire de son biographe, l'enfant paraît avoir fortement subi l'influence de son grand-père maternel Baddi ben Al-Habib, qui était alors un marabout en renom de la tribu. Ce saint homme avait pour lui une affection toute particulière et ne pouvait passer un jour sans le voir et le presser sur son cœur. Alors que Mokhtar n'était encore qu'un enfant, le grand-père avait prédit ses brillantes destinées et s'était écrié : « Que de choses merveilleuses dans cette tête ! » En grandissant l'enfant lui jouait des tours de son âge : le vieillard était aveugle, mais on racontait qu'il pouvait voir quand même. L'enfant, voulant s'en rendre compte, pénétra légèrement dans la tente du grand-père, enleva son appareil de fumeur qui était suspendu à un des piliers de la tente, et dans le dos de l'aveugle, puis jeta la pierre d'un côté et le briquet de l'autre. Mais le vieillard lui dit en riant : « Mon petit, tu as voulu expérimenter si ce qu'on raconte sur la cécité de ton grand-père est exact : tu as jeté le briquet à ma droite et la pierre à gauche. » Et comme l'enfant se taisait interdit : « Qu'attends-tu pour remettre l'appareil en place ? »

Baddi accomplit lui-même divers miracles dont le plus éclatant fut de sauver un homme qui creusait un puits et fut enseveli dans un éboulement des terres, en appelant au secours Baddi. On le crut mort et on s'en revint au campement, mais Baddi les renvoya, avec l'ordre de continuer leurs forages de recherches, et on trouva en effet le puisatier tranquillement et commodément installé au fond du puits et attendant qu'on vînt le délivrer.

Il paraît au surplus n'avoir été rien moins qu'un rigoriste et, malgré les prédications du Cheikh Chadeli, Ahmed ben

Naceur, le Draoui, il continua à pratiquer l'usage du tabac et à le permettre autour de lui. A l'un des disciples de ce Cheikh Ahmed, qui lui reprochait un jour ce vice, il donna cette leçon miraculeuse et ironique de lui déposer dans la main sa chique et de lui faire constater qu'elle s'était changée en un bol de miel limpide.

Les deux tuteurs de l'enfant furent ses deux frères aînés, frères consanguins seulement, Mohammed Abou Hamïa et Abou Baker. Celui-ci a laissé la réputation d'un saint marabout, et a accompli divers prodiges. Ceux-ci entre autres sont rapportés.

Il avait quitté *Taoudeni* par un temps de très forte chaleur avec deux serviteurs seulement. A mi-chemin, ils s'aperçurent qu'il ne leur restait plus qu'une outre d'eau. Une forte dune de sable était devant eux, ils forcèrent le chameau pour la gravir, mais l'animal buta, la peau de bouc s'ouvrit et l'eau s'écoula. L'un des serviteurs s'écria : « L'outre s'est partagée ; nous sommes morts. » Mais le saint s'en saisit et mit sa main sur l'ouverture, disant : « Au nom de Dieu, par la puissance de Dieu ! » Et l'eau cessa de couler. Arrivés au puits, on la remplit à nouveau et le même phénomène se reproduisit. Une caravane de Beni Yala qui arrivait, leur ayant demandé une outre, le saint leur donna celle-là même, en leur faisant remarquer qu'elle était ouverte. Ils s'en étonnèrent : « Comment cela, elle est pleine et raide comme le doigt. » Mais dès qu'elle fut dans leurs mains profanes, l'eau s'en échappa.

Une autre fois, le saint avait caché deux sacs de mil dans le puits d'*Indagouber*. Quand, par la suite, ayant besoin de son grain, il voulut les reprendre, il s'aperçut que les termites avaient rongé le dessous des sacs. Il remonta sur le bord, étendit son burnous, et redescendit prendre un sac après l'autre en disant : « Par la puissance de Dieu ! » Aucun des sacs ne coula. Il recousit son burnous par dessus les sacs et put ainsi les charger sur son chameau.

Élevé par des saints et des lettrés aussi distingués que Baddi et Abou Baker, doué de par ailleurs des plus heureuses dispositions naturelles, il n'est pas étonnant que Mokhtar ait progressé, dès ses premières années, avec rapidité dans les voies de la piété et de la science islamique.

Il fallut pourtant un incident tout profane pour le mettre sur sa voie. Il suivait l'école coranique, gardait les troupeaux ou jouait avec les enfants de son âge, sans souci de son avenir, quand, vers l'âge de 13 ans, alors que sa tente venait de rentrer à Mabrouk, il fut l'objet d'une scène qu'il considéra comme un avertissement divin. Plusieurs esclaves noirs tressaient des cordes d'alfa devant les enfants. Chacun d'entre eux pour jouer prit une corde et se mit à continuer l'ouvrage. Mokhtar prit celle d'un esclave nubien profondément inculte et ignorant. Mais celui-ci se mit tout à coup à parler avec éloquence, disant : « Ce n'est pas pour cette tâche que vous avez été créé. — Pourquoi donc ? demanda-t-il. — Pour connaître votre Dieu, l'adorer et cultiver la science. »

A partir de cette date, l'enfant fut troublé par cette pensée et ne cessa de chercher les moyens d'échapper à sa vie de berger pour se consacrer à l'étude.

II. — ÉTUDES.

L'occasion ne se présentant pas, Mokhtar abandonna simplement un beau jour le troupeau confié à sa garde et s'en fut sur son chameau. Après diverses pérégrinations au village de Mamoun, et aux environs, il arriva dans un campement de Kel es-Souq qui sont, comme on le sait, les tolba et chapelains des Touareg. C'était la fraction des Kel *Inellebouch*; il se mêla au jeu des enfants, puis, à leurs études, et pour bien marquer sa résolution de rompre

les ponts derrière lui, renvoya à Mabrouk son chameau
« qui le détournait de Dieu ».

Il continua ses études juridiques et notamment le « Précis » de Khalil, dans une autre fraction targui, chez Aha, des Kel Horma, à l'intérieur de la boucle (1). Mais ses condisciples, jaloux de ses succès, le chassèrent plusieurs fois des cours et lui firent tant de brimades qu'il partit vers Tombouctou, sur le conseil de son maître impuissant à le défendre. Le climat soudanais était d'ailleurs funeste à ce jeune Saharien, et il était gravement malade. Au surplus, sa faculté d'assimilation était telle qu'il n'allait jamais au delà de la moitié ou du tiers des chapitres : il devinait et savait le reste.

Il ne connaissait personne à Tombouctou et erra longtemps en quête d'une âme accueillante. L'intransigeance de jeunesse dont il fit preuve un jour devant la mosquée, en réprimandant de vieilles barbes, qui se divertissaient au récit de potins de la ville et dans des histoires licencieuses — la chose n'a pas changé depuis deux siècles — n'était pas faite pour lui attirer des sympathies. Il finit pourtant par trouver un appui et un hôte en la personne de Sarf Nacïa Al-*Kouihini*. Cet homme charitable lui donna une chambre et lui permit de travailler dans sa bibliothèque. Après un certain temps, il fit la rencontre dans les rues de la ville d'un de ses parents Sidi-l-Mokhtar ben Sidi Ahmed, qui lui fit honte de sa vie misérable d'étudiant sans ressources, et l'emmena malgré lui.

Le jeune homme se débarrassa de son opportun protecteur d'une façon miraculeuse. Arrivé au puits, il se laissa tomber à terre, au milieu d'un emplacement parfaitement désert, et resta immobile tandis que ses compagnons le

(1) Les Kel Horma comptent à l'heure actuelle au nombre des fractions maraboutiques des *Igouadaren*. Ils ont pris une part active à la révolte de 1916.

cherchaient de tous côtés sans l'apercevoir. Lui-même ne les apercevait pas, mais les entendait. Ils finirent par l'abandonner. Il continua alors seul sa route et arriva dans un campement de Berabich. La première tente où il demanda l'hospitalité le renvoya durement, mais Allah les en punit, car ils moururent tous dans l'année. La seconde tente, au contraire, qui appartenait à la fraction des Romeïrat, de la tribu des Oulad Bou Khacib, lui fit un excellent accueil « et ils en furent récompensés par la suite, car ils crurent en nombre et en richesses ». Ce jugement a été confirmé : les Oulad Bou Khacib forment une importante sous-fraction des *Al Reïlan* (Berabich).

C'est à ce moment que le Cheikh trouva le maître de choix qui allait développer ses talents naturels et le mettre sur sa voie : il s'agit du cheikh Ali ben Najib, professeur remarquable, pieux marabout, grand-maître des Qadrïa de la région. À son école, il s'instruisit dans la science des commentaires du Coran et de la tradition prophétique (hadith), qui est peut-être la source la plus riche de l'histoire, du droit et de la civilisation musulmane. Il parcourut tous les recueils classiques du hadith, les compléta par les sciences annexes. et poussa, sous l'inspiration du prophète Al-Khadir, jusqu'aux belles-lettres profanes (rhétorique et grammaire). Il domptait en même temps sa chair par des pratiques fort sévères de jeûne et de mortification, et se préparait ainsi à la voie mystique. Il eut, dit-il lui-même, à subir les assauts du Démon, la première année, au dedans de lui, la deuxième à sa gauche, la troisième à sa droite, la quatrième au-devant de lui ; après quoi il goûta la paix. Pendant ce temps, il ne dormit jamais couché et ne rit jamais franchement, considérant tout homme couché et endormi comme un mort, et tout homme se livrant au franc rire comme un fou. Il jeûnait comme un moine du désert et se nourrissait de feuilles et de graines d'arbres de la brousse, des fruits du jujubier sauvage, etc. Il ne buvait que torturé par la soif ; et encore un peu d'eau sale lui suffisait-il.

Par ces traitements, son cheikh lui inculqua une forte éducation mystique et lui donna en fin d'études l'affiliation qadrïa avec le pouvoir de la conférer. C'est cette consécration qui allait faire de Mokhtar, à la mort du cheikh Ali, son successeur dans la direction de la Voie.

En quittant son cheikh, Mokhtar se rendit dans l'Azaouad, sur ses conseils, puis alla visiter ses parents abandonnés depuis si longtemps. Peu après, ayant appris qu'il avait été pillé par les Oulad Bella, il courut sur leurs traces, les atteignit au fleuve et, par son intervention miraculeuse, put faire restituer à son maître tout ce qu'on lui avait ravi.

C'est alors qu'entrant délibérément dans les voies de la sainteté, Sidi-l-Mokhtar se voua à une nouvelle et longue retraite, au cours de laquelle il ne vit d'autre femme que celles qu'il lui était permis de voir (sœurs, parentes...). Une seule fois pourtant, son œil gauche eut un oubli et se permit de jeter un regard vers une femme étrangère. Mais un ange l'en punit immédiatement, en frappant durement l'œil coupable, et longtemps après encore le cheikh souffrait de cet œil.

Le *Kitab al-Taraïf* résume, dans une longue énumération, les ouvrages qu'étudia Sidi-l-Mokhtar dans sa carrière de taleb. Il n'est pas inutile de les donner ici, car ils constituent un curieux aperçu de ce qu'était, dans les sociétés arabes du nord de Tombouctou le haut enseignement islamique, au milieu du dix-huitième siècle, et ils témoignent du souci extrême qu'on avait de rester dans l'orthodoxie en ne suivant que les cours des professeurs dont la chaîne intellectuelle et pédagogique remontait aux sources mêmes de l'ouvrage, c'est-à-dire à l'enseignement oral donné par l'auteur de l'ouvrage lui-même. On retrouvera, dans ces listes de professeurs célèbres, des seizième et dix-septième siècles, de grands noms déjà connus et cités dans d'autres ouvrages, traduits ou non encore traduits, et notamment le *Fateh Ach-Chokour*. On y remarque notamment le nom de Mohammed Baqïa, qui n'est autre que *Barhayoro*, le savant le plus distingué de son temps, et qui a laissé dans tous les écrits de l'époque la trace sensible de son prestige et de son influence. Comme ces ouvrages émanent de sources diverses, ils contribuent donc à fixer d'une façon précise la vérité historique.

Les ouvrages étudiés et les cours suivis par le cheikh sont donc :

a) Dans le domaine juridique : le « Précis » de Khalil, la *Tohfat* d'Ibn Acim, avec le professeur Mohammed Ahmed l'Iltimatihi, qui avait reçu son enseignement sur ce point de Sidi Ahmed ben Cheikh *Al-Hiounenkel*, des Kel es-Souq, qui lui-même remontait aux auteurs par ses maîtres; les *Sources du droit*, d'Ibn Najib, les *Limites du droit* d'Ibn Arfata, la *Risala* d'Ibn Abi Zaïd avec son cheikh Sidi Ali qui, par la chaîne des professeurs Sidi Ahmed ben Cheikh, And ag Mohammed ben And ag Abd Allah, Sidi Ahmed Baba cadi de Tombouctou, l'oncle de ce dernier, Sidi Mahmoud, le cheikh Baqïa, etc., remontait aux auteurs des ouvrages.

b) Dans le domaine des sciences grammaticales : les prolégomènes d'Ibn Adjerroum, la *Khilaçat* et la *Kafiat* d'Ibn Malik, la *Faridat* de Soyouthi, avec le professeur Sidi Ali, qui, par ses maîtres, se rattachait à l'enseignement des auteurs des ouvrages eux-mêmes :

c) Dans le domaine de la rhétorique et des sciences allégoriques, l'*Alfiya* de Soyouthi, les *Oqoud Al-Djouman* et leur *Quintessence* avec le professeur Sidi Ali, qui remontait par ses maîtres aux auteurs.

d) Dans le domaine des principes fondamentaux : les *Ouarqat* d'Abou-l-Maali, le *Djama Al-Djouama* d'Ibn Sobki, la *Kafiat* d'Ibn Al-Hadjib, le *Tenqih al-Foçoul* et les *Qaouaïd* d'Al-Mandjouri, avec le professeur And Abd Allah, de Oualata, aussi orthodoxe que les autres.

e) Dans le domaine des sciences de la tradition : les six Qahib classiques de l'Islam, le *Djâmaa al-Oçoul* d'Ibn al-Athir, les deux *Djama* de Soyouthi, le *Chifa* du cadi Ayadh, le *Kechf* de Charani, le *Tertib* d'Al-Mandari, avec le professeur Sidi Ali, qui, par ses maîtres, se rattachait à l'enseignement de Baqïa.

f) Dans le domaine de l'interprétation coranique : les Djelaleïn, le Commentaire de Baraoui, le *Lobab Taouil* d'Ibn Khazin, le *Commentaire* d'Ibn Atïa, celui de Nasofi et celui de Baïdaoui avec le professeur Ali, qui par ses maîtres Sidi Lamin ben Amor et Sidi Ahmed Baba, des Guedala de Tombouctou, se rattachait à l'enseignement des auteurs.

Il faut faire remarquer que ces ouvrages ne constituent qu'un résumé des innombrables auteurs que le cheikh étudia et posséda.

III. — MARIAGE.

En 1754, le cheikh fit un voyage de plusieurs années au Maroc, où il se consacra à l'étude, et à en croire son biographe, à des luttes contre les tribus pillardes qu'il soumit et convertit par la persuasion ou par la force des armes. C'est à son retour qu'il épousa la Cheïkha (1757).

La jeune fille avait alors dix ans, étant née en 1747. Elle avait manifesté, dès sa plus tendre enfance, les prémisses de la sainteté, notamment en prédisant, un an à l'avance, la venue du cheikh — qu'elle ne connaissait pas — dans le campement familial, en donnant la description physique et en annonçant qu'elle serait sa femme. Elle était la fille de Sidi-l-Mokhtar ben Sidi Lamine et de Lalla Assïa bent Cheikh Sidi Mohammed, et par son père comme par sa mère se rattachait au Cheikh Ahmed Al-Bekkaï, le pieux ancêtre de la tribu. Elle était donc cousine éloignée de son mari.

Ses études furent complètes, et elle reçut l'instruction islamique la plus étendue. Ceci n'a rien d'étonnant, étant donnée la culture générale que reçoivent toutes les femmes libres dans les campements sahariens. Elle était extrêmement pieuse et la providence de son entourage et de tous les campements dont elle approcha.

Son biographe dit d'elle :

La Cheikha était d'une grande sensibilité de cœur et chaque passage du Coran, où il était question de la colère de Dieu encourue par une nation, soit qu'elle le lût ou qu'elle l'entendît réciter, lui arrachait des larmes; souvent la vue d'un malade la rendait malade elle-même ; si elle apprenait qu'une mauvaise action venait de se commettre, elle en était douloureusement impressionnée et elle faisait des vœux pour que Dieu en suspendît les conséquences. Elle aimait les animaux, et quand elle voyait un oisillon dans les mains d'un enfant qui s'en amusait, elle payait à l'enfant la rançon de sa liberté; si un oiseau ou un chien était altéré, elle faisait déposer de l'eau à sa portée. Lorsqu'elle mourut, la désolation fut générale, surtout parmi les femmes qui perdaient en elle une précieuse protectrice. Le Cheikh, pour les rassurer, dut leur envoyer un exprès leur affirmer que sa protection ne cesserait pas de s'exercer; et il en fut ainsi,

Le Cheikh avec ses parents et ses voisins, était bon et généreux ; il dépensait son bien pour eux, sans souhaiter de remboursement, sans escompter même les marques de leur reconnaissance. La Cheikha l'imitait sur ce point, prenant en pitié les plus faibles, leurs familles et leurs serviteurs, soignant leurs malades avec des remèdes qu'on ne trouvait qu'entre ses mains, s'ingéniant toujours à améliorer leur sort.

Elle mourut le 14 janvier 1810, seize mois avant son mari. L'auteur du *Kitab al-Taraïf* lui a consacré un très long appendice, donnant le détail de ses études et de ses

vertus domestiques, sociales et religieuses. C'est du moins
ce qu'il annonce dans l'exposé de la division de son ouvrage, car les divers manuscrits que nous possédons de cet
ouvrage ne contiennent pas cet appendice.

En tout cas, en son honneur, il a introduit le nom de la
Cheikha — chose rare chez les Arabes — dans le titre de
l'ouvrage : « Livre des biens acquis et hérités sur les vertus
des deux Cheikhs, mon père et ma mère. »

IV. — MIRACLES.

Le Cheikh a accompli de nombreux miracles. Quelques-
uns ont été déjà signalés au cours de son existence, et particulièrement de son enfance, émanant soit de lui-même,
soit de ses proches, et gages de la faveur divine ; il n'est
pas inutile d'en signaler quelques autres, accomplis par
lui-même, et qu'on peut considérer comme des manifestations intéressantes de l'état d'âme des nomades et du folk-
lore local. On remarquera que beaucoup d'entre eux sont
manifestement des tours de jonglerie, magie, lévitation,
divination, tous prodiges cultivés par les marabouts sahariens, depuis les temps les plus reculés, et de nos jours plus
que jamais. Sidi-l-Mokhtar lui-même critiquait ces pratiques cabalistiques, n'admettant comme orthodoxe qu'une
faible partie de la magie et de l'astrologie. Il crut sans
doute ne pas pouvoir s'en passer pour assurer son œuvre.

Un jour, la famille et les disciples du Cheikh lui demandent d'intervenir auprès d'Allah pour accroître leurs richesses, et leur permettre ainsi de donner une généreuse
hospitalité aux voyageurs et de soutenir l'honneur du
nom. Le Cheikh refusa, disant qu'au moment où Dieu
avait fait la répartition de ses dons, il n'avait omis personne
et, que par conséquent, on ne pouvait avoir plus que sa
part. « Mais à la même heure nos ressources se trouvèrent

accrues. » Le Cheikh courut alors vers sa femme et lui
dit : « Je pense que ce résultat est l'effet de votre baraka. »
La femme répondit : « J'affirme que ce sont vos prières qui
ont produit ce miracle. » Et, dit sentencieusement l'auteur,
c'était la femme qui avait raison et le miracle s'était accompli par les prières secrètes du Cheikh.

Il arrivait souvent que les gens venaient demander des
consultations savantes au Cheikh. Il regardait alors dans
sa main droite et répondait aussitôt. Son fils, Sidi Mohammed, qui rapporte le trait dit : « Je ne savais pas alors,
étant enfant, ce que signifiait cette action, mais depuis, je
l'ai parfaitement compris. »

Le Cheikh se trouvait un jour dans un groupe de savants. Un de ses amis dit : « Je peux voler. Quelqu'un
peut-il faire comme moi ? » Le Cheikh répondit : « Moi.
Nous allons faire une course, et on verra le pouvoir de
chacun. » Ils se mirent en route, le premier volant, le
Cheikh marchant simplement. Un instant après, l'homme-
volant se trouva bien en arrière, et pourtant le Cheikh
marchait lentement. On recommença encore quatre fois
l'opération. A la dernière, le premier marabout était si
loin en arrière que le Cheikh dut l'attendre longtemps. Sa
première parole fut en arrivant : « Je croyais voler plus vite
que les oiseaux, à plus forte raison aller plus vite qu'un
homme qui va à pied. » Et il ajouta : « Au moins, as-tu
vu ce que j'ai aperçu ? » Et le Cheikh de répondre : « Ce
n'est rien, c'est une caravane qui vient du Touat et qui a
pour guide un homme vêtu d'une couverture noire. Elle
ne sera ici que dans trois jours de marche. »

Étant encore étudiant, le jeune Mokhtar partit un jour
avec son cheikh et quelques autres élèves chez les Berabich. Ils n'avaient qu'un seul chameau, chargé d'outres
d'eau. Le jeune homme était vêtu de haillons et marchait
à pied. A un moment, il s'arrêta pour quelque besoin, puis
rejoignit en courant la caravane. Le vent agitait violemment

ses chemises, le chameau prit peur, jeta à terre les outres, qui se rompirent, et s'enfuit. En voyant le désastre, le Cheikh furieux se mit à invectiver les jeunes gens, croyant que c'étaient leurs ébats qui en étaient la cause. Ceux-ci se récrièrent et rejetèrent la faute sur le jeune Mokhtar, mais le Cheikh prit sa défense et dit : « Si c'est celui-là par qui l'eau s'est perdue, il ne peut arriver autre chose que le bien. » On se mit en marche et presque aussitôt, du sommet d'une dune élevée, on vit briller des feux nombreux, alors que la campagne était complètement inhabitée. Et le Cheikh de dire : « Que vous avais-je dit ? Sans lui, vous seriez tous morts de soif. » Ils arrivèrent aux tentes, et reconnurent que c'était le campement berbouchi lui-même, vers lequel ils se dirigeaient et qui s'était déplacé de l'Azaouad.

Il n'est pas jusqu'aux Russes, qui n'aient éprouvé à leurs dépens la puissance du Cheikh. Il venait de rentrer du paturage à son campement, avec son fils encore adolescent, quand il disparut un matin, et fut absent toute la journée. Il rentrait le soir, fatigué, altéré, couvert de sang. On n'osa pas l'interroger sur l'heure, mais, quelques jours après, le Cheikh, que son fils questionna, révéla que de grandes luttes avaient lieu en Orient entre les Turcs et les Russes. Au cours d'un combat, les Turcs faiblissaient déjà quand leur chef invoqua le secours des saints de l'Islam actuellement en vie sur terre. Le Cheikh crut de son devoir de voler vers la bonne cause. Il rendit courage aux musulmans qui reculaient déjà décimés, et tailla en pièces les infidèles moscovites, mais une balle l'atteignit au pied et c'est pourquoi il était rentré ensanglanté. D'après l'âge du Cheikh Sidi Mohammed qui, dit-il, étudiait à ce moment, la *Rissala*, on peut voir qu'il s'agit de la difficile guerre que Catherine II mena contre les Turcs en 1773-1774, qui aboutit au traité de Kaïnardji (2 juillet 1774) et dont la nouvelle dut parvenir par l'Afrique du Nord aux campements kounta.

V. — ŒUVRES LITTÉRAIRES.

Cheikh Sidi-l-Mokhtar est l'auteur d'un grand nombre d'ouvrages. Les uns disent qu'il composa autant d'ouvrages qu'il comptait d'années (84); les autres avancent qu'il écrivit 314 livres ou opuscules.

En voici la liste, d'après le *Fateh ach-Chakour :*

Un Commentaire sur le *bismillah*, en un cahier environ.

Un Commentaire de la *Fatiha*, en un volume ; cet ouvrage est tout à fait remarquable ;

« L'Acquisition de la faculté de comprendre les neuf versets. » Cet ouvrage en un volume a trait à neuf versets, sur lesquels un savant du Soudan l'interrogea, comme pour un examen. Le Cheikh lui fit la plus belle réponse.

« L'Or pur sur toute science choisie », en un volume.

« L'Agrément du conteur et le plaisir de l'acquéreur », en deux volumes de grand format.

« La Bonne Direction des étudiants », Précis de droit. Il en a composé un commentaire, qu'il a appelé : « L'ouverture des esprits par Dieu libéral sur le commentaire de la Bonne direction des étudiants. » Cet ouvrage comprend quatre énormes volumes, qui, partagés en volumes moyens, feraient à peu près sept tomes.

« Les Soleils mohammédiens », ouvrage de théologie.

« La Gorgée pure et l'aspiration suffisante », ouvrage remarquable en un volume.

Une « Lettre-missive » sur la mystique.

Un Commentaire du *Maqçour ou-al-Mamdoud* d'Ibn Malik, en un volume.

« La mise au clair de l'ambiguïté en ce qui concerne la différence entre l'esprit et l'âme. »

« Avis de l'homme équitable, clairvoyant, bienveillant », en cinq cahiers.

« Les Lettres-Réponses importantes pour celui qui a souci de la religion. »

« La cessation des équivoques dans la mise en fuite du Chitan exécrable. »

« Le vêtement bigarré, sur la cessation des pots-de-vin et des cadeaux », en deux volumes.

Une *Alfiya* sur la langue arabe.

« Le tison de lumière pour défendre les meilleurs saints de Dieu. »

« Le Mélange », ouvrage qui traite de théologie et de mystique.

« Les Aspirations excellentes sur la prière en l'honneur du Prophète ami. »

« La Perle incomparable sur les grands savants de *Ti-giali* » et enfin de nombreux poèmes et prières, et une abondante correspondance.

En dehors de cette liste du *Fateh ach-Chakour*, la tradition ajoute les ouvrages suivants, écrits sans doute postérieurement à la rédaction de ce recueil.

« Le Droit des notables, » commentaire de l'ouird qadri, de quelques points de droit, de certaines sourates du Coran et de quelques traditions prophétiques.

« L'Astre éclatant », sur la mystique et sur les ouird des divers ordres.

On trouve encore, sous la tente, soit chez les Kounta de l'Est, soit dans le Hodh, soit en Mauritanie, une grande partie de ces ouvrages.

VI. — LA POLITIQUE EXTÉRIEURE DU CHEIKH.

Sur la fin de la vie de Mohammed Al-Khir, émir des *Hoggar*, Cheikh Sidi-l-Mokhtar eut une entrevue très cordiale avec lui et put obtenir la restitution de toutes les prises qui avaient été faites aux Kounta. L'émir ajoutait :

« Les Kounta sont des sots. Invite-les à ne pas venir piller chez nous. » Le Cheikh l'assura de ses bonnes intentions et lui promit de faire tout son possible en ce sens, disant : « S'ils ne m'écoutent pas et tombent entre tes mains, je te les abandonne. »

A son retour, le Cheikh arrivait à Mabrouk, quand il se heurta à un rezzou kounta qui s'organisait pour aller attaquer les Hoggar. Son éloquence persuada la plupart d'entre eux de rester, mais trois bandes : Id Armechak, Beni Ieddas et Oulad Mellouk, auxquels s'adjoignirent quelques Oulad Al-Ouafi ne l'écoutèrent pas et partirent. Il y avait parmi eux Mohammed ben Al-Hadj Habib Allah ; Moktar ben Sidi Ali ; son oncle Sidi Mohammed. Les chefs étaient Ali ben Abdallah, des Id Armechak, et Ali ben Taleb Iassin, des Beni Ieddas. On retrouve les descendants de tous ces individus dans les actuelles fractions kounta. Ils se heurtèrent aux Hoggar ; la lutte fut chaude et tourna à l'échec des Kounta qui y perdirent plus de 70 hommes tués, dont le chef Ieddassi, et beaucoup de prisonniers.

L'intervention du Cheikh ramena la paix. Les prisonniers furent rendus, et les Kounta s'engagèrent à conduire chez les Hoggar un tribut annuel de 8 vaches. La paix, ajoute le narrateur, a régné jusqu'à ce jour (vers 1820) entre Kounta et Hoggar. Elle a d'ailleurs continué pendant la plus grande partie du dix-neuvième siècle, et l'on trouve à cette époque des chefs Hoggar qui, par piété, ont reçu de leurs pères le nom de Kounta.

Ce tribut a continué à être payé au cours du dix-neuvième siècle, et en 1908 encore, Hammoadi faisait conduire chez Moussa ag Amastane un troupeau de chameaux.

Les relations du Cheikh avec les Touareg Oullimiden, ses voisins et les maîtres politiques du pays, étaient beaucoup moins bonnes. Il les traitait couramment d'oppresseurs, et, au retour d'un voyage auprès d'Ogadadou, leur *aménokal*, il disait que, pendant tout son séjour chez lui, il n'avait goûté aucune nourriture et bu seulement, le lendemain un peu de lait chez un individu des Ida Ou Ishaq. « Telle est ma coutume, ajouta-t-il, et la nourriture que m'offrent ces brigands ne vaut rien pour mon estomac. » Quand il en recevait des cadeaux, il les distribuait aux pauvres, aux orphelins, ne voulant rien garder pour lui d'une source aussi impure.

L'exemple de sa sainteté n'était pas sans frapper d'admiration ces francs païens qu'étaient les Touareg, et plusieurs d'entre eux, Ogadadou et leur cadi Çalah ben Mohammed Bachir en tête, lui offrirent un jour la direction spirituelle de la confédération. C'est ainsi qu'on voit de nos jours, par exemple, Baye exercer une sorte de pontificat dans l'Adrar des Iforas, malgré l'hostilité qui a régné entre cette tribu et les Kounta. Mais Sidi-I-Mokhtar rejeta cette périlleuse proposition, en se déclarant un modeste musulman perdu dans la foule des fidèles et en citant les recommandations du Cheikh Ahmed Bekkaï à ses enfants : « Gardez-vous de trois choses : le chameau quand il est en rut, l'oued quand il coule, la foule quand elle délire ; le chameau vous broierait, l'oued vous noirait, la foule vous ferait périr sans pitié. »

Ces amabilités n'empêchaient pas les « brigands » de percevoir de temps en temps des « moudara », c'est-à-dire des tributs occasionnels sur les campements kounta. Le *Kitab* souligne à ce propos la générosité du Cheikh. C'est en général le Cheikh qui payait directement ces tributs au maître de l'heure. Au bout d'un certain temps, il totalisait ses avances et les répartissait sur chaque tente afin de rentrer dans son dû. Sidi-I-Mokhtar faisait ainsi, mais au moment de la répartition gardait un tiers de l'avance à son passif et ne répartissait entre ses tentes que les deux autres tiers. Encore laissait-il sa créance à l'état de compte courant, et, comme il omettait volontairement d'en réclamer le montant, personne ne payait sa dette. On verra plus loin que ces relations des Kounta avec les Oullimiden ne se sont pas améliorées avec le temps et que nous en avons abondamment joué dans notre œuvre de pacification.

Au moment où s'exerçait le pontificat du Cheikh au nord de la boucle (deuxième moitié du dix-huitième siècle) la prépondérance politique appartenait aux Touareg et plus spécialement au *Kel Tadmekket* (nos actuels *Tenguérédief*, Irréganaten et Kel Temoulaït) qui nomadisaient dans leurs parages actuels, du Faguibine à Rergo, au nord et au sud du fleuve. Ils étaient d'ailleurs eux-mêmes dans une certaine vassalité vis-à-vis des Oullimiden. *Tombouctou* était donc sous leur complète dépendance et ils ne se faisaient pas faute de piller sans trève la ville et d'en molester les habitants de toute façon.

Dans un sursaut de révolte, les Arma attirèrent un jour le chef de la confédération, Betiti ben Mohammed Mokhtar ben Aoumer dans un guet-apens et le massacrèrent.

Ulcérés, les Kel Tadmekket vinrent aussitôt mettre le siège devant Tombouctou, non pas à vrai dire en cernant de près la ville, encore entourée d'ailleurs à cette date de ses remparts de banco, mais en en interdisant l'accès aux caravanes, et en prohibant toute navigation fluviale. La famine se fit bientôt sentir : les gens mangèrent des charognes, les chiens, les ânes. On vit même des cas d'anthropophagie. Les assiégés mouraient de faim dans les rues et restaient sans sépulture. La charge de grains se vendait quarante pièces d'or.

L'intervention du Cheikh allait assurer la paix. Il envoya aux Arma une députation de notables de son campement pour leur conseiller d'apaiser les Kel Tadmekket en leur versant un tribut annuel de 1.000 pièces d'or, 1.000 boubous et 10 chevaux. Il s'employait d'autre part à faire accepter cette transaction aux Touareg, dont la coutume ne prévoit pas le prix du sang. Après avoir blâmé en termes violents la médiation indiscrète du Cheikh, le pacha finit par s'y ranger, non sans discuter encore, et la paix fut assurée. Plusieurs Touareg irréductibles avaient d'ailleurs manifesté une pareille opposition et cherché à faire un mauvais sort au Cheikh.

Cette humiliation et cette pression ne furent pas oubliées des gens de Tombouctou et faillirent coûter la vie au Cheikh. A quelque temps de là, il était campé aux portes, quand deux de ses télamides, circulant en ville, surprirent les desseins formés par les Arma de le mettre à mort. Ils coururent au campement et avertirent le Cheikh de prendre la fuite. Celui-ci ne bougea pas. Les Arma arrivèrent, ayant à leur tête Nouhoum, homme cruel et sans foi et le fils du caïd Ali. Le Cheikh ne parut pas s'apercevoir de leur présence ; au bout d'un instant, les agresseurs intimidés ne bougèrent plus, et Nouhoum s'avançant déclara : « Les traditions s'en vont, ô Cheikh. Jadis les Arma, quoiqu'il leur en coûtât, accomplissaient ce qu'ils avaient décidé. Aujourd'hui, je reste seul de cette trempe ; mais une main ne suffit pas à applaudir. » Le Cheikh ne parut pas s'apercevoir des mauvais sentiments personnels que révélaient ces dernières paroles de Nouhoum et par une longue harangue, démontra que la décadence des Arma provenait de leurs vices et de leurs excès.

Ces paroles eurent un plein succès de persuasion, et les Arma lui baisèrent la main et s'en furent.

L'influence du Cheikh et de ses successeurs s'est maintenue à Tombouctou jusqu'à nos jours. René Caillié l'avait constaté (1828), Barth en bénéficia largement (1853-1854). De nos jours encore, les « *Zaouiakoy* », *diamou* générique des Kounta à Tombouctou, y sont très honorés.

On vient de voir de quel prestige jouissait le Cheikh auprès de ces farouches guerriers qu'étaient les Tenguérédief et leurs cousins des Kel Tadmekket. Cette influence

était d'ailleurs traversée de nombreuses épreuves que Sidi-l-
Mokhtar sut surmonter avec beaucoup d'habileté

Il faut reprendre ici le récit du *Kitab al-Taraïf*. On usera
en grande partie de la traduction Ismaël Hamet, mise au
point sur place.

Quand Betiti ben Mohammed Mokhtar ben Aoumer ben
Alad des Kel Tadmekket fut tué par les Arma, son fils
Romeïri était encore enfant. Le grand oncle paternel de
celui-ci, Khomeïka ben Aoumer, et un autre chef, Bacha
ben Intikad, se disputèrent le pouvoir; mais le Cheikh fit
triompher la cause de Khomeïka. A quelque temps de là,
le nouveau chef, violant le pacte de paix conclu entre lui
et les Arma par l'intercession de Cheikh-l-Mokhtar, investit par surprise la ville de Tombouctou. Répondant aux
instances des habitants, le Cheikh sortit et alla interpeller
Khomeïka à la tête de ses troupes. Le chef targui lui répondit si grossièrement que le Cheikh, se penchant, lui
souffleta le visage avec une telle force qu'il le fit tomber
du cheval, disant : « Je vous ai hissé sur une selle pour
laquelle vous n'êtes pas fait » puis, se tourna vers Bacha
ben Intikad, il lui dit : « Prenez le tambour du commandement, et soyez sultan des Kel Tadmekket. »

Ces événements étaient passés depuis peu de temps, lorsqu'un jour Bacha, se présentant devant le Cheikh avec une
partie de ses hommes, le salua sans mettre pied à terre
avec un manque d'égards inusité chez ses prédécesseurs.
Le Cheikh lui dit : « L'orgueil du pouvoir, ô Bacha, vous
a emporté vers des régions par trop éloignées; aussi vous
ferai-je redescendre de ces hauteurs. » Bacha lui répondit :
« Vous ne m'avez pas donné le pouvoir, qui ne vous appartient pas et qui n'était pas à vos ancêtres ; le pouvoir appartenait à mes aïeux, je le tiens de mes pères par héritage.
Vos paroles ne m'en feront pas déchoir et ce n'est pas votre
révocation qui m'enlèvera mon autorité ». Ayant ainsi
parlé, il se détourna et partit au galop.

Le Cheikh envoya en toute hâte un courrier à Amma
ben Ag Cheikh, le mandant sans délai avec ses troupes,
pour l'envoyer contre Bacha. Il vint, l'attaqua, le battit et
lui prit les insignes du commandement qui furent remis
à Khomeïka. Celui-ci, dès lors, continua, vis-à-vis du
Cheikh, la tradition de fidélité de ses pères. On rapporte
qu'il lui offrit, en une seule fois, cent pièces d'or, quarante
esclaves tant hommes que femmes, quatre cents vaches et
un grand nombre de pièces d'étoffe et de vêtements.

Par la suite, Romeïri, le fils de Betiti, ayant atteint sa
majorité, se souleva contre son oncle, suivi par de nombreux partisans de la famille d'Alad et de la plupart des
tribus Tadmekket. Khomeïka se rapprocha des Oullimiden
et, dans une première rencontre à Integlit, fut battu et
perdit beaucoup de monde. Suivi de tous les *Igouadaren*,
il prit sa revanche à la journée d'Arkoun, où il battit Romeïri, mais où il perdit plus de cent hommes, parmi lesquels les neveux d'Amma ben ag Cheikh. Animés par le
désir de la vengeance, les Oullimiden se lancèrent, nombreux, à la poursuite du prétendant, jusque très avant dans
le pays des Bambara. Acculés dans leurs derniers retranchements, Romeïri et ses partisans vinrent implorer l'intercession du Cheikh ; celui-ci obtint la paix, et accompagné
du chef Tadmekketi, parcourut les campements touareg,
recevant les hommages et les dons de tous. On a dit que le
fait, de la part de Romeïri, d'aller chez les Oullimiden,
dans leur pays même, peu après la mort par sa main des
plus nobles d'entre eux, fut un spectacle qu'on n'avait jamais
vu. Il reçut, en compagnie du Cheikh, même des enfants
d'Ag Cheikh, l'accueil le plus honorable. Ils lui firent de
riches cadeaux et le mirent à la tête des Tadmekket, et durant longtemps, tant qu'il demeura fidèle au Cheikh, il put
conserver le commandement des Tadmekket et diriger
même les affaires des Oullimiden.

Les relations du Cheikh avec les *Berabich* furent, durant

le long règne de Mohammed ben *Rehal*, des plus cordiales.

Comme on peut le voir dans l'historique des Berabich, à Rehal avait succédé à la tête de la tribu son neveu Mohammed ben Youssef. Par la protection du Cheikh, le fils de Rehal, Mohammed, put faire valoir ses droits et succéder, quelque temps après, à son cousin assassiné (vers 1760).

Le Cheikh apaisa, grâce à cette amitié constante, tous les conflits qui s'élevèrent entre Kounta et Berabich pendant la deuxième moitié du dix-huitième siècle, et notamment la querelle qui mit aux prises le chef Berbouchi et les Regagda et faillit entraîner l'exode de cette fraction kounta vers le Touat.

Le *Kitab al-Taraïf* rapporte encore que le Cheikh avait exempté de toutes contributions et droits de passage un chérif de ses amis, Moulay Ali ben Mohammed, l'Alaoui. Le Chérif refusa donc d'acquitter sa taxe aux Berabich, et Mohammed ben Rehal jura de le mettre à mort, lorsqu'il le rencontrerait, fût-ce dans la Kaaba ou sur le tombeau du Prophète. Le Chérif terrorisé se rendit du Tafilelt au Touat, et de là par une voie détournée, à la tente du Cheikh alors installée au puits d'Abou Merhan.

Le Cheikh conduisit lui-même son protégé chez le chef des Berabich, qui, confus et repentant, leur fit le meilleur accueil.

Le Cheikh profita de son amitié avec les Berabich pour utiliser leurs contingents dans la lutte contre les Oulad Moulad (Oulad Delim), qui oppressaient tout le Sahara. Le *Kitab al-Taraïf* raconte que de perpétuelles sorba défilaient chez les Oulad Moulat pour obtenir d'eux le rachat des biens pillés. C'est ainsi qu'on y vit successivement les Chorfa et Zouaïa de Tichit, les Ahel Barik Allah, des Id Eïqoub, les Ahel Kerzaz (Beni Sidi Ahmed ben Moussa) de l'Oued Saoura du Sud Oranais, les Beni Sidi Ahmed ben Çalah d'Araouan, les Ahel Ouadane, etc.

Un jour vint, où ils s'en prirent aux troupeaux du Cheikh,

1.

qui était pourtant de leurs bons amis. Celui-ci leur dépêcha aussitôt son fils Zeïn al-Abidin. Les négociations de Zin et du Cheikh des Oulad Moulat, Mohammed Maloum ben Mohammed Al-Agra ben Abd Ar-Rahman ben Bodda furent infructueuses.

A quelque temps de là, Mohammed Maloum s'attaqua aux troupeaux des Berabich. Le Cheikh enflamma alors les Berabich et les lança en contre-rezzou sur les Oulad Moulat: ceux-ci furent battus et perdirent cinquante hommes, dont leur chef Mohammed Maloum. Tous les biens pillés furent repris (vers 1780).

A la mort de Mohammed ben Rehal, chef des Oulad Sliman, fraction princière des Berabich, le Cheikh patronna la candidature de son fils aîné Ali, et réussit à le faire nommer Cheikh, encore que le jeune homme fût infirme et eût la réputation d'un poltron. Il lui donna le droit de taxer les caravanes de tabac, qui arrivaient du Touat et du Sud marocain et lui constitua ainsi une source sérieuse de revenus. De même, il l'autorisa officiellement à percevoir des tributs sur les fractions des bords du fleuve, ou plutôt il consacra de sa baraka une coutume que les Berabich s'accordaient depuis longtemps.

En reconnaissant ce droit de perception des chefs berabich sur les caravanes et les tribus plus faibles, le Cheikh pensait détourner leur attention des Kounta. Il n'en fut rien, et quand Ali eut bien assis son autorité il s'attaqua un jour à l'azalaï de sel des Kounta; il pillait en même temps des campements tormoz, qui leur étaient inféodés. De réprimande en réprimande, on en arriva à la lutte ouverte; Ali, peu valeureux sur le champ de bataille, était un diplomate : il s'employa de toutes ses forces à brouiller les deux rivaux religieux : le pontife des Kounta et Hammada Ag Imellen, le pontife des Kel Antessar, qui allait être remplacé par ses fils Doua-Doua et Houalen.

Quant à Ali, il devait mourir quelque temps après,

ayant refusé, jusqu'à la dernière minute, de se réconcilier avec le Cheikh.

Ce conflit *Kounta-Kel Antessar*, qui commençait dans le dernier quart du dix-huitième siècle, allait durer tout le dix-neuvième siècle.

La tradition raconte que les Kounta, arrivant dans le cours du dix-huitième siècle, dans la région sise au nord du Faguibine, y rencontrèrent les Kel Antessar et en reçurent d'abord un excellent accueil. Cependant les ordinaires contestations de points d'eau et de pâturages se produisirent et les relations s'aigrirent.

Il arriva qu'une chamelle kounta tomba dans un piège tendu par des chasseurs antessar et s'y cassa la patte. Les chasseurs la tuèrent pour ne pas laisser perdre la viande, la mangèrent. Les Kounta survinrent au milieu du festin et se fâchèrent. On leur répondit vertement : « Le pays est à nous. Vos chamelles n'ont qu'à ne pas se faire prendre dans nos pièges. » Les Kounta tirèrent vengeance de ces faits, en pillant, à quelque temps de là, un petit campement antessar. Les hostilités étaient commencées.

Elles durèrent longtemps, et, à vrai dire, n'ont pris fin qu'avec notre arrivée, mais le gros effort se concentra entre la fin du dix-huitième et le commencement du dix-neuvième siècle. Il y eut des périodes de joutes religieuses, dont on verra le détail dans la notice des Kel Antessar, des périodes de luttes diplomatiques où Sidi-l-Mokhtar essaya de créer des difficultés à ses ennemis en suscitant un rival au chef, Hammada ag Imellen, et, plus tard, à ses fils Doua-Doua et Houalan en la personne de leur cousin Mohammed Mokhtar; et enfin des périodes proprement guerrières où les Kounta furent fortement décimés. Ils durent finalement renoncer aux abords du Faguibine et se reporter soit plus au nord, de l'Azaouad à l'Adrar des Iforas (actuels Kounta sahariens) soit plus au sud-est, dans la boucle (actuels Kounta du Gourma).

Le *Kitab at-Taraïf*, qui relate de son côté ces manœuvres de divisions politiques tentées par le Cheikh dans la tribu Kel Antessar donne le beau rôle aux Kounta en présentant les faits à sa façon. Mohammed Mokhtar ag Mohammed Ali ag Imellen serait venu trouver le Cheikh au nom d'un certain parti hétéroclite, où l'on trouvait, à côté des Kel Antessar, d'autres campements iguellad, plus des Berabich hostiles à leur chef Ali, des Arma de Tombouctou et même des Touareg Igouadaren en quête d'aventures. Il était porteur d'une missive émanant des notables de ce parti et l'on y priait le Cheikh de consacrer par sa baraka le pouvoir émiral du prétendant. Mais le Cheikh lui aurait fait remarquer qu'il n'avait ni troupes, ni approvisionnements, ni trésor, et qu'il allait se jeter dans une folle et ridicule équipée.

Le Cheikh comptait en outre des alliés parmi plusieurs des fractions, rattachées aux Kel Antessar, telles que les Kel Ouorozil et les Kel Inkounder. Les Ahel Sidi Ali marchaient avec lui, et, de tous ces contingents joints à ses Kounta il forma à plusieurs reprises des harka, que dirigeaient ses fils aînés Baba Ahmed et Mohammed sur le fleuve et sur les bords du Faguibine jusqu'à Ras el-Ma.

En un autre endroit et pour louanger sa générosité le *Kitab al-Taraïf* montre que le Cheikh conserva toujours des relations amicales avec certains campements iguellad. Le chef targui Kawa ben Amma ag Cheikh arrivait un jour dans son campement à la tête de 180 cavaliers. C'était le temps où le brigand Ali ben Mohammed ben Rehal faisait peser sa tyrannie sur le pays. Peu après, arrivèrent les Kel Antessar, les Kel Bou Bjebiha, les Berabich et tous les Kounta. Ils restèrent là pendant quarante jours pleins, recevant chaque jour une hospitalité plus parfaite que la veille. A leur départ, le Cheikh eut encore l'amabilité de leur exprimer ses plus vifs regrets de les voir s'en aller si tôt.

On peut remarquer incidemment à propos de Kawa ag Amma qui était l'amenokal des Oullimiden, que le Cheikh fut son conseil premier islamique et intervint par lui dans la plupart des questions de politique intérieure qui se posèrent chez les Touareg. Le *Kitab at-Taraïf* relate plusieurs longues lettres que lui écrivit le Cheikh et qui sont de véritables épitres de direction spirituelle.

Sur l'issue de la lutte entre Kounta et Kel Antessar, le *Kitab* écrit vers 1820, à une date où le conflit avait perdu de son acuité par suite de l'exode des Kounta, et où, en somme cette tribu, si elle avait porté des coups sérieux aux Kel Antessar, n'était tout de même pas restée maîtresse de la situation.

« Il abaissa et réduisit les Kel Antessar qui employaient toute leur puissance à opprimer et à pressurer les faibles et cependant ces Kel Antessar avaient été, auparavant, les premiers parmi les habitants de l'Azaouad, attendu que chaque famille arrivait alors à posséder, indépendamment des animaux de boucherie, assez de bêtes laitières pour recueillir chaque soir trois laits différents : de chamelle, de vache et de brebis. Ils étaient les maîtres et les usagers de leurs points d'eau, attendu que les gens du pays se maintenaient loin d'eux, au delà d'une zone neutre, comme derrière une enceinte. Les plus puissantes tribus se mettaient en frais pour leur faire honneur, alors qu'en raison de leur avarice et de leur rapacité, chacun fuyait leur hospitalité. »

On voit que c'est un de leurs ennemis qui parle, mais il semble bien pourtant que cette revanche des Kounta fut réelle. Si leur insistance auprès des Kel Tadmekket et Oullimiden pour avoir des renforts demeura infructueuse, les Touareg ne voulant pas intervenir dans des luttes entre tolba, ils réussirent à jeter sur les Kel Antessar un groupe de leurs propres cousins iguellad, les Kel Oulli.

Les Kel Oulli, tribu aujourd'hui serve (daga) des fractions

touareg de la boucle, et dont l'humeur batailleuse vient
encore d'être corrigée par nos soins en 1916, se jetèrent à
maintes reprises sur les Kel Antessar, les razzièrent et les
refoulèrent dans la région lacustre. Les uns et les autres
sortirent épuisés de cette lutte. On voit, par le voyage que
Barth fit chez eux, en 1854, en compagnie du Cheikh
Bekkaï, qu'ils étaient toujours dans les meilleurs termes
avec les Kounta.

La politique du Cheikh vis-à-vis des Maures nomades
de l'ouest ne fut pas moins active. Elle reposait sur les
mêmes bases : user de la grande considération que sa
science, sa piété et sa sainteté reconnue lui donnaient,
pour intervenir dans tous les conflits qui décimaient les
tribus sahariennes et leur imposer par sa baraka « la trêve
d'Allah ».

Le Cheikh entretint toute sa vie les meilleures relations
avec les gens de *Oualata*, mettant, dit-il lui-même, son
pouvoir miraculeux à leur disposition. Il avait pourtant
dans sa jeunesse été victime d'un empoisonnement à Oualata et en souffrit beaucoup sur la fin de ses jours. On ne
sait pas dans quelles conditions se produisit cet accident.

Il arriva un jour à Oualata et trouva tout le monde dans
le plus profond chagrin. L'azalaï de Taoudeni, où avaient
pris part tous les notables, n'était pas rentré et les plus
mauvais bruits couraient sur son sort. Les marabouts
locaux étaient impuissants; on vint demander conseil et
aide au Cheikh dont l'ancêtre Ahmed Bekkaï avait été
jadis d'un si utile secours aux gens de la cité. Il promit
une réponse pour le lendemain, et la nuit, alla chercher la
lumière sur la tombe d'Ahmed Bekkaï. Il y trouva sept de
ses ancêtres, sortis de leur dernière demeure, et qui successivement lui imposèrent la main sur la tête et le bénirent.
Il n'en connaissait qu'un : Sidi Ali ben Sidi Mohammed
ben Ali ben Ahmed Al-Ahoual, qu'il interpella vertement,
au moment où celui-ci allait faire comme les autres : « Ce

n'est pas une bénédiction que je veux, ce sont des renseignements sur cette caravane dont le retard afflige les gens
de cette ville. » Il se trouva que les défunts avaient juste-
ment passé le jour même dans leurs pérégrinations extra-
naturelles, à côté de la caravane, et qu'ils en purent annoncer
le retour pour le lendemain même. Le Cheikh porta cette
bonne nouvelle aux intéressés, dont quelques-uns, par sus-
ceptibilité et jalousie, ne le crurent pas. Mais, le soir, il
fallut se rendre à l'évidence : l'Azalaï rentrait. On voulut
contraindre le Cheikh à rester à Oualata, mais il s'enfuit
pendant la nuit. Rejoint le lendemain, il résista à toutes
les invites, et put rentrer dans ses campements nomades.

Dans une autre occasion, il fit rendre gorge à des brigands, qui avaient dépouillé des gens de Oualata, et n'usa
en cette circonstance que de son prestige et de son bâton
de méhari.

A *Araouan*, l'intervention du Cheikh réconcilia les groupements Beni Sidi Ahmed ben Çalah l'Araouani, et Beni
Ahmed ben Al-Aïd, l'Amriini, qui, à la suite de l'expulsion
des seconds par les premiers de leurs habitations, étaient
en conflit armé.

Les *Litama*, descendants d'Al-Yatim ben Mellouk ben
Barkenni ben Heddaj ben Amran ben Othman ben Marfar,
tribu guerrière qui nomadise dans le Brakna et l'Assaba,
avaient la plus grande vénération pour le Cheikh.

En effet son intervention spirituelle ou matérielle les aurait préservés d'une destruction complète de la part de
leurs ennemis, les Oulad Ali ben Abdallah. Leurs relations
remontaient à la jeunesse du Cheikh : il était descendu
chez eux, lors de son voyage au Maroc, et y aurait séjourné
un certain temps.

Lors de la guerre qui éclata entre Litama et Oulad Ali,
le Cheikh se rendit auprès de ceux-ci pour obtenir la paix.
Les Oulad Ali ne voulurent rien entendre, déclarant
qu'une fois partis en rezzou rien ne pouvait plus les ar-

rêter. Mal leur en prit car ils furent vaincus et décimés par les Litama, que Sidi-l-Mokhtar accouru en toute hâte, fit armer, et soutint de son courage.

Le Cheikh conserva de ce jour une grande influence dans la tribu. Cette situation excita la jalousie d'un de leurs chefs, violent et sanguinaire, qui jura avec imprécation qu'il « abattrait le chien de son fusil sur le Cheikh ». On avertit le Cheikh de ces noirs desseins, mais il résolut de dompter son ennemi par la diplomatie, et accompagné de quelques fidèles, il alla à sa rencontre. Les gens apeurés le lâchèrent un à un en route, de sorte qu'il arriva seul au campement de l'Yatimi. Celui-ci était assis sous un arbre, à côté de la tente, et réparait son fusil. Il ne s'aperçut de l'arrivée du Cheikh, que lorsque celui-ci était déjà devant lui. Il lui cria : « Qui es-tu, ô monté-à-chameau ! » Et le Cheikh de lui répondre : « Celui qui te faisait défaut et que tu cherchais pour abattre sur lui le chien de ton fusil. A ta disposition maintenant. » Le guerrier perdit la tête, se leva précipitamment, vint embrasser les sabots du chameau, puis son poitrail, puis les pieds du Cheikh, jura qu'il n'avait jamais proféré de menaces contre lui et finalement lui promit le double de tous les cadeaux qu'il recevrait dans le campement. Par la suite, les relations du Cheikh et des Litama, y compris son ex-ennemi, furent des plus cordiales ; et, de plus, le Cheikh eut à intervenir plusieurs fois dans cette tribu et notamment chez les Oulad Rennoun pour rétablir la paix intestine.

Le conflit entre le Cheikh et les *Oulad Bella*, exécrés de tous, et qui dévastaient alors le Hodh, allait finir après de nombreuses luttes par l'extermination de ces derniers.

Au cours d'une de leurs randonnées, les Oulad Bella avaient complètement dépouillé Ali ben Najib, maître et Cheikh spirituel de Sidi-l-Mokhtar. Celui-ci put les trouver et obtint le rachat de la plupart du butin fait sur les autres tribus, mais ne put rien obtenir pour Ali. « A celui qui mange de la viande, il faut bien qu'une parcelle de nourriture reste entre les dents », répondit non sans esprit Bacha ould Bou Frira, chef des Oulad Bella.

Le Cheikh ne céda pas, mais Bacha fut inflexible.

Sur l'intervention du fils de Bacha, qui était un pieux musulman, le Cheikh décida que la punition n'atteindrait que les biens et non la personne de Bacha. En conséquence, il fit disparaître miraculeusement un troupeau de brebis laitières, toutes blanches, dont le lait servait à abreuver la jument préférée du chef des Oulad Bella. Quand le berger accourut en poussant des cris et en clamant que son troupeau avait complètement disparu, il fallut bien que Bacha céda. Il rendit les chamelles d'Ali, mais non un magnifique tapis que Sidi-l-Mokhtar voulait aussi recouvrer.

Ce tapis ne servit désormais nullement aux voleurs, car chaque fois qu'on voulait s'asseoir dessus, les fibres se changeaient en serpents. Bacha le donna alors à une de ses filles en cadeau, mais ce jour-là des pillards l'enlevèrent avec bien d'autres objets et, à quelque temps de là, en firent don au Cheikh.

C'est des Oulad Nacer que le Cheikh se servit pour réduire les Oulad Bella. De Oualata, où il séjourna longtemps, il les lança, ainsi que les Oulad Al-Fahfah, sur les Oulad Bella. Ce fut une très grave défaite pour ces derniers. Plus tard, il lança contre eux les Oulad Daoud ben Arroug, qui leur infligèrent aussi de lourdes pertes, à la journée de Taguellat.

Résolu à prendre sa revanche, Bacha rassembla ses gens en vue d'une expédition contre les Oulad Nacer. « N'en faites rien, leur conseilla le Cheikh, votre empire ne durera pas au delà d'un mois. » Mais Bacha le railla, en lui disant qu'il n'était pas Dieu.

Le Cheikh se rendit alors chez les Oulad Nacer, qui, même assisté des Mechdouf, ne pouvaient pas mettre plus de 70 cavaliers en ligne, tandis que leurs ennemis avec les

Dehahna, les Oulad Daoud ben Mohammed et leurs autres alliés pouvaient armer 700 cavaliers.

Les Oulad Nacer apeurés prirent la fuite, mais la mère des Oulad Chebeïchil, qui est leur tante princière, eut confiance dans les encouragements du Cheikh. Fille de Brakna, elle avait d'ailleurs du sang guerrier dans les veines. Elle déclara : « Le visage de cet homme n'est pas celui d'un menteur. Fuyez si vous voulez ; moi, je reste pour combattre avec lui. » Et, ce disant, elle fit agenouiller son chameau et déchargea ses bagages. Ses sept fils l'imitèrent ; puis tout le monde en fit autant.

On était aux environs de Tichit et comme certains marabouts de cette oasis avaient des sympathies pour les Oulad Bella, le Cheikh alla les trouver afin que, par cet intermédiaire, la paix fût rétablie.

Ils acceptèrent, mais au cours des négociations, on apprit soudain qu'un individu des Oulad Bella s'était jeté sur les chameaux d'un Naceri et les avait enlevés.

Les deux partis se précipitèrent l'un sur l'autre, et les tolba de Tichit prirent la fuite au milieu de la mêlée. Seul, le Cheikh resta là, attendant les événements, qui, après plusieurs jours de combat, se dessinèrent en faveur des Oulad Nacer.

Les Oulad Bella furent écrasés et pillés ; la plupart de leurs familles faites prisonnières. Les tribus sahariennes profitèrent alors de leur défaite pour consommer leur ruine. Ils essayèrent de se relever en faisant alliance avec les Joumane contre les Oulad Allouch, mais ceux-ci leur tuèrent leurs derniers guerriers.

En fin de compte, il fallut que les vieillards, les femmes et les enfants, pour échapper à une mort certaine, vinssent se réfugier dans le campement de Sidi-l-Mokhtar.

Les Oulad Bella, sauf une petite fraction dans le cercle de Néma, ont disparu aujourd'hui comme tribu. On ne retrouve plus que quelques campements de ce nom, dissé-

minés dans les tribus sahariennes, notamment chez les
Oulad Dris (Berabich), parmi les Ahel Tichit, et à Oualata.

Avec les *Arib*, tribu nombreuse et puissante, qui nomadise au-coude de l'Oued Dra, le Cheikh eut aussi des démêlés, mais au rapport du *Kitab at-Taraïf*, ils eurent une
heureuse issue, parce que cette tribu a de bons sentiments.
Elle est même si charitable qu'on l'a surnommée « le tapis
des pauvres ».

Il advint donc qu'un ancien élève des Kounta, Abd El-
Ouahhab, des Beni Yala, étant rentré chez les Arib, leur
indiqua le coup fructueux qu'on pouvait faire dans
l'Azaouad. Un rezzou d'Ahel Sbeïta (Arib), d'Oulad Yala
et d'Abda se constitua aussitôt et, avec Abd El-Ouahhab
comme guide, se mit en route vers le Sud. A ce moment,
le Cheikh était en voyage chez les Oulad Deïim, dans l'Erg
Chach. Ayant entendu les Oulad Moulat parler de ce rezzou,
il dépêcha aussitôt deux hommes vers son campement,
alors à Al-Houdaj, pour les avertir du danger et les faire
descendre vers le Sud. Les Kounta n'en firent rien et furent naturellement pillés.

Un contre-rezzou, qui voulut surprendre les Arib chez
eux, malgré la défense du Cheikh fut repoussé.

Sidi-l-Mokhtar se rendit alors lui-même chez les Arib et
en reçut le meilleur accueil. Ses entrevues avec leur
Cheikh Mbarek ben Ahmed Bilal, des Gouassem, furent
des plus cordiales. Il posa à celui-ci ce dilemme : « Ou vous
allez me rendre tout ce que vous m'avez pris et votre châtiment consistera simplement en la perte d'un nombre
d'hommes égal aux têtes de mon troupeau qui sont mortes ;
ou vous n'en ferez rien, et alors je demande à Dieu d'exter-
miner votre tribu. »

Le chef Mbarek se jeta aussitôt à ses pieds, et apitoya le
Cheikh. On s'en tint donc à la première solution.

Chez les *Oulad Allouch*, le Cheikh fit plus d'une fois

sentir son influence pacificatrice. A la suite de conflits
entre ceux-ci et les Berabich, plusieurs tentes de ces derniers se réfugièrent auprès du Cheikh. Les Allouch les y
poursuivirent, mais n'osant forcer le campement du saint
homme, véritable lieu de refuge, lui demandèrent de leur
livrer leurs ennemis. Le Cheikh s'y refusa énergiquement.

Quelque temps après, quand le ressentiment de la première heure fut apaisé, il s'entremit à nouveau et obtint
des Allouch qu'ils donneraient eux-mêmes l'hospitalité aux
Berabich, leurs ennemis.

A en juger par sa correspondance, que publie le *Kitab
et-Taraïf*, les interventions du Cheikh dans les conflits des
tribus maures, qui nomadisent à l'ouest du méridien de
Tombouctou, ne se comptaient pas. On le voit servir de
médiateur, de conciliateur et de sage conseiller dans les
conflits intérieurs ou extérieurs des Allouch avec les
Touareg (Lettre au Cheikh Hennoun ould Beïda, des Oulad
Allouch, et avec les Beni Mbarek : des Beni Mohammed
Zenagui (lettre au Cheikh Hennoun Ould Bou Seïf ould
Hennoun ould Mohammed Zenagui); des Ida Ou Aïch (lettre
au Cheikh Mohammed Cheïn, à ses frères Mokhtar et Ali,
à ses oncles, etc.).

Il eut encore des relations épistolaires avec Mohammed,
fils de Moulay Abd Allah, fils de Moulay Ismaïl, sultan du
Maroc, en réponse à une lettre que le caïd Abd El-Malek
Ould Qaïd Ahmed le Fayoùmi lui avait écrite en son nom.
Il était d'ailleurs l'ennemi de ces rapports avec les grands
de ce monde, et interdit plusieurs fois à ses disciples de se
rendre à la cour des sultans, où la vie qu'on mène est loin
d'être conforme à la loi de Dieu. A ce propos, il aimait à
rappeler qu'un des descendants de son ancêtre Ahmed ben
Reggad, qu'il croyait être le Cheikh Sidi Ahmed ben Al-
Hadj, faillit perdre la vie à Fez dans les conditions suivantes. Il fut reçu par le sultan à la cour, et on le fit asseoir
à côté du trône. Entré sans saluer d'après le protocole,

sans se découvrir, sans se déchausser, sans s'incliner, il
avait déjà fortement irrité les courtisans. Mais le plus beau
fut qu'il s'endormit pendant l'audience, et de sa tête qui
s'inclinait tantôt à droite, tantôt à gauche, alla frapper le
sultan. Celui-ci fit taire les courtisans, qui voulaient déjà
le faire périr, et renvoya avec honneur ce saint du désert,
complètement déplacé à la cour si affinée du Makhzen chérifien.

Le *Kitab at-Taraïf* résume, sur sa fin, en une page,
l'obédience du Cheikh : on peut voir qu'elle s'étendait de
l'Aïr et de la Nigéria anglaise au Sénégal même, c'est-à-dire
qu'elle embrassait toute notre Afrique Occidentale. Les
relations de Barth et de Bary pour l'Est, les rapports des
autorités françaises pour l'Ouest ne sont pas pour démentir
le tableau ci-dessous dressé par la piété de son fils. Et aujourd'hui, il est facile de constater qu'il n'est nullement
inexact, et que l'Ouird qadri, fruit de la propagande kounti,
fleurit dans les mêmes régions et a même débordé dans
les colonies côtières du Sud. On pourra s'en rendre compte
à la fin de ce mémoire.

« Mohammed Baker, émir de Bornou et des provinces
voisines, correspondait avec le Cheikh et lui envoyait des
cadeaux. Il se plaça sous sa direction spirituelle. Ainsi
firent aussi les émirs peul et leurs savants, et notamment
Othman dan Fodié, son frère et vizir Abd Allah, son fils
et vizir Mohammed Bello. Ainsi firent les Touareg les plus
hardis de l'Aïr, du Dinnik, des Oullimiden et des Kel
Tadmekket. Ainsi firent les chefs des populations noires :
Bambara, Peul et Arma, et toutes celles qui vivent entre le
Damel du Sénégal et le souverain de Katséna Nigéria),
avant le développement de l'empire peul du Macina dans
les territoires soudanais. Ainsi firent les chefs des hassanes
maures Merafra, tels les Oulad Abd Allah (Brakna), les
Trarza, les Oulad Daoud ben Mohammed (Mauritanie et

Hodh) ; les Oulad Al Fahfah (Nara) ; les Ida Ou Aïch (Tagant et Assaba) ; les Oulad Nacer (Nioro) ; les Oulad Ahmed, de l'Iguidi, et tous leurs vassaux, sujets et tributaires lemtouna. Ainsi firent les Arabes sahariens : Oulad Delim, hassanes et Merafra (Baie du Lévrier, Rio de Oro), les Arib (Oued Dra). Doui Menia (sud oranais) ; et les nomades du Touat ; tels que les Beni Amor Mellouk, les Oullad Zennan, les Oulad Hariz, les Oulad Al-Hadj, les Oulad Mellouk, les Oulad Mohammed et leurs vassaux et tributaires zenata. »

CHAPITRE III

CHEIKH SIDI MOHAMMED (fils de Sidi-l-Mokhtar Al-Kabir)
ET SES FRÈRES

Le Cheikh Sidi-l-Mokhtar Al-Kabir laissait en mourant
(1811) huit fils.

Quelque sèche et aride que soit cette nomenclature, il
faut néanmoins la donner, car c'est de ces huit fils et de
leurs télamides, qu'est issue l'actuelle fraction dirigeante
des Ahel Cheikh (Sidi-l-Mokhtar), et c'est par conséquent
à l'un de ces personnages que se rattachent les personnalités, chefs de sous-fractions et de campements à qui on a
affaire aujourd'hui.

De plus, la postérité de ces huit fils de Sidi-l-Mokhtar
ne s'est pas cantonnée chez les Kounta de l'Est. Obéissant
aux lois de nomadisme, de fusion et de reclassement des
Sahariens, florissantes, semble-t-il, chez les Kounta plus
que partout ailleurs, cette descendance s'est dispersée dans
toutes les régions où l'exode kounta avait depuis quatre
siècles laissé des traces. Si la plus grande partie se trouve
aujourd'hui chez les Kounta, qui nomadisent de Tombouctou à l'Adrar des Iforas et au Dinnik, sans oublier le
Gourma, nombre d'entre eux ont reflué vers les étapes des
migrations passées. On les trouve dans le Hodh, puis dans

le Tagant et l'Adrar, même dans la Basse-Mauritanie
(Brakna et Gorgol).

L'étude de ces fractions kounta du Hodh et de l'Ouest
compte donc des données généalogiques et historiques,
qu'on ne peut trouver que chez les Kounta de l'Est et qu'il
faut exposer ici, pour pouvoir établir ultérieurement la
situation de ces fractions kounta du Hodh et de Mauritanie.

On retiendra toutefois, parmi ces huit fils, un nom, le
plus grand de tous, *Cheikh Sidi Mohammed* qui, quoique
cinquième d'ordre, fut le successeur spirituel de son père
et a donné naissance aux chefs spirituels et temporels qui,
au dix-neuvième siècle et jusqu'à nos jours, ont dirigé les
destinées des Kounta de l'Est. C'est à ceux-ci que seront
consacrés les chapitres suivants.

A signaler encore un petit-fils du Cheikh Sidi-l-Mokhtar,
nommé Sidi Ag Ballah, dont on verra ci-après la notice.

Les huit fils du Cheikh Sidi-l-Mokhtar Al-Kabir sont
donc :

1° *Zeïn Al-Abidin* surnommé Beker at-Tahara, l'aîné des
fils de Sidi-l-Mokhtar Al-Kabir, a laissé quatre fils : Mohammed Baba Ahmed, Sidi Mohammed, dit Al-Mami, et
Sidi-l-Mokhtar, dont la descendance se trouve aujourd'hui
dispersée chez les Kounta de l'Est, chez ceux de l'Ouest,
en dissidence dans le Maïder, et enfin à Qçar al-Hella.

2° *Sidi Mohammed Al-Bekkaï* a laissé trois fils : Khettari, Hammoadi et Abidin, dont la descendance habite aujourd'hui le Tiris (Mauritanie).

3° *Sidi Hamoua Lamin* a laissé sept fils : Abidin, Baba,
Hamoadi, Bekkaï, M'hammed, Sidïa et Sidi Bouadi dont
la descendance nomadise soit dans le Tiris (Mauritanie),
soit chez les Kounta du Hodh.

4° *Sidi Baba Ahmed* a laissé cinq fils : a, Hammoadi,
dont la descendance nomadise chez les Kounta du Hodh.
Son fils aîné, Sidi Mohammed, est le chef de cette tribu.

b) Sidi Mohammed, dont la descendance habite le Tagant.
c. d. e.) Baba, Sidi Haïb Allah Saṛir, et Bekkaï, dont la descendance habite chez les Kounta de l'Est et dans le Hodh.

5° Le *Cheikh Sidi Mohammed*, dont on trouvera ci-après la notice.

6° *Sidi Haïb Allah* a laissé de nombreux enfants fixés soit dans l'Ouest, soit dans l'Est, et parmi ceux-ci soit au nord du fleuve soit sur le Gourma. L'un d'eux, Mokhtar, a laissé un fils, Sidi Mohammed, plus connu sous le nom de Sidi ag Ballah, et dont on verra ci-après la notice.

7° *Sidi Amar* a laissé de nombreux enfants dont la descendance habite soit chez les Kounta de l'Est, soit chez les Touareg de Dinnik. Le plus connu est Khattari, ex-lieutenant de Hammoadi, et qui a épousé une fille de Kouzourou, le chef des Touareg Kel Gress.

8° *Sidi Mohammed*, dont les deux fils Khettari et Hammou, ont essaimé dans le Gourma et dans le Brakna Mauritanien.

Cheikh Sidi Mohammed, cinquième fils de Sidi-l-Mokhtar Al-Kabir, est né vers 1765.

Nous n'avons que fort peu de renseignements sur sa vie. Sa piété et sa science attirèrent sur lui l'attention de son père, et c'est pourquoi il le choisit pour lui succéder à sa mort, en 1811.

Cheikh Sidi Mohammed ne devait exercer ce pontificat que pendant 15 ans : en effet, il mourait de maladie en mai 1826. Mais on lui doit deux grands services : l'un d'ordre littéraire, l'autre historique.

Il écrivit, ou plutôt sans doute il dicta un ouvrage des plus importants sur l'histoire des Kounta et subséquemment, sur l'histoire du Sahara, pendant ces derniers siècles. Cet ouvrage est le *Kitab at-Taraïf oua-at-talaïd fi karamat ach-Chaïkhaïni al-oualidi oua-al-oualidati*, c'est-à-dire « le

livre des biens acquis et hérités sur les vertus des Cheikh,
mon père et ma mère ».

Il a déjà été analysé dans la *Revue du Monde musulman*
par M. Ismaël Hamet. Il est extrèmement touffu. Consacré
en principe à la vie du Cheikh et de la Cheikha. Ces deux
étoiles jumelles, ces deux anses sœurs d'un même vase
d'élection », il comprend une multitude de controverses
religieuses, juridiques, mystiques, développées et débattues
à satiété. Cependant, au milieu de ce fatras, on trouve un
grand nombre de renseignements utiles sur la propagande
du Qadérisme au Soudan, c'est-à-dire en réalité sur l'islamisation de ces régions, sur l'histoire des Kounta, sur les
relations avec les tribus et peuplades maures, touareg, peul
et noires voisines.

L'auteur, qui annonce dans son préambule une préface,
sept chapitres et un appendice, consacré spécialement à la
Cheikha, semble ne pas avoir terminé son ouvrage. J'ai eu
entre les mains trois manuscrits, de propriétaires différents et éloignés, et dérivant certainement de sources va-
riées : l'un appartenant à la bibliothèque d'Al-Hadj Malik,
de Tivaouane (Sénégal) ; l'autre à la bibliothèque de Cheikh
Sidïa (Mauritanie); le troisième aux Kounta de Tombouctou. Celui de M. Hamet lui est parvenu par la voie saharienne : le capitaine Métois, d'In Salah, le trouva chez les
Kounta de l'Adrar des Iforas. Or, tous s'arrêtent à la fin du
chapitre V. Comme on ne peut supposer, à moins d'un
hasard prodigieux, que ces divers manuscrits sahariens,
soudanais, maure et sénégalais ont été copiés les uns sur
les autres, il faut bien admettre que l'auteur n'a pas eu le
temps — et sa mort prématurée l'expliquerait — de par-
faire l'ouvrage, tel que son plan l'annonçait.

Une dernière preuve empruntée à l'ouvrage lui-même
complétera cette ébauche de critique. Certains manuscrits
se terminent (chapitre V) par la phrase : « Ceci est la fin
de ce qu'a réuni le Cheikh Sidi Mohammed. » Ce qui in-

dique très nettement, semble-t-il, qu'il n'y a eu ni chapitre VI, ni chapitre VII ni appendice. Et c'est regrettable,
car le plan annonçait des renseignements intéressants;
Au surplus, l'ouvrage, d'abord des plus ennuyeux parce
qu'il traite des sujets les plus variés, et fort peu du Cheikh
ou de ses ascendants, croît en intérêt avec le développement. Les derniers chapitres eussent été, semble-t-il, les
plus captivants.

Utile à la postérité, Cheikh Sidi Mohammed le fut aussi
à ses contemporains. Il est avéré qu'il sauva la ville de
Tombouctou de la destruction méthodique, qu'y avaient
entreprise les Peul de Chékou Hamadou, vers 1825-1826.
Son intervention répétée fit cesser les pillages et incendies,
et amena l'organisation d'une représentation gouverne-
mentale et régulière des Peul à Tombouctou.

Cheikh Sidi Mohammed gardera dans l'histoire l'honneur d'avoir donné l'hospitalité au major Gerdon Laing
et d'avoir ainsi inauguré la tradition de tolérance religieuse
que les Cheikh kounta garderont au cours du dix-neuvième siècle.

Le 29 janvier 1826, Laing, traîtreusement attaqué par
les Touareg Hoggar dans son campement de l'Ouadi Ahmed,
était grièvement blessé et complètement pillé. Son guide
et protecteur Babani, commerçant radamésien, le chargea
sur son chameau et l'emporta vers l'Azaouad. C'est dans
le campement du Cheikh Sidi Mohammed que Laing fut
déposé et revint à la vie. Il resta plus de six mois, em-
ployant son temps comme on le disait deux ans plus tard à
René Caillé, à Tombouctou, « à écrire la terre ». Il y noua
avec le Cheikh de vrais liens d'amitié, semblables à ceux
qu'en 1853-1854, Earth devait nouer avec son fils Bekkaï.
Le Cheikh, loin d'entraver les projets de l'officier anglais,
l'engageait à aller de l'avant et se faisait fort de le conduire chez les Mossi et jusqu'à la côte.

Malheureusement une épidémie de fièvre infectieuse

qui sévissait en tribu, emporta successivement le Cheikh
Badani, si utile à Laing, puis le Cheikh Sidi Mohammed
lui-même (10 mai 1826).

Malade à son tour, Laing perdait successivement la plupart de ses serviteurs et ne se rétablissait qu'à grand'peine.
C'est en août seulement qu'il put se remettre en route. Il
entrait à Tombouctou, le 18 août 1826, pour en repartir
bientôt, et être assassiné par les Berabich.

On peut se rendre compte, par les immenses avantages
que Barth retira de la protection de Bekkaï, combien celle
du Cheikh Sidi Mohammed, respecté de tous, eût été utile
au raïs Laing.

Ces divers renseignements, que nous possédons sur la vie
du Cheikh Sidi Mohammed, joints à ce qu'en a conservé
la tradition, permettent de voir en lui un esprit ouvert,
cultivé et fort intelligent. Il demeure dans l'histoire sous
l'aspect d'une figure des plus sympathiques.

Il reste à dire que le Cheikh Sidi Mohammed eut l'honneur de compter, parmi ses disciples, celui qui devait être
un jour l'apôtre de la Basse-Mauritanie et le régénérateur
du Qaderisme, Cheikh Sidïa Al-Kabir.

Cheikh Sidïa arriva au campement de Cheikh Sidi-l-
Mokhtar, au début de 1811 ; mais il n'eut pas le temps de
jouir des leçons du maître, qui mourut peu après. Sidïa
continua ses études auprès du Cheikh Sidi Mohammed et,
pendant toute la durée de son pontificat, c'est-à-dire pendant 15 ans, fut son fidèle disciple. En 1826, il venait de
le quitter pour reprendre le chemin de l'Ouest, quand il
apprit la mort subite du Cheikh ; il revint sur ses pas,
assista à ses funérailles, et ne s'en retourna vers le Brakna
que plusieurs mois plus tard.

Cheikh Sidi Mohammed fut enterré à côté de son père,
à Bou-l-Anouar, puits situé à 200 kilomètres au nord
de Bamba et à 100 kilomètres au sud de Mabrouk. Sa
piété avait fait de ce point un important lieu de pèleri-

nage. Il y avait même fondé un petit village, dont on voit encore les ruines, et fait forer un puits. Voici dans quelles conditions fut creusé ce puits. Il en avait lui-même commencé le forage, quand arrivé à 25 mètres de profondeur, ne trouvant pas l'eau, il abandonna le travail et s'installa à Anéchag. A ce moment, arriva du Nord un Touati aveugle, du nom d'Abd Er-Rahman. Il demanda au Cheikh de lui rendre la vue. Sidi Mohammed lui annonça qu'il ne recouvrerait la vue que s'il se lavait les yeux avec l'eau du puits de Bou-l-Anouar, sanctifiée par la baraka du Cheikh Sidi-l-Mokhtar son père. Le Touati n'hésita pas ; il fit venir toute sa famille et tous ses captifs et se mit résolument à l'ouvrage. Après sept mois de travail, on trouva l'eau à 120 mètres de profondeur. Il s'en lava les yeux et recouvra la vue.

Bou-l-Anouar est un cimetière de prédilection pour les Kounta. On y trouve, outre les tombes de Sidi Mokhtar Al-Kabir et de son fils Cheikh Sidi Mohammed, celle de trois autres de ses fils : Zeïn al-Abidin, Sidi Haïb Allah et Hamoua Lamin. Il est très visité.

Il convient d'aborder maintenant le seul des frères du Cheikh Sidi Mohammed, qui, chez les Kounta de l'Est présente quelque intérêt : Sidi Haïb Allah, précite, non point à vrai dire par lui-même, par son petit-fils : Sidi Mohammed.

Un autre frère, du Cheikh Sidi Mohammed : Baba Ahmed, présente aussi un grand intérêt, mais c'est avec les Kounta du Hodh qu'il doit être étudié, car c'est là qu'il a vécu, est mort, et a été enterré ; c'est là que sa descendance fleurit aujourd'hui.

Sidi ag Ballah, désigné ainsi par les Touareg de l'Est et par les Noirs, et connu aussi sous le nom de Sidi Mohammed le Kounti, par les Arabes de l'Est, est, de son vrai nom Sidi Mohammed, fils de Mokhtar, fils de *Haïb Allah*, fils de Sidi Mokhtar Al-Kabir.

Il est né vers 1840, à Tombouctou, a passé une partie de sa jeunesse dans la ville et dans les environs, et y a fait la plupart de ses études.

De bonne heure, il se délasse de la prière et de l'étude par des distractions moins innocentes : de concert avec les Touareg il dévalise les pirogues aux environs de Korioumé.

Par la suite, il prit une part active à tous les événements politiques de l'Est, de 1894 à nos jours.

Dès les premiers jours de l'occupation, il nous témoigne son hostilité en recrutant des partisans touareg et en cherchant à les lancer sur le lieutenant de vaisseau Boiteux qui vient d'entrer à Tombouctou. Il prit part également, les jours suivants, à l'agression contre l'enseigne Arabe.

Peu après l'échec de Takoubac, il se précipite chez les Tenguerédief, débarrasse ces Touareg des armes à feu et munitions, dont ils ne savent que faire, et les expédient dans l'Adrar des Iforas à ses cousins Kounta, mieux adaptés aux armes modernes.

De 1894 à 1896, on les trouve dans tous les coups de main dirigés par les Kounta ou les Kel Antessar, contre les tribus soumises ou simplement en relations avec nous, dans tous les combats que nous livrons aux insoumis de la région. On le rencontre d'abord dans le Tioki, où il ne cesse de razzier amis et ennemis ; puis il prêche la guerre sainte chez les Berabich hésitants et tente de les lancer sur Tombouctou. A la tête des pillards Oullimiden, il se jette, en avril 1895, sur la fraction maraboutique des Ahel Sidi Ali, vieille amie pourtant des Kounta, mais qui a le tort, campée à une journée au nord-est de Tombouctou, de vivre en bons termes avec les Français, et la pille complètement. Il est au combat d'Akenkan (mars 1896) et son fils aîné, Sidi Ahmed Bekkaï, est tué par les partisans Gouanin. Sa tête fut exposée sur le marché de Tombouctou.

Les Kounta font leur soumission officielle en mai-juin

1899, mais Sidi ag Ballah, Abidine et quelques autres chefs restent volontairement en dehors des négociations.

L'une et l'autre de ces deux personnalités paraissent déçues en effet que le commandement de la tribu leur échappe, et vont chercher une autre voie pour satisfaire leurs ambitions.

Sidi ag Ballah se réfugie auprès de Madidou, l'aménokal des Oullimiden, et devient son chapelain, son conseiller, son vizir des affaires étrangères. On assistera, pendant plus de dix ans, aux évolutions curieuses de cet homme, qui n'a pas fait sa soumission comme Kounti, et qui intervient comme parlementaire et ambassadeur des aménokal Oullimiden dans toutes les négociations que nous lions avec cette tribu. Son rôle consiste nettement à faire le jeu des Oullimiden contre ses cousins Kounta et contre nous-mêmes. Il espère sans doute que, compris dans l'aman des Oullimiden, il s'installera à côté d'eux, en fraction indépendante d'Hammoadi, et en fructueux marabout des Touareg.

Sa résidence ordinaire est alors soit à Wani, soit à Tondibi, sur le fleuve, rive haoussa. Il y fait le commerce du sel sur Taoudeni et des chameaux et du bétail un peu partout ; il a rassemblé autour de lui les Chamannama insoumis, et ses gens commettent des vols et des meurtres dans tous les villages du fleuve.

En mars 1902, son fils Abidin pille un groupe de Taïtoq qui descendait faire sa soumission à Gao. Peu après, lorsque les Kounta préparent un rezzou contre les Oullimiden, Sidi renseigne ces derniers qui prennent les devants et tombent sur les Kounta. Ceux-ci surpris ne durent leur salut qu'aux armes à feu que nous leur avions prêtées.

A la fin de cette année 1902, alors qu'on prépare une colonne pour l'Adrar des Iforas, on dut, pour éviter une semblable traîtrise, interner quelque temps Sidi à Tombouctou et son fils Abidin, à Bourem.

En 1903, les Kounta reçurent l'ordre de passer sur la rive droite. Sidi y opposa une force d'inertie complète et finit par avoir gain de cause. Il se déclara malade, obtint de la faiblesse d'Hammoadi l'autorisation de rester sur la rive gauche, et démontra ainsi aux nomades qu'il était en parfait accord avec les Français et qu'il obtenait d'eux bien plus que le chef de la tribu, Hammoadi.

Firhoun demande l'aman en juin 1903. Aussitôt Sidi ag Ballag, étrange intermédiaire de paix, se jette sur ses campements et les pille, au moment même où Firhoun rassemblait son amende de guerre. Sidi nous témoigne encore son hostilité, en donnant toujours l'asile aux Chamannama, seuls d'entre les Oullimiden qui n'avaient pas fait leur soumission. On lance alors sur cette fraction les Kounta du Nord, mais ceux-ci se trompent (!), tombent sur les Kel Ahara, principale fraction imochar des Oullimiden et les razzient de fond en comble. Les Chamannama durent néanmoins se soumettre quelque temps après, sans être d'ailleurs suivis par Sidi.

En 1904, les Tadabouk, fraction des télamides de Sidi, pillent le village de Lokotoro (Gao). Sidi laisse faire tranquillement; et Hammoadi a toutes les peines du monde à faire effectuer les restitutions et paiements du prix du sang. Il finit par les acquitter de sa poche, ne pouvant arriver à un résultat complet de la part du vieux marabout, et n'osant pas signaler officiellement sa conduite.

Lors de l'agitation de la région et de l'assassinat du lieutenant Fabre, alors qu'il est question de préparer une colonne et de demander des auxiliaires à Hammoadi, Sidi lui fait savoir que, s'il part en colonne avec les chrétiens, tous ses chameaux périront et que lui-même mourra dans le feu. Il exhorte les divers chefs de campement à refuser tous les animaux demandés et engage les villages de Koïraboro de la vallée à ne pas prêter leur concours pour le passage du fleuve et les divers transports par eau.

En 1906, à la suite des fâcheux événements de Mauritanie, Sidi essaie sa propagande délétère sur les Berabich, et il ne tint pas à lui que, sur ses mauvais conseils, Mahmoud ould Dahman, leur chef, ne partît en dissidence. Il fut, pour ce fait, incarcéré à Tombouctou, puis libéré avec l'ordre de rentrer chez lui et de se tenir tranquille sous les ordres du chef de tribu, Hammoadi.

Il n'en fait rien et, plusieurs mois après, on apprend sa présence à Tombouctou, où il se flatte « d'être assez fort pour rester en ville malgré les Français ». Il fut l'objet, pour ce fait, d'une punition disciplinaire, et regagna ensuite ses campements.

Il s'installait alors près de Bourem, et se faisait livrer par le chef de poste l'autorisation écrite de rester dans les environs, établissant par là qu'il était bien rallié, mais utilisant d'autre part son papier pour faire croire qu'il était indépendant d'Hammoadi et pour extorquer des cadeaux aux Touareg.

Après bien des pourparlers, ce chef finit par demander officiellement un aman sincère en 1908. Il est mort en août 1909.

Il a laissé dans la région une réputation d'habileté politique considérable. C'était un homme intelligent, très instruit et fort vénéré comme marabout. Il était en relations constantes avec toutes les tribus maures et touareg, et même, a-t-on dit, avec le sultan Abd El-Aziz. Il a toujours battu froid à son cousin Hammoadi, chef des Kounta, qu'il jalousait.

Abidin, son fils, né vers 1885 dans l'Adrar des Iforas, vise manifestement à marcher sur ses traces. Il partit en dissidence, chez les Kel Ténéré, dès la fin de 1908, et avant la mort de son père, et témoigna ainsi son mécontentement de la nomination définitive d'Hammoadi. Il a toujours conservé ses relations avec Firhoun et exercé chez les

Oullimiden un grand empire politique. Il est à craindre que son influence ne se soit fait sentir dans les événements, qui se sont déroulés depuis 1910, et dont les Oullimiden ont durement pâti.

C'est un homme vigoureux et intelligent. porté beaucoup plus par instinct, à un rôle guerrier que maraboutique. Il n'a pas toutefois le prestige de son père, et plus avide et pillard, donnerait plus facilement barre sur lui. Il se tient actuellement tranquille chez les Ahel Cheikh, dans le Tilemsi. Il n'a pas de frères.

CHAPITRE IV

LES ENFANTS DE CHEIKH SIDI MOHAMMED

(PERSONNALITÉS ACTUELLES)

I. — CHEIKH SIDI-MOKHTAR SARIR.

Ses fils { Hammadi et son fils Alouata.
{ Mohammed Bouadi et son fils Hammoadi.

Sidi-l-Mokhtar Sarir, connu sous le nom de Sidi Mokhtar Ntiémi, ou encore Sidi Baddi, était né vers 1790. Ses études faites sous la direction de son grand-père Sidi-l-Mokhtar Al-Kabir, en l'honneur de qui il avait été ainsi nommé, puis sous celle de son père Sidi Mohammed, furent très brillantes.

La mort soudaine de son père, en 1826, lui laissa le commandement de la tribu et le pontificat des Kounta qadrïa et de leurs télamides. Dès cette année, il se trouvait en présence d'une situation difficile : les contingents peul, envoyés par Chékou Hamadou, commandeur des croyants et amirou de Macina, venaient de s'emparer de Tombouctou, et pour y marquer leurs intentions d'installation définitive, détruisaient les murailles de banco, qui protégeaient la ville, et qui depuis n'ont plus été relevées.

Leurs exactions furent telles que les citadins appelèrent

à leur secours le petit-fils de celui qui avait jadis sauvé la
ville contre le régime de terreur que lui faisaient subir les
Kel Tadmekket, le fils du Cheikh qui venait au début de
cette année et quelques jours avant sa mort, de la sauver
d'une destruction complète contre ces mêmes Foulbé.

Sidi-l-Mokhtar répondit à cet appel, s'interposa à plusieurs reprises entre ses clients de Tombouctou et les
Foulbé dont l'amirou-pontife se rattachait à l'obédience
qadrïa de son grand-père, Sidi-l-Mokhtar Al-Kabir.

En 1831, il intervenait même les armes à la main, sur
la demande des commerçants marocains touatiens et rada-
mésiens, et renforçait ses bandes de contingents kounta
du Touat. Mais pour en finir avec cette puissance politique
qui, d'ailleurs, lui tenait tête auprès des Koïraboro, même
dans le domaine religieux, il groupa maintes fois les
Touareg, tant Tadmekket qu'Oullimiden, qui regrettaient
le bon temps passé et ses pillages, et les lança à l'attaque
des contingents foulbé : à plusieurs reprises, la garnison
dut évacuer en hâte la ville, mais, renforcée, put y revenir,
quand les nomades se retiraient vers leurs pâturages.

En 1844 enfin, un grand rezzou touareg, dont faisait
partie Mokhtar et ses Kounta, investit la ville et chassa la
garnison, celle-ci, décimée, se retira sur le fleuve, ayant
reçu des renforts elle se retourna contre les Touareg, mais
ceux-ci restèrent maîtres du terrain, jetèrent les Foulbé
dans le fleuve et mirent en fuite les survivants.

L'amirou, maître du fleuve en amont, était maître des
destinées de Tombouctou. Il intercepta tout commerce avec
la ville, comme bien d'autres l'avaient fait avant lui, et
comme Al-Hadj Omar et Tidiani le devaient faire par la
suite.

La ville fut vite aux abois, et en cette occurrence, on eut
encore recours aux bons offices de Sidi-l-Mokhtar.

Mais le Cheikh malade ne put intervenir de sa personne.
Il confia cette mission à son frère Bekkaï qui réussit à con-

clure le pacte de 1846 entre Peul, Touareg et autorités de Tombouctou.

Sidi-l-Mokhtar mourait peu de temps après. Il a laissé : a) Sidi Mohammed, b) Abidin, c) Baba Ahmed, mort sans postérité. Baba Ahmed fut, après la mort de ses frères Hammadi (✝ 1869) et Mohammed Bouaddi (✝ 1877) le chef des Kounta du Gourma. Il était né vers 1834 et mourut vers 1887. Il exerça son commandement entre 1860 et 1887. Il a laissé la réputation d'un homme savant et juste, et a fait l'éducation d'un certain nombre de marabouts de renom, et notamment de son neveu Alouata et du dissident des Kel es-Souq, Mohammed Ahmed, d) Hammadi et e) Mohammed Bouadi, qui sont l'objet des notices ci-après.

Hammadi, fils de Sidi Mokhtar Saŗir, était trop jeune pour prendre la succession de son père, en 1847. Il avait dû laisser la place à son oncle Sidi-l-Bekkaï, mais il ne lui pardonna pas cette intrusion, et fut toute sa vie le chef de l'opposition kounta contre la politique guerrière, diploma-tique et religieuse de Bekkaï.

C'est ainsi que, le lendemain même de l'entrée de Barth à Tombouctou (8 septembre 1853), il écrit aux fanatiques Foulbé pour leur annoncer la présence d'un chrétien dans la ville et compromettre ainsi son oncle, qui a pris Barth sous sa protection, et avec lui la cause de tous ses partisans. Par la suite, il ne cesse de tourmenter le voyageur de toutes les façons, soit dans la ville même, soit aux campements de Bekkaï, et tenta à plusieurs reprises de le faire assas-siner.

Peu après, l'avance des Foutanké tidianïa scelle l'alliance de tous les tenants de la bannière qadrïa, et Bekkaï envoie ses Kounta au secours des amirou du Macina. Mais Ham-madi devient aussitôt le champion de l'alliance avec les Toucouleurs et ne cesse de prôner leur cause et d'entretenir les meilleures relations avec eux. Ses renseignements et ses subsides furent plus d'une fois nuisibles à Bekkaï, puis à son fils Abidin.

Les louanges que les Foutanké décernaient aux fils et aux neveux de Hammadi en 1893, nous trompèrent un moment, et c'est sur eux que nous reportâmes toute la sympathie que les récits de Barth avaient fait naître en France pour le Cheikh Bekkaï, ses fils et ses partisans. Ce n'est que plus tard, alors que les fils de Hammadi étaient déjà confirmés dans leur commandement, qu'on s'aperçut de l'erreur.

Hammadi eut d'autre part, en tant que chef de fraction, plusieurs fois maille à partir avec les Kel Antessar de l'Est, les Iforas et les Oullimiden.

C'est à Hammadi qu'il faut faire remonter la scission des Kounta du Niger. Il entraîna à sa suite des partisans entre 1850 et 1855, et les installa sur le Gourma pour échapper à l'emprise de Sidi-I-Bekkaï. A la mort de celui-ci, il recueillit le commandement général des Kounta et l'exerça jusqu'à sa mort (1869).

Il a eu plusieurs enfants : Badi, Mohammedna, Bekkaï, Abidin et Alouata. Rien à signaler sur les trois premiers, sauf que les enfants de Mohammedna (mort vers 1901) : Sidi Hammadi, Baba, Ahmed. Mokhtar et Mohammed, se sont livrés, en 1914, à plusieurs coups de main sur les villages voisins avec leur cousin, Sidi Baba Ahmed, fils d'Alouata, et ont été condamnés à 18 mois de prison. Voici les deux derniers Abidin et Alouata.

Abidin, né vers 1870, a été quelque temps entre 1887 et 1894 environ, et immédiatement après son oncle, Sidi Baba Ahmed, le chef des Kounta de l'Aribanda. Destitué, à la demande unanime des gens de la tribu, à cause de ses nombreuses exactions et de ses mœurs fort relâchées, il a dû céder la place à son frère Alouata.

C'était d'ailleurs un guerrier valeureux qui conduisit plus d'une fois les Kounta au pillage des campements touareg et des villages noirs.

Après la nomination de son frère Alouata comme chef général des Kounta (1913), il le remplaça, sans le titre, à la tête des Kounta du Gourma. Peu écouté, il ne put empêcher ses gens, et notamment ses cousins, de commettre de nombreux vols de troupeaux (1914). Il les dénonça d'ailleurs lui-même et les fit condamner.

En 1915, il dissipait tous ses biens et une partie de l'impôt Il fallut lui retirer ce commandement, qu'il exerçait en vertu d'une délégation de son frère Alouata et par l'autorisation tacite des Français.

Il ne semble pas être devenu plus sérieux avec l'âge.

Il a de nombreux enfants, dont les fils les plus âgés sont : Sidi Baba Ahmed, Sidi Hammadi, Bekkaï, Alouata, Allamin, etc.

Alouata, dernier fils de Hammadi, est le chef actuel de la confédération kounta. Il est né vers 1874 d'une mère bambara : Barka, femme bella des Kamadayen. Aussi est-il à peu près complètement noir, ce qui n'est pas sans nuire quelque peu à son prestige, sinon chez les Maures très souvent teintés de noir, du moins chez les Touareg qui conservent jalousement la pureté de leur sang. Il fit ses études auprès de son oncle, Sidi Baba Ahmed, précité, deuxième chef des Kounta du Gourma et marabout d'un grand renom.

Vers 1894, il remplace son frère aîné Abidin à la tête des Kounta du Gourma. Sous son administration un peu molle, mais sympathique, cette tribu ne nous a pas créé de difficultés, depuis vingt ans, et a vécu en bons termes avec ses voisins, sans se laisser entraîner dans les mouvements d'effervescence des Touareg. Pendant cette période, Alouata prend définiti[illegible]ment caractère de marabout et de pontife, se consacran[illegible] [illegible]le, à la thaumaturgie, aux œuvres de piété et aba[illegible] à un khalifa la besogne administrative de la tr[illegible] consacré à cette date par la voix populaire gran[illegible] [illegible] des Qadrïa de la boucle.

Les services qu'il nous a rendus ne se comptent pas. Dès 1896, il entre en relations avec Hourst, qui est sur le point d'entamer sa grande croisière d'exploration sur le fleuve, et par ses bons conseils et son aide lui est d'un grand secours.

En 1908, après l'affaire de Baney, il acceptait d'être le représentant des Irréganaten et des Igouadaren, lorsque ces nomades touareg demandèrent l'aman.

En 1912, à la mort de son cousin germain Hammoadi, il se trouve être la personnalité la plus en vue du groupement kounta. Baye est peut-être aussi vénéré, mais ses campements sont excentriques dans l'Adrar des Iforas, et il entend rester confiné dans sa dévotion. C'est donc sur Alouata que se porte le choix de la Djemaa pour le commandement général des Kounta (21 janvier 1913). Il passe à cette date sur la rive gauche et va installer ses campements dans la zone de parcours des Kounta, grands nomades. Il conserva toutefois son commandement de l'Aribanda et administra son ancienne tribu par l'intermédiaire d'un khalifa, qui ne fut autre d'abord que son frère Abidin, qui le remplaçait déjà auparavant, lors des longues absences qu'Alouata faisait à Tombouctou, et qui, comme il a été dit, vient d'être destitué.

Alouata est lié d'amitié avec les Irréganaten, avec Bekkaoui, leur chef, et avec la plupart des tribus touareg de la boucle. Il faut signaler pourtant un léger froid qui vient de s'établir ces temps derniers et qui subsiste à l'heure actuelle (fin 1917), entre lui et Bekkaoui, à la suite des reproches qu'il lui a adressés pour les pillages des Kel Doumbéré et des Yayouannadar. Avec les Tenguérédief et avec Chebboun, leur aménokal, il était jadis en fort mauvais termes, et faillit faire les frais de la victoire de ses cousins de l'Adrar des Iforas sur les Oullimiden. Heureusement Bekkaoui, Sakkaoui Saqib Ifesten refusèrent de marcher et les propositions de Chebbon restèrent sans résultat (1903). Il a oublié ce passé et a noué actuellement de bonnes relations avec les Tenguérédief. Il vit aussi en bons termes avec les Bérabich. Il est en revanche l'adversaire des Kel Antessar, vraisemblablement parce que cette tribu arabe targuisée s'adonne au maraboutisme et fait une concurrence sérieuse à l'influence religieuse des Kounta.

Assez intelligent, assez ouvert, sympathique, très respecté de tous, mais peu énergique, Alouata montre la plus grande tolérance en matière religieuse, et a toujours recommandé non seulement la paix, mais même le loyalisme et la cordialité vis-à-vis des Européens, en l'occurrence des Français. Il est bien, à ce point de vue, dans la tradition Bekkaïa. C'est de plus un fin lettré dont les épîtres en vers ou en prose sont toujours accueillies avec faveur. Il possède une bibliothèque fort bien fournie. Son prestige religieux et son esprit de conciliation lui valent de servir maintes fois d'arbitre dans les conflits entre les campements sahariens ou du Gourma.

Alouata a de nombreux enfants : l'aîné, Sidi Baba Ahmed, né vers 1898, est postulé par certains, comme chef des Kounta du Gourma, mais il s'est signalé pendant la famine en 1914 par des coups de main sur les villages voisins, et a de ce chef été condamné avec ses cousins fils de Sidi Mohammedna, à dix-huit mois de prison. Les autres sont : Sidi Hammoadi, Mokhtar, Khettar, Sidi Badi, etc.

Mohammed Bouaddi, deuxième fils de Sid-l-Mokhtar Sarir, vécut dans le sillage de son frère aîné, Hammadi, qui dirigeait le campement des Ahel Cheikh, tandis que son oncle paternel Cheikh Bekkaï assurait la maîtrise religieuse de la tribu et de la confrérie kounta. A la mort de son frère aîné, Hammadi précité (1869) il exerça le commandement général des Kounta († 1874) et le laissa à son frère cadet Cheikh Baba Ahmed.

Parmi les enfants de Mohammed Bouaddi, quatre d'entre eux : Baddi, Sidi Mohammed, Sidi Amor et Abidin, dit

Zeïni, n'ont pris part à aucun événement important. Ils ont assisté aux luttes de 1902-1907 contre les Oullimiden, et ont donné naissance à plusieurs tentes kounta. Zeïni jouit en outre d'un certain prestige religieux chez les Hoggar, les Idnan et les Iforas.

Le cinquième, Hammoadi, mérite une mention spéciale.

Hammoadi, fils de Mohammed Bouaddi naquit vers 1867, au puits de Gouanan (Adrar des Iforas), à deux jours au nord de Tabankort. Sa mère était une captive, de sorte que comme son cousin Alouata, il était fortement teinté. Il fit, dans le campement familial de sérieuses études, aida son père dans l'administration de la tribu, guerroya contre les Touareg : Oullimiden, Iforas, Idnan, Kel Aïr, etc.; partit en dissidence avec les Kounta, lors de l'arrivée des Français et finalement, en 1899, fit sa soumission au capitaine Voulet, à Boura, en amont d'Ansongo. Il la confirmait peu après en se présentant à Tombouctou, au commandant Daval.

Lors de la soumission de la tribu kounta, lasse des pillages des Oullimiden, il est choisi entre divers concurrents, par la djemaa comme chef des groupements sahariens. Il succédait d'ailleurs dans ce commandement à son père Mohammed Bouaddi. On n'eut pas à regretter cette nomination, encore qu'elle entraîna à ce moment la dissidence de plusieurs de ses cousins évincés.

C'est en grande partie à lui que revient le mérite de la soumission des Oullimiden. Poussé par sa haine de Kounti contre les Touareg pillards, il ne cesse de les harceler, quand l'autorisation lui est donnée par Gao ou Tombouctou, de se jeter sur eux et de les piller. Il averti, quand les « Oullimiden ont faim », quand « ils ont soif »; il signale les pressions à apporter; il recommande de « ne rien faire sans lui », soit que le butin l'attire, soit qu'il comprenne qu'il doit assister notre ignorance des choses touareg. On pourra lire plus loin le détail de ces opérations kounta contre les Oullimiden et la part active qu'y prit Hammoadi.

En 1903, il s'acquittait avec succès d'une mission secrète et délicate chez les Mechdouf.

En 1904, il accompagne le capitaine Théveniaut dans l'Adrar des Iforas et assiste, à Timiaouin, à la première jonction algéro-soudanaise.

Sa destitution est prononcée en 1910, mais pour peu de temps, car on ne trouve aucune personnalité susceptible de le remplacer, et dès 1911, il est de nouveau le chef général des Kounta du Nord, ou Kounta de l'Adrar.

C'est à ce moment que se place la tentative des créations des goums kounta et oullimiden. Appeler à fonctionner, dès le premier jour et avant tout entraînement militaire et toute adaptation à nos principes de tactique saharienne, il ne donna pas les résultats qu'on était en droit d'attendre, et fut dissous après l'échec d'El-Guettara. L'idée ne doit pourtant pas en être abandonnée.

Dès la création, il prenait part à l'Azalaï d'hiver de 1911, et exécutait un très bon raid de 2.000 kilomètres, de Bamba à Taoudéni, avec retour par Tombouctou.

Hammoadi était le chef indigène des goumiers kounta, que dirigeait un excellent méhariste, l'adjudant Rossi, devenu adjoint des Affaires indigènes. Un gros rezzou Reguibat, ayant été signalé, en avril 1912, au nord de l'Azaouad, le lieutenant Lelorrain commandant d'un détachement de tirailleurs méharistes, et secondé par le goum kounta, marcha à sa rencontre. Il l'atteint au puits d'El-Guettara. La lutte s'engage le 24 mai, au matin. Après une journée de dures escarmouches, le succès paraissait acquis, à en croire les préparatifs de fuite des Reguibat, fortement éprouvés, quand une dernière décharge meurtrière accueille les Kounta, qui se débandent, perdent toute discipline, et prennent la fuite en poussant des cris d'effroi.

Rossi, resté seul sur sa dune, est tué. Les Regueïbat attaquent de flanc Lelorrain, qui tombe à son tour. Des combats acharnés s'engagent autour de son corps, et les tirailleurs sont tués jusqu'au dernier.

Quarante Regueïbat, dont le chef Sidi Mohammed, restèrent sur le carreau.

Quant aux Kounta, abandonnant les combattants, ils se dispersèrent dans le désert à la recherche des puits. Beaucoup furent frappés de balles dans le dos. Les autres, trouvant successivement tous les puits desséchés, se dirigèrent en dernier lieu vers Telik, mais la crainte du rezzou qui remontait vers le Nord et se reconstituait à ce puits, les empêcha d'approcher, et ils périrent tous de soif, à une vingtaine de kilomètres de Telik. Hammoadi était au nombre de ces soixante misérables, dont les corps furent retrouvés sans blessures.

Telle fut la fin du goum kounta et de son chef. Elle est due uniquement à leur manque de discipline devant le feu. Par la suite et sous le coup du dépit de notre échec, Hammoadi fut accusé de lâcheté, voire de trahison. Il n'en est rien. Il avait fait maintes fois ses preuves, tant comme guerrier que comme chef fidèle ; et à cette date (1912) son intérêt, comme l'intérêt de la tribu, lui commandait de rester attaché à notre cause.

Intelligent, ouvert, sympathique, connaissant fort bien la politique et les traditions régionales, lié d'amitié ou inspirant l'estime à tous les chefs maures et touareg voisins, marabout vénéré, à qui, plusieurs fois, des fractions touareg vinrent demander de trancher leurs différends, Hammoadi était un chef de race, et sa disparition a été vraiment regrettable. Il se montra toujours fidèle, même en 1906, à la suite des fâcheux événements de Mauritanie, alors que toute la région de Tombouctou fut quelque peu agitée par le bruit, amplifié d'ailleurs, des succès des gens de l'Adrar Temar. Du jour de sa disparition on a pu cons-

tater un certain flottement dans la tribu ; elle tend à se
morceler pour gagner le Sud ; elle est bien moins en main,
et sans compter les soucis qu'elle a fini par nous donner,
dans la troisième année de la guerre, il est certain que la
révolte des Oullimiden (1915-1916) est due à l'absence de
ce contre-poid précieux qu'étaient Hammoadi et ses
Kounta.

Les établissements quasi-sédentaires qu'il avait installés
à Tondibi, sur le fleuve, et dont il projetait de faire de
grands dépôts de marchandises pour les caravanes du Nord
et le ravitaillement des Touareg, n'ont pas suivi, après sa
mort, l'essor qu'on en attendait, lui vivant. La tranquillité publique n'aurait pu que gagner à cet enrichissement
et à cette demi-sédentarisation d'un certain nombre de
Kounta. Ce courant commercial, intéressant par lui-même,
était en même temps, un puissant dérivatif pour l'activité
incessante et mercantile de la tribu.

Hammoadi a laissé plusieurs enfants : l'aîné, Maïmoun,
jeune homme intelligent et ouvert, est candidat à la succession de son père. Son parent Alouata, chef général des
Kounta, encourage ses ambitions, afin de pouvoir repasser
sur le Gourma et reprendre la direction des seuls Kounta
de la rive gauche.

II. — Cheikh Sidi-i-Bekkaï et son fils Abidin.

Cheikh Ahmed Al-Bekkaï, ainsi nommé en l'honneur
du grand Ahmed Bekkaï du seizième siècle, naquit vers
1803. Il fit ses premières études auprès de son grand-père
le Cheikh Mokhtar, et les poussa fort avant avec son père
Sidi Mohammed.

Tant que son frère aîné Mokhtar vécut, il se tint dans
son sillage et lui servit de vicaire et plusieurs fois de négociateur dans ses tractations politiques. A la mort de

Mokhtar (1847), il recueillit sa succession temporelle et spirituelle, et fut à la fois le chef politique des Kounta et le grand-maitre des Qadrïa sahariens.

Dès 1846, il avait été délégué par son frère malade pour négocier le traité de paix entre les Peul qui venaient d'être chassés de Tombouctou (1844), et les citadins qui, coupés de leurs communications avec l'amont du fleuve, étaient réduits à la famine et au surplus molestés par les Touareg, leurs insatiables alliés de la veille.

Ce traité était conclu sur les bases suivantes : Tombouctou s'administrerait elle-même et librement sous le protectorat peul. En conséquence, le chef de la ville et tous les fonctionnaires seraient songaï. Le lien de vassalité ne se traduirait que par un tribut, versé par la ville à l'amirou du Macina, et à cet effet un cadi et un percepteur peul y demeureraient seuls représentants de l'autorité suzeraine. En particulier, il ne devait y être tenu garnison par aucun contingent poullo. Barth devait voir fonctionner ce régime à son passage à Tombouctou, en 1853-1854, et il devait durer avec des modifications jusqu'à la prise de la ville par les Foutanké et la chute de la domination peul.

En septembre 1853, Bekkaï fit l'accueil le plus cordial à Barth et par sa protection assura au célèbre voyageur la possibilité d'un séjour de sept à huit mois à Tombouctou. Il eut fort à faire d'ailleurs pour le défendre tant contre les entreprises de son neveu Hammadi, chef du parti de l'opposition, que contre les menaces du fanatique gouvernement de l'amirou du Macina et même contre les sursauts de zèle intransigeant des alfa et de la plèbe de Tombouctou. Il dut plus d'une fois lui donner asile dans son campement hors la ville, et le défendre à peu près les armes à la main.

A son départ, il l'accompagna sur plus de 500 kilomètres jusqu'au delà de Gao, et lui donna quelques telamides et surtout un sauf-conduit tout à fait chaleureux qui fut utile à Barth jusqu'au Tchad. On voit par ce sauf-conduit et par les dires de Barth que l'influence du Cheikh s'étendait dans l'empire peul du Sokoto chez tous les chefs de cette race, à Sokoto même, Katsena, Kano et jusqu'à Koukaoua.

Par ce que rapporte Barth, qui eut l'occasion d'approcher maintes fois le Cheikh, et de converser avec lui, on se le représente volontiers sous l'aspect de cet esprit ouvert, curieux, intelligent et tout à fait sympathique qu'est Cheikh Sidïa. Il était tolérant au possible, et tolérant à un point qu'on ne rencontre pas souvent chez les grands Cheikhs d'Islam : et qu'y a-t-il de plus exquis et qui dénote plus l'indépendance de son caractère, que cette lettre qu'il écrivit à l'émir peul de Saréyamou, à la suite du voyage de Barth. Cet émir qui se rendait à la cour de son maître à Hamdallahi reçut pieusement, pour s'assurer un accueil favorable, la bénédiction du Chérif, qu'il voyait en Barth. Il fut fort désappointé d'apprendre par la suite que celui-ci était un chrétien. Et le Cheikh de lui écrire ironiquement « qu'il n'en devait pas moins être content de ce qu'un homme aussi mauvais qu'un chrétien eût pu lui procurer, non seulement de la pluie, mais encore une bonne réception de la part de son maître ».

Il n'y a que peu de chose à signaler sur l'attitude de Bekkaï vis-à-vis des Français. Barth rapporte qu'à l'annonce de la prise d'Ouargla, le Cheikh « caressa quelque temps le projet de rassembler toutes les forces des Oullimiden et du Touat, pour marcher contre les conquérants ». Sur le conseil du voyageur, il renonça à ce plan aventureux, mais il crut devoir envoyer aux Français une lettre par laquelle il leur défendait d'avancer davantage vers le Sud et de pénétrer dans le désert. Cette protestation ne devait guère produire de résultats, le Cheikh s'en doutait, mais il avait un rôle à jouer pour la galerie, et il s'en acquittait en conscience.

On n'oubliera pas enfin qu'en 1861, un cousin de Bekkaï rendait les plus précieux services à Duveyrier, dans son long séjour entre le Touat, Radamès et Rat.

En août 1863, le gouverneur du Sénégal concluait un traité d'amitié et de commerce avec certaines notabilités Kounta assez mal définies alors, mais où il est certain qu'à côté des Kounta du Brakna se trouvaient des Kounta de Tombouctou. Au surplus, les uns et les autres appartenaient à la famille du Cheikh Sidi-l-Mokhtar Al-Kabir. Ce traité assurait de part et d'autre une sécurité complète aux voyageurs, envoyés en commerçants.

L'année suivante, le 10 avril 1864, en vertu de ce traité, Sidi Mohammed, « fils puîné » du Cheikh, arrivait à Saint-Louis, et venait prendre langue avec le gouverneur.

Heureux de l'occasion, Faidherbe conçut le projet d'un de ces voyages explorations tel qu'il en fit accomplir si fructueusement par ses jeunes officiers. Il désigna le lieutenant de spahis Perraud pour se rendre à Tombouctou en compagnie de Sidi Mohammed. De là, il devait tâcher de gagner Alger avec un des fils du Cheikh.

Cette mission ne devait pas aboutir. Sidi Mohammed, cousin seulement de Bekkaï, n'était qu'un aventurier, qui au sortir de Saint-Louis, s'installa chez les Trarza, s'y maria et n'en voulut plus bouger. Perraud rentra déçu, et « les saints marabouts Kounta », comme dit Faidherbe, perdirent une certaine partie de leur prestige à ses yeux.

Vis-à-vis des Anglais, dont Barth était l'ambassadeur, Bekkaï se montrait plus ouvert. Il eut certainement l'intention de s'appuyer sur eux pour dominer le sommet de la boucle politiquement et militairement. Et dans ce sens, il adressa par Barth des lettres au gouvernement anglais.

Celui-ci, par le canal du premier ministre, Lord Clarendon, lui répondait, à la date du 15 avril 1857 :

Les lettres que vous m'avez envoyées avec Barth sont arrivées. Nous les avons lues et nous avons bien compris ce qu'elles contenaient.

Cela a été pour nous une joie immense. Les espérances du Gouvernement anglais ont été comprise par vous. Ce qu'il veut, c'est ouvrir les yeux des Arabes du Sud sur le commerce, et tout ce qui s'y rapporte. Et il sait maintenant que vous avez vu avec plaisir notre mission, et avez accepté avec joie notre amitié.

Nous vous donnons notre parole que cette amitié qui nous lie ne diminuera pas durant les siècles, et que tout ce que désireront de nous les Arabes, nous le ferons, très exactement. Nous les aiderons dans tout ce qu'ils seront dans l'impossibilité de faire, et comme notre gouvernement est fort et bien assis, nous pourrons protéger vos gens qui se rendront vers nous, surtout avec l'aide de Votre Seigneurie, qui depuis longtemps a montré sa puissance et son amitié pour nous.

La reine a éprouvé une grande joie lorsqu'elle a connu les bienfaits dont vous avez comblé Abdel Kérim (Barth), qui a pu revenir en paix, grâce à votre réception, et aux honneurs dont vous l'avez entouré, et elle vous envoie des cadeaux composés de produits fabriqués en Angleterre. Ces cadeaux sont emballés dans des caisses envoyées au Colonel, consul général de Tripoli, qui vous les fera parvenir. Fasse Dieu qu'ils vous arrivent en bon état et sécurité, et qu'ils vous plaisent et vous réjouissent!

Nous vous demandons et recommandons de dire au chef des Oullimiden et au chef des Kel Tadmekket que la reine d'Angleterre a reçu les lettres qu'ils lui ont envoyées par Abdel Kérim (Barth). Nous en avons tous été heureux. Elle vous prie de dire à ces chefs qu'elle leur adresse le salut, et leur envoie un poignard et un sabre, le poignard pour l'un, le sabre pour l'autre. Il vous sera facile de reconnaître ces objets, car le nom du destinataire est écrit sur chacun d'eux.

Pour terminer cette lettre, nous vous dirons que notre plus grande joie serait de voir venir chez nous un des vôtres, surtout un enfant de votre propre maison, dont la visite nous honorerait. Nous voudrions lui montrer notre force, nos fabriques, enfin beaucoup de choses.

Cette lettre a été trouvée dans les documents arabes de Tombouctou, lors de l'occupation.

Il ne semble pas que ces beaux projets de liaison de Tombouctou à l'Océan par le bas fleuve aient été poussés sérieusement. Outre les difficultés matérielles de la navigation, deux obstacles dirimants se présentaient : d'abord l'insuffisance de volonté coloniale chez l'Angleterre à cette date, ensuite la faiblesse des moyens matériels et de l'influence politique de Bekkaï au delà de la zone saharienne.

Les relations de Bekkaï et des Peul du Macina furent tout d'abord détestables. Il supporta, à Tombouctou, leur domination tracassière, conformément au pacte établi sous ses auspices, mais il ne les aimait pas, et se mit la plupart du temps en travers de leurs exigences. Il commençait un petit poème, remplaçant l'ordinaire invocation à Dieu contre les artifices du Satan, par ces termes : « O mon Dieu,... je me réfugie auprès de toi pour éviter la vengeance de Hamadou ben Cheikhou Hamadou, de ses ministres et de ses gens, car ils sont, parmi tous les hommes, les plus méchants et les plus cruels. »

Et dans le sauf-conduit délivré à Barth, il disait : « L'émir du Macina le foulani, m'a... parlé de cet Anglais avec autant d'ignorance que d'inhumanité, élevant à son sujet des prétentions aussi absurdes que ridicules. De même que ses dignes conseillers, ignares et sans religion, il voulut invoquer certains versets du Livre de Dieu..., mais ils se confondirent réciproquement par l'étalage de leur ignorance du Coran et de la Sounna... Malheur à eux pour ce qu'a tracé leur main ! Malheur à eux par le fruit qu'ils en recueilleront, etc. »

Ce document était destiné à être montré à de nombreux Peul, mais Bekkaï ne l'ignorait pas, et peut-être même avait-il fait la chose à dessein.

Cependant le danger commun allait réconcilier ces ennemis et les aligner côte à côte pendant un demi-siècle contre le conquérant foutanké.

Après la mort de Hamadou, l'assemblée des notables peul écrivit à Bekkaï pour lui offrir une réconciliation générale. « Ils promettaient d'abandonner l'ouird tidiani, imposé par le Toucouleur, comme marque de sa foi et de sa domination, et lui demandaient d'user de son influence auprès des populations fétichistes, récemment converties à l'Islam et incorporées elles aussi à la bannière tidianïa, pour leur faire abandonner cette voie dangereuse, et se ranger avec les Qadrïa, plus humains, plus vrais et fidèles sectateurs du Prophète. « Si tu fais cela, ajoutaient-ils, et si grâce à toi, nous le battons, nous t'éleverons à la dignité d'imam et nous te nommerons sultan à l'unanimité et selon toutes les règles. »

Bekkaï hésita longtemps avant d'entrer dans la lutte. Il entretenait alors une correspondance diplomatique avec Al-Hadj Omar, le flattait, lui décernait, en prose et en vers, les plus vifs éloges et le traitait de « régénérateur de l'Islam ». Al-Hadj Omar n'en était pas d'ailleurs dupe, car il lui faisait répondre par un des siens, Mohammed Othman, dans une épître où la satire et une apparente candeur se mêlent. « Il est invraisemblable de voir décerner à la même personne et pour le même sujet la louange et le blâme. »

Le Cheikh Kounti finit par lever le masque, à la fin de 1861 ; il lui fallait résister sans plus de retard aux empiétements des Foutanké, sous peine de voir l'Afrique nigritienne devenir toucouleure et tidianïa dans le plus bref délai. C'était donc autant une lutte d'influences religieuses qui s'engageait qu'un conflit politique. Le grand maître des Qadrïa excommunia le chef des Tidianïa, le déclara infidèle, mauvais musulman, inobservateur des lois du Prophète, blâma ses attaques contre les Peul, ses frères en Allah ; et entrant plus avant dans la lutte, envoya dans le Macina un corps de partisans kounta, sous le commandement de Sidïa.

« Le bâton des musulmans était dès lors cassé », comme dit le biographe d'Al-Hadj Omar, et la paix ne fut plus rétablie que sous la domination française. Cette décision du Cheikh provoqua d'ailleurs une scission dans la tribu : plusieurs campements, partisans de l'alliance foutanké, affectèrent de se séparer du chef de tribu, et prirent comme

nouveau chef Hammadi fils de Sidi-l-Mokhtar As-Sarir.
Mais le plus grand nombre resta fidèle au Cheikh.

Le corps kounta rejoignit les contingents foulbé que
commandait Ba Lobbo et après une série d'engagements,
l'armée poullc-kounta vint mettre le siège devant Hamdallahi. On connaît la suite : la résistance des Toucouleurs
compromit le succès de l'opération, et la désunion finit par
éclater entre les deux chefs.

Les Kounta étaient toujours aux côtés des Peul, quand
la chasse fut donnée à Al-Hadj Omar et qu'il périt dans la
caverne de Déguimbéré. Sidïa et ses Kounta recueillirent
la reddition des Toucouleurs, tandis que Ba Lobbo et les
Peul recueillaient celle des divers sofa, d'origine soudanaise.

L'union ne devait pas subsister d'ailleurs bien longtemps, et Tidiani, successeur d'Al-Hadj Omar à Bandiagara, profita de leur discorde pour les battre successivement et les rejeter dans le Macina.

Bekkaï ne devait pas voir ce commencement de la dé-
bâcle Kounta. Il dépêcha coup sur coup deux colonnes
d'Oulad Al-Ouafi sur le Macina, la première commandée
par Bekkaï dit Ntiéni, son neveu, fils de Sidi Lamine, la
seconde par lui-même. Il rejoignit, à Sarédina, sur le Niger, un peu en amont de Mopti, Bekkaï Ntiéni qui avait
déjà eu le temps d'être battu par Tidiani. Quantau Cheikh
lui-même il s'était vu insulter à plusieurs reprises dans sa
pirogue par des gens que Ba Lobbo avait apostés sur le
fleuve.

La carrière du Cheikh Sidi-l-Bekkaï était finie. Il mourut quelques jours après (février 1865), quelques semaines
après son ennemi religieux et politique, Al-Hadj Omar
(septembre 1864) et fut enterré à Sarédina même (le village de la religion). Quelques années plus tard, son fils
Haïb Allah et son neveu Bekkaï Ntiéni tombaient à leur
tour, non loin de là, et étaient enterrés à ses côtés.

En 1895, le colonel de Trentinian a fait élever un mausolée à Cheikh Sidi-l-Bekkaï, en souvenir des services rendus à Barth et à la civilisation, et à la mémoire de ce Cheikh sympathique, tombé loin de son pays, en essayant à l'avant-garde, et auprès d'alliés douteux et ingrats, d'arrêter l'invasion toucouleure dans la boucle du Niger.

L'influence du Cheikh Bekkaï avait rayonné bien au delà de la boucle et des populations soudanaises. Tous les nomades maures et touareg le considéraient comme un grand saint. On le voit par exemple intervenir dans le choix du successeur d'Ag Mama, l'aménokal des Taïtoq. Duveyrier signale que ce choix dicté par la sagesse, ne fut accepté que par la pression du Cheikh Bekkaï qui dut envoyer un de ses frères sur les lieux.

A son appel, les Kel Oulli qui avaient jadis marché au service de son grand-père contre les Kel Antessar arrivent pour le défendre contre les Foulbé. Au rapport de Barth, ils semblent lui être complètement inféodés.

Enfin, le Cheikh est l'ami de la plupart des fractions Oullimiden, alors même qu'elles se battent entre elles, et son intervention s'y fait maintes fois et heureusement ressentir. Ces Touareg lui envoyaient d'autre part, à plusieurs reprises, des contingents de guerriers pour soutenir à Tombouctou sa politique contre les Peul du Macina.

Le Cheikh Bekkaï laissait cinq fils : I° Sidi-l-Mokhtar, dit Baddi, qui succéda à son père dans la direction spirituelle des Qadrïa, mais n'épousa nullement sa politique guerrière. Tidiani, successeur d'Al-Hadj Omar à Bandiagara, en profita pour envahir le Macina et s'y établir fortement. Sur la fin, Sidi-l-Mokhtar dut toutefois se décider à entrer en lutte contre les Iguellad, notamment les Kel Antessar, qui entravaient ses communications avec les Peul, ses alliés. Divers combats et razzias sans importance se produisirent jusqu'au jour où les Kounta subirent une

grave défaite à Kourzediaye (vers 1874). Sidi-l-Mokhtar se
rendait dans le Farimaké pour rétablir ses affaires, quand
il mourut à Atara, en 1878. Ses enfants, Bekkaï, chef des
Ahel Cheikh Sidi-l-Bekkaï et Sidi, tué par les Touareg et
père d'Abidin, dit Zeïn, et de Bekkaï ont constitué plusieurs tentes des Ahel Cheikh au nord du fleuve.

2° Sidi Mohammed mort sans postérité : 3° Baba Ahmed,
qui n'eut qu'un fils, Sidi Mokhtar, et des filles ; 4° Zin al-
Abidin, dont on verra ci-après la notice et 5° Baye dont
les enfants sont Abidin, Ahmed Bekkaï et Baba Ahmed,
chef des tentes au sud du Timetrin.

Abidin, de son vrai nom Zin al-Abidin, né vers 1848,
fut le plus notoire des fils du Cheikh Bekkaï. Il était trop
jeune à la mort de son père, pour lui succéder tant dans
son pontificat que dans la lutte contre les Toucouleurs,
mais il ne tarda pas à suivre les bandes kounta, qui remontaient le Niger et à batailler contre les Tidianes Foutanké.

Après la mort de son cousin, Bekkaï Ntiéni, il entre en
scène et s'empare du commandement. Il quitte le Farimaké
à la tête de contingents kounta, chasse les derniers partisans des Lobbo et s'installe à Fendina. Son cousin et ho-
monyme, Abidin, fils de Bekkaï Ntiéni, ayant esquissé
quelque opposition, il prépare ostensiblement une colonne
contre lui et se proclame en même temps émir du Macina.
Abidini Ntiéni se retire alors sans résistance chez les Bambara du Monimpé.

Le nouvel émir du Macina n'y séjourna pas longtemps.
Il confia le pouvoir à son cousin, Baba Ahmed Ould Sidi
Alouata, et regagna le Farimaké, centre des campements
kounta. En route, il reconquiert le Guimbala, qui avait fait
sa soumission à Tidiani. C'est à cette époque, vers 1878,
au lendemain de la mort de son frère aîné Sidi-l-Mokhtar,
qu'Abidin fonda la capitale de Gardio (Gourma) avec les
gens de Konza et des groupes de familles prélevés dans
plusieurs villages de la région. Il l'entoura d'un tata et fit

de cette place fortifiée le centre de son action religieuse et
guerrière.

Les luttes nombreuses que soutint Baba Ahmed contre
les attaques des Foutanké aboutirent à l'insuccès le plus
complet. Ses contingents furent mis en déroute par Bokar
Moussa, lieutenant de Tidiani, et lui-même s'enfuit vers le
Farimaké. Bokar Moussa acheva la conquête du Macina,
fit celle de Guimbala et envahissant le Farimaké, à la
faveur de l'absence d'Ali Aoudi, chef des Peul, qui était
allé attaquer Dienné, surprit Gardio, tua nombre d'entre
eux, blessa Abidin lui-même, et rentra à Bandiagara. Au
retour des Peul, Abidin s'emporta en reproches violents
contre Ali Aoudi ; la scission se mit entre les deux alliés.
Ali, suivi de ses Peul, fit aussitôt sa soumission à Tidiani,
tandis que les Noirs restaient fidèles aux Kounta.

Bokar Moussa revint aussitôt, et secondé par Ali Aoudi,
attaqua Abidin dans son centre de Gardio. Mais ils furent
repoussés, et Ali fut tué dans la retraite (vers 1880).

Ce fut vers cette date (juillet 1880) que Lenz rencontra à
Tombouctou Abidin. Le jeune Cheikh lui fit la meilleure
impression ; cependant il garda vis-à-vis de Lenz une attitude assez distante, et ne lui fut d'aucun secours.

Les Kounta paraissent avoir eu quelque répit pendant
plusieurs années du côté toucouleur. Ils en profitèrent
pour recommencer leur lutte séculaire contre les Kel Antessar et pour batailler contre les Tenguérédief, que commandait Fandagouna. Abidin, installé à Gardio, dévelop-
pait sa zaouïa, qui fut bientôt très prospère. Ses relations
avec les noirs et même avec certains Touareg de la boucle
étaient excellentes, mais il se heurtait à l'hostilité des
Iguellad. Après divers combats, les Kel Antessar surprirent
un jour Diouri, une des principales Zaouïas d'Abidin, et la
pillèrent, brûlèrent et saccagèrent. Elle ne s'est plus relevée.
Beaucoup de télamides s'en retournèrent dans l'Azacuad.

Abidin lui-même, sous la pression des Touareg de la
boucle, inquiets de sa présence et de ses intrigues, rentra
à Tombouctou avec un fort contingent de cavaliers peul
du Farimaké. Appuyé sur cette force militaire, il voulut
régenter la ville, comme l'avait fait son père Bekkaï entre
1863-1865, mais les Tenguérédief, qui, dans l'intervalle,
s'étaient emparés de la suprématie politique, vinrent assié-
ger Abidin, ses gens, et la ville du même coup.

Les Alfa firent d'abord contre mauvaise fortune bon
cœur; mais ils se lassèrent bientôt de supporter les coups
de deux partis qui leur étaient indifférents, et lâchèrent
Abidin.

Celui-ci fut obligé de demander la paix.

Elle lui fut accordée, contre rançon et à la condition
qu'il retournerait dans le Farimaké.

Installé dans le Gourma, Abidin s'y organisa pour lut-
ter contre les Touareg et Tidiani. Pendant que celui-ci
ruinait les villages du fleuve : Bougoumer, Koïrétago, Diré
(1883-1884), Abidin, aidé des Peul, prenait sa revanche
sur les Touareg et battait à plusieurs reprises Liouarlich,
chef des Kel Tadmekket. Les Kel Antessar accouraient
aussitôt au secours des Kel Tadmekket, ce qui arrêtait la
marche d'Abidin sur Tombouctou.

Les choses en étaient là, en 1888, quand Tidiani mourut.
Il fut remplacé par Mounirou (1888-1891).

Abidin veut profiter de l'occasion pour reprendre l'offensive. Il sort de Gardio et suivi d'une colonne de Kounta,
de Peul et de Bambara se rend, dit-il, à Sarédina, pour
faire un pèlerinage au tombeau de son père. Mais là, il
marcha sur Dienné. Aussitôt arrêté par les Toucouleurs,
il recule peu à peu sur le Niger, le passe, l'épée dans les
reins, à Ouromodi, et prend la fuite à travers le Macina.
Atteint à Murrah, il est contraint de livrer bataille pour se
dégager. Il fut tué dans l'engagement, et avec lui tomba
son cousin Baba Ahmed Ould Sidi Alouata et un grand

nombre de Kounta. Les autres furent faits prisonniers (1889). Le tombeau d'Abidin, fils de Cheikh Sidi-l-Bekkaï, s'élève non loin de Murrah ; il est immergé à la saison des crues, ce qui rend son entretien difficile. Malgré sa réfection répétée par le chef de Murrah, il est aujourd'hui en ruines.

Gardio se rendit peu après aux Toucouleurs ; le Fari-maké se soumit, et la domination kounta disparut complètement de la région. La suprématie resta quelque temps encore aux Toucouleurs, qui intervinrent à plusieurs reprises entre Assalmi et Al-Khadri, chef des Irréganaten : et après la chute de Ségou, de Bandiagara et de l'empire foutanké, aux Touareg de la boucle (1891), mais les Français arrivaient (1894). Les Kounta conserveront toutefois en grande partie leur prestige religieux et leurs richesses naturelles, et c'est pourquoi fort peu d'entre eux franchirent le Niger pour aller retrouver les campements du Nord. La plupart restèrent sur place, un peu à l'est de la région lacustre du Gourma.

Abidin a laissé plusieurs fils : *a*) Bekkaï Al-Jedid ; *b*) Sidi Mohammed et, *c*) Sidi Ahmed Al-Bekkaï.

a) Bekkaï est né dans l'Adrar des Iforas, chez les Kel Ténéré, en 1883. Il prit part à diverses expéditions de son cousin, le fameux Abidin, qu'on verra infra, mais ne le suivit pas dans sa dissidence et finalement se soumit. Il a été tué par un rezzou de Reguilbat à Kirchouel (Telmensi) en 1913.

b) Sidi Ahmed est né à Gardio, vers 1887 ; il avait épousé Lallia, fille de son oncle maternel Baba Ahmed. Il a été tué en 1912, à El-Guettara, dans le goum de Hammoadi.

c) Sidi Ahmed Al-Bakkaï est né vers 1889 à Haribongo, dans le campement d'Alouata. Il avait épousé sa cousine Nafissa, sœur de Lallia précitée. Il est devenu fou en 1913, et vit chez sa mère dans l'Aribanda.

1.

III. — BAYE.

Baye, dit Mohammed Saγir, troisième fils du Cheikh Sidi Mohammed, ne mérite aucune mention spéciale. Il a vécu et est mort dans ses campements du nord de Bamba, et a laissé de nombreux enfants actuellement chefs de campements ou de tentes. Ce sont : *a*) Sidi-l-Mokhtar, père de Sidi Mohammed ; *b*) Hammoadi, dont plusieurs des nombreux enfants habitent aujourd'hui Tombouctou ; *c* Baba, père de multiples enfants, à savoir, Bekkaï, Hammada. Hamma. etc. ; *d*) Bekkaï, père de multiples enfants, à savoir Babatou, mort en 1912, à notre service, Sidi Amar, Sidi Mohammed, etc.; *e*) Hammou, père de Baba Ahmed Mohammed, et enfin *f*) Haïb Allah. Beaucoup d'entre eux nomadisent au sud de Timetrin.

IV. — ABIDIN.

Abidin, quatrième fils du Cheikh Sidi Mohammed, a mené une vie des plus effacées dans ses campements de l'Azaouad. plus tard dans ceux du Hodh où il mourut.

Ses fils ont fixé définitivement leurs tentes auprès des Kounta du Hodh ou de l'Adrar mauritanien. Ce sont : *a*) Khalifa, décédé récemment et qui a laissé plusieurs fils : Sidi Mohammed, Zin al-Abidin, M'hammed, Bekkaï. Hammoadi ; *b*) Bouaddi, tué par les Hoggar vers 1892, et dont les fils sont; Sidi Mohammed, chef des Ahel Abidin; Abidin, dit Zeïni; Baba Ahmed, dit Niya, et Mohammed ; *c*) Hammoadi, dont les fils sont chez les Ahel Abidin.

V. — Sidi Mohammed Al-Kounti.

Ses fils { Abidin le dissident.
         { Sidi Amar.

Sidi Mohammed Al-Kounti, cinquième fils du Cheikh
Sidi Mohammed, a mené, au début, une vie des plus effacées dans ses campements de l'Azouad. Le prestige de ses
frères aînés, Sidi-l-Mokhtar Saŗir et Sidi-l-Bekkaï, éclipsa
complètement ses succès guerriers contre les Toucouleurs
du haut fleuve. Par la suite, il s'installa chez les Tekna
d'Oued Noun, y prit femme et y fut enterré. Ses enfants,
qui sont tous nés chez les Tekna, ont élevé une petite
koubba sur sa tombe.

Sans prestige personnel, il est surtout célèbre pour avoir
donné le jour à : *a)* Abidin, le fameux dissident et à : *b)* Sidi
Amar, l'ermite de Mabrouk, mort interné à Bassam, en
mars 1911. On va les voir tous deux ci-après.

Ses autres enfants, tous décédés, sont : *c)* Abdallah, dont
les trois fils sont dans le Nord, soit en dissidence avec leur
oncle Abidin, soit chez leurs oncles maternels Tekna ;
d) Sidi Omar Cheikh, homme tranquille et estimé des
Kounta. Il est mort dans l'Oued Noun en 1910, sans être jamais venu dans l'Azaouad. On raconte ici qu'il avait à plusieurs reprises désavoué son frère Abidin dans ses luttes
contre les Français ; *e)* Baba, qui n'est jamais venu non plus
dans l'Azouad, mais qui prit part à plusieurs rezzous Oulad
Bou Sba contre les tribus de Mauritanie. Après la soumis
sion des OuladBou Sba, il vint séjourner un certain temps
chez les Mechdouf, puis retourna dans le Nord. Il a laissé,
dans le Hodh, un fils du nom de Sidi. Un autre de ses fils,
Ahmed, né vers 1880, fit le pèlerinage de la Mecque,
vers 1902, et, à son retour, fut arrêté à Ouargla. Il tenta à

plusieurs reprises de s'évader, et comme il se donnait pour « frère d'Abidin, le chef dissident, » il fut soigneusement gardé. Par la suite, il fut relâché, et semble s'ètre perdu dans les campements kounta du Nord. On ne l'a plus revu dans l'Azaouad.

Abidin. — Abidin (en transcription littéraire : Zin al-Abidin, *id est* « la beauté de ceux qui adorent Allah », fils de Sidi Mohammed Al-Kounti, est né vers 1848, à Moussa Bango près de Tombouctou. Des informateurs algériens l'ont représenté à tort comme étant né dans la Zaouïa kounta du Touat, mais il est établi qu'il y est allé simplement de bonne heure et y a vécu quelque temps. C'est surtout d'ailleurs dans les campements kounta de l'Azaouad, qu'il a fait ses études qui furent sérieuses et brillantes.

Entre 1875 et 1885, il prend part à côté de ses cousins et homonymes Abidin Ntiéni, fils de Bekkaï Sonka, et Abidin, fils du Cheikh Sidi-l-Bekkaï, aux grandes luttes des Kounta contre les Toucouleurs de Tidiani. La discorde ne tarda pas à surgir entre ces chefs également courageux et entreprenants. Le fils de Bekkaï garda le commandement des bandes kounta, tandis que le fils de Sidi Mohammed rentrait dans ses campements, et peu après, s'engageait sur la route du pèlerinage.

Son absence dura plusieurs années, et son retour fut marqué par un séjour de plusieurs mois à la Zaouïa-mère des Senoussïa, à Djaraboud. On dit dans le Haut Sahara qu'il y reçut du grand Cheikh, Mohammed El-Mahdi, l'affiliation à la voie senoussiste et les pouvoirs de moqaddem consécrateur. Ces faits ont été déniés, ou tout au moins sont inconnus des Kounta de Tombouctou, qui n'ont jamais voulu croire qu'un des leurs ait abandonné la Voie qadrïa. Toujours est-il que si Abidin ne reçut pas positivement l'initiation senoussiste, il s'inspira de l'esprit de xénophobie de cette voie, et que nous allions le compter parmi les plus irréductibles de nos ennemis.

Il fit encore un séjour de quelque durée chez les Tekna d'Oued Noun, mais finit par s'en faire chasser à la suite de ses intrigues. C'est pendant ce séjour dans le nord Saharien qu'il combattit très vigoureusement les Oulad Moulat (Oulad Delim), ses anciens compagnons de pillage, parmi lesquels il avait pris femme. Comme ils s'étaient attaqués aux Kounta, il jura de leur faire payer leur traîtrise et en plusieurs combats, les décima.

Il s'installa vers 1890, dans le pâté montagneux du Ahaggar, et tantôt prit part aux courses des Touareg Hoggar, tantôt opéra pour son propre compte contre les riverains du Niger. Les choses n'allèrent pas sans froissements : la tiédeur religieuse des Touareg était telle qu'ils en arrivaient à croire que leurs troupeaux périraient, s'ils se livraient aux pratiques extérieures du culte ; les exhortations du marabout restaient vaines. Puis, un jour, un de ses cousins et lieutenants, ayant attaqué une caravane de protégés des Hoggar, se heurta aux patrons et fut tué dans la mêlée. Les rapports se tendirent dès lors entre Abidin et ses alliés et il abandonna le Ahaggar, pour aller s'installer d'abord au nord à Tidchart, puis, plus au nord encore, dans le bas Touat, à Aoulef non loin des lieux d'où les Kounta s'étaient, trois siècles auparavant, enfoncés dans le Sud-Ouest. Il y noua des relations amicales avec la fraction des Touareg Taïtoq, et plus spécialement avec leur chef bien connu, Sidi ag Karadji. Il ne rompait pas d'ailleurs avec les Hoggar, qui le supplièrent, à plusieurs reprises, de revenir chez eux, et il y fit, en effet, plusieurs séjours entre 1896 et 1905. En octobre 1900, notamment à la mort d'Aïtarel, l'aménokal des Hoggar, il assistait à l'élection de son successeur et réussit à ramener la paix, pour ce jour-là, en faisant élire à la fois les deux concurrents et cousins : Mohammed ag Ourzig et Attici.

Il ne tarda pas à passer pour un des plus remarquables écumeurs du désert, s'attaquant d'abord aux caravanes proprement indigènes qui, du Touat allaient chercher du sel à Taoudéni, ou des marchandises à Tripoli, et plus tard aux caravanes et campements de nos sujets algériens ou soudanais.

Il n'hésitait pas d'ailleurs à marcher avec les bandes les plus diverses : Sahariens du nord ou du sud, fraction touareg, djich beraber, Chamba dissidents, Kenakat insoumis, alliés un jour, ennemis l'autre.

Il était à ce moment considéré beaucoup plus comme un chef de guerre et un pillard que comme un marabout, mais les luttes et rezzous contre les Français et leurs sujets blancs (Chamba) et noirs (Soudanais) et ses prétentions à la guerre sainte allaient peu à peu le transformer en un vrai Cheikh d'Islam et en un apôtre fanatique.

Dès 1892, sa réputation de thaumaturge avait commencé à s'établir. C'est ainsi que dans l'hiver 1892-1893, les Hoggar, souffrant de la sécheresse, demandèrent l'intervention du marabout. Le saint leur répondit qu'il ne pleuvrait pas, aussi longtemps qu'une certaine femme de leur tribu continuerait à demeurer avec eux. Les Hoggar insistèrent pour savoir quelle était cette femme, promettant de la chasser immédiatement. Mais le marabout refusa de la leur désigner, ajoutant qu'il appartenait à Dieu d'écarter le fléau, dont étaient menacés les Hoggar, à cause de leur impiété. Les Touareg rentrèrent dans leurs campements, firent des recherches parmi les femmes, et finalement, quelques jours après, une Targuïa disparut, sans qu'on ait jamais su ce qu'elle était devenue. Aussitôt une pluie abondante tomba dans le pays. Cette affaire remonte à une époque trop reculée pour qu'il ait été possible de reconstituer le rôle exact et plus que douteux qu'Abidin y joua.

Les récits de ses rezzous fourmillent d'ailleurs des pro-

diges qu'il accomplit aux puits, aux paturages, dans les
combats, etc.

A ce moment, Abidin élargit son champ d'influence et
ne vise à rien moins qu'à réconcilier les pires des ennemis : les Chamba et les Touareg, pour les amener à une
action commune contre les Français, qu'on voit poindre
en même temps au nord et au sud du Sahara. Tout le gé-
nie d'Abidin et toute la vertu de l'Islam ne suffirent pas à
cette tâche, et le marabout dut se contenter de grouper,
au hasard des circonstances, des fractions de guerriers de
toute provenance pour les lancer dans de fructueux
rezzous. Sa réputation religieuse comme sa grande fortune
lui permettaient d'autre part d'avoir toujours autour de lui
un noyau de fidèles clients.

De 1892 à 1911, chaque année amène une expédition,
des pillages et des rencontres à main armée. On n'en citera
que les plus importantes :

En 1894, rezzou dans la région de Tombouctou, au cours
duquel Abidin ramène un nombre considérable d'esclaves.
En même temps, il proclame la guerre sainte contre les
Français qui viennent d'occuper la ville. Il se heurte à
plusieurs reprises, avec des contingents Kounta, Hoggar,
Idnan, et Kel Ténéré, aux colonnes Klobb et Goldschen,
et perd à la journée d'Akenkan une cinquantaine d'hommes, mais emporte la plus grande partie de son butin. A
la suite de ces événements, un groupe de 300 tentes berabich quitta le nord du Niger pour se réfugier dans l'Aoulef, suivi de nombreux captifs de troupeaux de chameaux.

En juin 1897, rezzou dans l'Azouad. Aidé de Sakhaoui,
aménokal des Igouadaren, et de quelques Hoggar, Abidin
attaque en personne et détruit au nord-est de Tombouctou, au Séréré, le détachement de spahis des lieutenants
de Chevigné et de Latour. Il se rapproche de Tombouctou,
à la poursuite des débris du détachement, occupe Korioumé

et Kabara, et a même l'audace d'envoyer un ultimatum au chef de la garnison de Tombouctou, fort réduite par suite du départ en colonne de la plus grande partie de ses éléments. Il évacuera immédiatement la ville ou se convertira à l'Islam.

Le retour de la colonne Goldschen force Abidin à se retirer précipitamment (1er juillet 1897). Les cruautés, commises par ses gens sur les riverains noirs du fleuve et même sur certaines fractions nomades, le pillage de Houa, Dyeigalia, etc., lui aliénèrent beaucoup de sympathies.

Cette expédition avait rapporté à Abidin et à ses alliés un gros butin en armes, chevaux et captifs. Tous les captifs qu'il eut pour sa part furent vendus dans le Nord et ne reparurent plus. Ceux, au contraire, qui échurent aux Igouadaren et autres Touareg revinrent peu à peu dans leurs villages avant même que les Touareg aient fait leur soumission. Ceux-ci en effet ne sont pas âpres au gain comme les Maures ; ils revendirent volontiers aux noirs du fleuve les gens qu'ils avaient pris ; d'autres s'évadèrent sans grandes difficultés.

Abidin revenait à Bamba, en décembre 1897, avec une troupe de 300 à 400 hommes. Il s'avança jusqu'à Réro, mais sans pouvoir entamer les villages protégés par les hautes eaux. Les canons-revolvers du « Mage » et du « Niger », et les cent tirailleurs, qui montaient ces vedettes, empêchèrent la jonction des Igouadaren, campés sur la rive droite avec Abidin, campé sur la rive gauche, et les mirent en fuite.

Cette saison des hautes eaux ne lui étant pas favorable, Abidin projeta de refaire, en 1898, sa fructueuse expédition de 1897, et il revint en mai au bord du fleuve. Ce fut la raison déterminante des opérations de police de la colonne Klobb chez les Touareg de la boucle. Préoccupés de sauver leurs femmes et leurs troupeaux, ils ne purent former un rezzou. Mais Abidin les détermina à le faire, après le retour de la colonne Klobb à Tombouctou.

Le 24 juin, Kounta et autres partisans d'Abidin et Igouadaren et Sakib et Sakhaoui se jettent à Zonkoy, au nombre
de 700, sur le détachement que commandait le lieutenant
Delestre, chargé des croisières du fleuve. Ils subissent un
échec complet.

Les Touareg se séparent alors d'Abidin, qui reste seul
avec 200 à 300 hommes, mais n'abandonne pas la partie.
Il revient sur le camp du lieutenant Delestre, le 14 juillet,
mais ses hommes s'enfuient au premier coup de canon. Passant alors dans l'intérieur des terres, vers le Sud, il arrive
à Kéro. Les habitants des villages, prévenus à temps, se
sauvent dans la brousse. Les opérations à cette époque,
où l'hivernage est commencé, ne sont pas faciles pour les
gens d'Abidin, principalement montés à chameau. Il revint bredouille vers l'Est et surprend le village d'Izamen,
dont il amène toute la population, composée pourtant de
bons musulmans, corde au cou. Heureusement le lieutenant Delestre, toujours à Sonkoy, peut surprendre Abidin,
au moment où il voulait passer la rive gauche avec son
butin. Il le lui reprend, délivre tous les captifs et repousse
Abidin avec pertes.

Le marabout guerrier se conduisit fort courageusement
dans cette affaire, et chercha jusqu'au dernier moment à rallier sa troupe et à l'obliger à faire face aux tirailleurs.

En 1899, Abidin est aux côtés de Madidou, aménokal
des Oullimiden, et le seconde dans ses efforts pour enrayer
la marche des colonnes Klobb et Grave sur le Niger
(Gao-Ansongo) et la pacification de la boucle. Madidou,
battu au combat de Kamgalla (11 juillet 1899) et harcelé,
doit prendre la fuite. Abidin l'accompagne jusqu'à Ménaka.

L'occupation des oasis sahariennes (1900) amena les
autorités d'Algérie à préciser leur politique touareg. Abidin
en fut la victime, encore qu'il se donnât la satisfaction
morale de mettre hors la loi les dattes du Touat. Cette

excommunication ne tint pas devant la nécessité pour
les nomades de se ravitailler en dattes là où il y en avait.
Il dut abandonner à la fois ses campements du Ahaggar,
où le voisinage des Hoggar soumis était trop dangereux,
et évacuer ceux d'Aoulef qui passaient sous la domination
française. Il se retira vers le Nord-Ouest, à la lisière du
pays beraber et du Tafilelt, le plus généralement dans le
Maïder, et reçut, avec ses affidés Kenakat, l'hospitalité
des Oulad Dierir et des Douï Menia. C'est, désormais, parmi
les dissidents de ces tribus et parmi les aventuriers béraber
qu'il va puiser les effectifs de ses rezzous. Il conservera
d'ailleurs son influence sur certaines fractions touareg,
tant hoggar que taïtoq, et sur les campements berabich,
et y provoquera des dissidences. De plus, plusieurs des
chefs de village ou de fraction de la région nord de Tombouctou, tel Arouata chef d'Araouan, vont lui rendre
visite au Tafilelt, et essayer d'obtenir des traitements de
faveur. C'est enfin par une savante organisation d'espionnage chez ses cousins kounta et par la terreur qu'il inspire
à tous : Kounta soumis, Berabich, haratines et nègres,
qu'il fonde ses succès.

Il est vrai que ses menées ne sont pas toujours couron-
nées de succès, et son active campagne de 1906-1907 dans
l'Adrar soudanais pour décider les Taïtoq à marcher
contre nous, resta infructueuse et le découragea au point
qu'il laissa son fils aîné entrer en pourparlers avec les
officiers du Niger. Il fut même, dès ce temps, sur le point
de négocier la paix pour lui et pour ses gens.

C'est à ce moment qu'on voit apparaître ses fils Baba,
Sidi Lamin et Sidi Hamma. Ils commandent en personne
des fractions méharistes dans les grands rezzous qu'orga-
nise le père au Tafilelt, et entre temps font du recrutement
mi-guerrier, mi-religieux.

En 1904, un rezzou Doui Menia par Taoudéni et un
rezzou Oulad Diérir par Amatlit, se dirigent sur l'Adrar

soudanais, guidés tous deux par les gens d'Abidin. Ils ne peuvent le dépasser et leurs projets contre les forts du moyen Niger restent vains. Proposition de paix d'Abidin au commandant Laperrine dont la présence à In Ouzel l'inquiète. L'aman lui est accordé en principe ainsi qu'aux chefs Touareg, mais comme sa participation dans le soulèvement du Sokoto est nettement établie quelque temps après, les bonnes relations sont rompues avec lui.

1907. Rezzou d'Abidin et de ses fils sur les carrières de sel de Taoudeni, et pillage des caravanes. Nouvelles et frauduleuses tentatives de paix d'Abidin auprès des autorités algériennes :

1909. Un rezzou, se composant de plusieurs centaines d'Oulad Djerir et Doui Ménia dissidents, se forme en mai, au Tafilelt, à l'instigation du vieux marabout et part en juin sur Al Hank de l'Iguedi. A la suite de dissensions intestines, il se scinde en deux parties : l'une tourne à l'Ouest et va attaquer les tribus tekna d'Oued Noun : l'autre commandée par les deux fils d'Abidin : Baba Ahmed et Sidi Lamin, continue vers le Sud, autant pour attaquer l'azalaï de Taoudeni que pour venger la mort d'un lieutenant d'Abidin, récemment tué par les Kounta de Hamoadi et les Touareg Kel Ténéré. Il se renforce en route d'un détachement Irréganaten. Le 3o novembre, un peu au nord de Mabrouk, au puits d'Achourat, il est surpris par le détachement méhariste du capitaine Grosdemange. Après un combat acharné, qui dura 15 heures et qui est resté célèbre dans les annales soudanaises, le rezzou d'Abidin dut battre en retraite abandonnant son campement, 65 tués, 2oo chameaux, 3oo bœufs, 3oo ânes, et une quantité considérable de tentes et objets divers pillés. La plupart de ses nombreux blessés périrent dans la retraite. Baba Ahmed, le chef du rezzou, avait été blessé d'un coup de baïonnette ; nous avions de notre côté 16 tués, dont l'héroïque chef de détachement.

Le rezzou joua de malheur. Ses suivants, défaits et mécontents, commencèrent par se disputer dès les puits suivants. Puis ils furent pris en chasse dans l'Erg Latimin,
de l'Iguidi, par une reconnaissance de méharistes algériens,
et rejoints entre Remilès et Tonassin. Ils y perdirent encore 10 tués, leurs derniers chameaux de prise et la plupart
de leurs convoyeurs.

1910. Rezzou sur l'Azaouad, composé de clients d'Abidin et d'une quinzaine de Berabich, et commandé par un
fils du marabout. Une querelle qui s'élève entre les deux
contingents auprès d'Araouan, les met aux prises et plusieurs individus restent de part et d'autre sur le carreau.
Le groupe Abidin continue son expédition et réussit à s'emparer de 200 chameaux appartenant à une tribu soumise
de l'Azaouad. Mais revenu du Maïder, il est l'objet de plaintes
violentes de la part des Berabich, qui l'accusent d'avoir
massacré leurs hommes.

Ces dissensions, aggravées de rixes avec les Beraber, ne
tardèrent pas à amener la soumission des dissidents.

Les Berabich, les premiers, demandèrent l'aman et rentrèrent à Tombouctou, Bourem et Bamba, dans un état
complet de dénuement (mai 1911).

Baba Ould Abidin offrit alors sa soumission (juin 1911).
Tandis que ses frères opéraient en plusieurs bandes dans
le nord de la région de Tombouctou, et de leur quartier général et centre d'approvisionnement d'Achourat, enlevaient
aux tribus soumises plus d'un millier de chameaux, à Ané-
fis, Mabrouk et Tassalit, lui, se mit en route peu après et
ne réussit qu'à grand'peine à échapper aux Bérabir-Aït Amor
(Aït Khebbach) et Redjan, qui, le poursuivirent entre le
Tafillet, et firent faire demi-tour à douze tentes de sa fraction. Baba put s'échapper non sans perdre ses chameaux,
mais en enleva d'autres aux Aït Khebbach, en traversant
le Tafilelt, et se rendit aux autorités de Colomb-Béchar.

On lui assigna successivement les diverses résidences de Beni Abbès, de Timimoun, de Fort Mac-Mahon ; après quoi, il prit le chemin de Tombouctou, non sans rendre d'excellents services en cours de route contre les propres rezzous de ses frères. L'ex-pillard, devenu du jour au lendemain gendarme, recevait en effet en fin de voyage les félicitations officielles du général commandant le XIX° corps, pour avoir servi de guide pendant l'opération de police dirigée par le capitaine Charlet, qui aboutit à Tadjenout et à Bir Zmila (23 janvier 1913) à la destruction de plusieurs rezzous marocains, qui revenaient du Sahel et de l'Azaouad.

Baba a été mis d'abord en résidence obligatoire à Kidal ; il y a rendu à nouveau des services importants comme guide du peloton méhariste. Il n'a pas craint à plusieurs reprises de marcher contre ses frères.

Mais, à vrai dire, il était las de cette vie errante et peu fructueuse, et s'il avait fait sa soumission, ce n'était pas pour continuer à guerroyer sous une autre bannière.

Aussi, sur ses instances, l'a-t-on rapproché de Tombouctou. Il est campé aujourd'hui, à Teneg al-Haye, à un jour de marche de la ville, non loin du chef des Berabich, Mahmoud Ould Daman.

Il fraye volontiers avec le peloton méhariste de Tombouctou campé dans les parages, soit pour faire preuve de sa confiance et de ses sympathies, soit pour être à l'abri des incursions de ses frères et cousins dissidents.

Il s'est reconstitué de beaux troupeaux de chameaux et de moutons, possède plusieurs juments, et tend de plus en plus à se livrer au commerce. Il a pris part à divers azalaï sur Taoudeni, et a fait plusieurs voyages dans le Hodh pour y vendre ou acheter des chameaux et de la guinée.

Baba, venu par lassitude librement à nous, enchaîné à Tombouctou par les liens de l'intérêt, y vivant en paix avec ses femmes (Khadidja bent Ali Ould Oubaye) et ses enfants (Siyata et Fatma) au surplus beaucoup plus marabout que guerrier, paraît définitivement rallié.

Ses fils. Sidi Lamin et surtout Hamma, l'ont remplacé à la tête des rezzous et ont continué jusqu'à nos jours leurs incursions dans le Sahara soudanais et jusque sur le fleuve. Il semble acquis toutefois — et les indigènes l'ont eux-mêmes remarqué — qu'ils évitent de se heurter aux Français. Leurs attaques et rezzous ne portent que sur les fractions indigènes tant blanches que noires, jusques et y compris leurs cousins Kounta.

En 1912, la destruction du détachement méhariste du lieutenant Lelorrain et du goum kounta d'Hamoadi leur laisse le chemin libre, et ils en profitent pour nettoyer le nord de la boucle. Campés dans le Timétrin, ils envoient de petites bandes dans l'Adrar des Iforas; aussi le nord de cette contrée en tarda-t-il pas à être déserté par ses habitants. En août, les 250 hommes du rezzou s'installent dans la région de Bamba et, par forfanterie, se montrent à 2 ou 3 kilomètres de ce poste. Soixante méharistes de Tombouctou sont dirigés contre eux; les pillards s'éloignent alors vers le Timétrin en deux fractions, l'une commandée par Sidi Lamine, l'autre par Hamma. Celle-ci, en suivant la piste Achourat-Dagouber perd son guide et ne peut pas trouver le puits de Dagouber; la plupart des hommes meurent de soif, mais Hamma échappe à la mort, reconstitue son rezzou, oblique vers l'Adrar et, le 24 août, il tombe sur le campement de Safikou, aménokal des Iforas. Un combat s'engage et Safikoun est tué avec 9 hommes de sa tribu. Le 30, à In Tasset, quelques pillards échangent des coups de fusil avec les Idnan. Enfin, en septembre, après avoir razzié Kirchouel, Hamma pille les Kounta à Sakilagaggane, non loin de Bourem. Puis la bande s'installe entre Média-guillet Amchaq, d'où elle rayonne pour se porter sur les campements isolés.

Au début de décembre 1915, ils quittent le Tafilelt, suivis de contingents Abd El-Ouahhab, Tadjakant et Kounta, et viennent chercher fortune au nord-est de Bamba chez leurs contribules. Ils sont atteints, le 26 décembre, à Mediaguillet par un détachement de tirailleurs. Au cours de la rencontre, trois tirailleurs et un goumier sont tués. Huit hommes du rezzou restent sur le carreau. La bande se disperse aussitôt, pour aller se reformer plus loin et inquiéter encore les nomades soumis.

L'attitude d'Abidin a peu varié pendant la guerre actuelle. Il est resté très attentif aux évènements, et en janvier 1917 envoyait des émissaires au Touat pour se renseigner sur l'importance des troupes d'occupation et sur les menées senoussistes.

A la même époque, ses fils Hamma, et Sidi Lamin, à la tête des contingents Abd El-Ouahhab, opéraient leurs razzias dans les vallées Ildegen et Illioug, de l'Adrar des Iforas, et cherchaient manifestement à se rapprocher des bandes ennemies qui concouraient au siège d'Agadès et à piller sous leur couverture. Ce rezzou était signalé, en mars 1917, rentré partiellement au Maïder (Sud marocain) avec une centaine de chameaux.

Un autre rezzou composé de bandes diverses : Berabich et Kounta dissidents, Oulad Abd El-Ouahhab, Tadjakant du nord, Arib, Aït Oussa du Tekna, et commandé par Khalifa Ould Sidi Mohammed, fils du chef dissident des Berabich, auquel devait se joindre Hamma, fils d'Abidin, opérait en même temps, à l'est de Gao. Il se fractionnait en plusieurs détachements : l'un enlevait plusieurs milliers de chameaux aux Kel Gres de l'Aïr, aux Kouta du Dinnik et à quelques Iforas, et se repliait immédiatement avec ses prises vers le Nord par Médiaguillet et Achourat. Un autre, surpris par les Kounta Drimichak, était décimé. Un troisième, que commandait Khalifa en personne, atteignait les portes de Gao, et à 4 kilomètres du poste, enlevait 100 chameaux et 3o bella. Un quatrième enfin, composé de 20 Doui Menia, sous le commandement de Mohammed Lefkher, était surpris au nord d'Atleq, au début de mai 1917 par un contre-rezzou berabich que dirigeait Mohammed Ould Dahman, le chef des Berabich soumis, et était anéanti. Douze hommes, dont le chef, furent tués ; les huit autres faits prisonniers, les chameaux repris, les captifs délivrés.

En même temps, Abidin prêtait son concours à l'organisation d'une harka qui se formait dans le Tafilelt pour s'opposer à la marche de nos troupes. Elle se heurtait, le 16 novembre 1916, à Tizzimi (Tafilelt) à la colonne Doury qui la dispersait. De retour le 21 à Al-Boroudj, la colonne y recevait la soumission de Khalifa et des notables du Tafilelt.

Abidin n'a personnellement pris part, depuis plusieurs années, à aucun rezzou. Son attitude ressemble étrangement à celle de Bou Amama, du Sud oranais, dont il fut d'ailleurs longtemps le voisin. Il fait courir de temps en temps le bruit de sa soumission. Il a même adressé par son fils, Baba, une lettre dans ce sens au capitaine Cauvin en tournée, à Mibérien et In Almat. Il s'abstient de tout acte apparent d'hostilité à notre égard, et ménageant ainsi l'avenir, n'en continue pas moins à soutenir de sa baraka et d'autres moyens moins spirituels les rezzous qui descendent vers le Sud. Les indigènes assurent pourtant qu'il a, depuis 1912, un ralentissement très marqué dans sa campagne contre les Français. Seuls les événements du Sud tripolitain auraient amené, en fin 1916, la recrudescence signalée plus haut.

Il est à désirer en tout cas que, le jour où Abidin fera sa soumission, on lui impose, quels que soient ses prétextes (prétextes déjà invoqués : sécheresse des pâturages, absence d'eau, fatigues séniles), l'obligation de venir à Tombouctou. Cette présence y causera une impression considérable et des plus heureuses.

Mais fera-t-il jamais sa soumission ? Le colonel Klobb, quittant Tombouctou en 1899, disait déjà : « La mort seule nous délivrera d'Abidin. »

Outre Baba, né vers 1883, Sidi Lamin, né vers 1890, et Hamma, né vers 1891, déjà cités tous trois, Abidin a ou a eu de nombreux enfants dont la plupart sont nés et vivent avec lui dans le Sud marocain. Ce sont : Haïb Allah, né vers 1884, dans l'Azaouad, fait prisonnier à Mabrouk, où il fut surpris caché dans un sac et qui est actuellement interné à la Côte d'Ivoire ; Bekkaï, né vers 1885, blessé à Achourat et mort de ses blessures ; Baba Ahmed, tué à Achourat en 1909 ; Amara et Bou Haddi, né vers 1903 ; Alouata, né vers 1904 ; Mohammed et Abd Allah, né vers 1907 ; Ali, né vers 1908 ; Bilal, né vers 1909 ; Hamoadi, né vers 1910.

Sidi Amar. — Sidi Amar, fils de Sidi Mohammed Al-Kounti, a terminé tragiquement, par la faute de son frère Abidin, une existence consacrée à la piété, à l'ascétisme et à la revivification du village de Mabrouk.

Mabrouk. — Ksar sis à 275 kilomètres au nord de *Bamba*, fut fondé au début du dix-huitième siècle (le *Kitab al-Taraïf* précise même en 1720-1721), par les premiers Kounta-Abd El-Ouafi qui arrivèrent dans l'Azaouad, après les catastrophes dont venait d'être victime la tribu. La tradition rapporte que le chef du campement, Sidi Al-Hadj Bou Baker, s'était d'abord établi à Araouan auprès du Cheikh berbouchi, Sidi Ahmed ben Amar. Lors de l'exode de celui-ci vers Tombouctou, Bou Baker et les siens allèrent se fixer au point d'eau de Mabrouk, forèrent de nouveaux puits, et construisirent des cases. Mabrouk ne tarda pas à devenir un gîte d'étapes important sur les grandes routes caravanières du Nord ; des commerçants s'y fixèrent et le négoce, à défaut d'impossibles cultures, y fleurit.

Vers le milieu du dix-neuvième siècle, Méné, fils de Bou Baker, entoure le village d'un mur d'enceinte pour le mettre à l'abri des incursions touareg et beraber. Il fait aussi édifier une grande mosquée. On voit encore les traces de l'enceinte et des vestiges de la mosquée. On y voit aussi la ruine d'une grande bâtisse qui passe, d'après la tradition, pour avoir été la maison de Sidi El-Hadj Bou Baker. Elle paraît avoir été munie de magasins ainsi que de petits bastions, de redans et de créneaux pour en assurer la défense. Un puits, aujourd'hui à sec, était creusé à l'abri de ces fortifications et permettait de prendre toujours de l'eau, même en cas de siège.

Au cours du dix-huitième et du dix-neuvième siècle, Mabrouk fut à plusieurs reprises ruinée de fond en comble par ses voisins pillards et toujours réédifié avec patience par les Abd El-Ouafi. Parmi les fils d'Al-Hadj Boubaker, qui se disputaient la collecte des droits de marché, le Cheikh Sidi-l-Mokhtar Al-Kabir ramenait la paix, en les menaçant d'abandonner le Kçar aux incursions des Touareg que seule sa baraka et ses tractations sauvaient d'une ruine toujours imminente. La dernière épreuve date de 1895 environ et le kçar ne s'en est pas relevé. Des bandes coalisées de Touareg Hoggar et Oullimiden se jetèrent sur le village, le pillèrent et incendièrent, tuèrent un grand nombre de gens, et emmenèrent tous les captifs. Les derniers habitants évacuèrent alors le village et vinrent s'établir, soit à Tombouctou même, soit aux environs, formant cette petite fraction Oulad-El-Ouafi, dite aussi Ouafi el-Kçar, qu'on y trouve aujourd'hui.

Le temps a rapidement fait son œuvre et quelques années plus tard Mabrouk n'était plus qu'un monceau de ruines.

C'est vers cette date (1904) que Sidi Amar, jadis citoyen de Mabrouk, revint s'y établir.

Il édifia une maison et une mosquée, et entouré de quelques Kounta et même d'enfants touareg, ses télamides, se consacra à l'enseignement et aux pratiques mystiques. Sa renommée se fonda dans la région ; le village reçut des pèlerins et Sidi Amar devint « l'ermite de Mabrouk ». Il fut rejoint par la suite par une de ses sœurs et par Haïb Allah, fils d'Abidin.

C'est à son puits d'ailleurs que pèlerins et passagers devaient boire ; il lui laissait en revanche des vivres. Mabrouk est sis en effet dans une région particulièrement désertique : on n'y rencontre aucun pâturage à plusieurs journées à la ronde.

Rien n'aurait troublé la vie paisible de Sidi Amar, au milieu de ses télamides et de sa demi-douzaine de chèvres et de poules, s'il n'avait eu la fâcheuse idée de céder aux demandes de renseignements de ses neveux, les fils d'Abidin. Ces chefs de rezzou trouvèrent facilement auprès de lui les informations qui leur étaient nécessaires pour commettre leurs méfaits dans le Timétrin et le Ténéré. Sidi Amar entretenait d'ailleurs des relations épistolaires continuelles avec Abidin. Quant à Haïb Allah, quelques jours avant l'affaire d'Achourat, il se rendait auprès de ses frères, chefs du rezzou, sous prétexte de se faire rendre des animaux volés, qu'il leur avait prêtés de bonne grâce, et leur fournissait tous les renseignements utiles sur la marche des Français. L'un et l'autre gênaient considérablement l'action administrative et guerrière de notre chef Hammoadi.

Aussi le commandant Bétrix jugea-t-il nécessaire de faire disparaître ce centre d'espionnage. Le 3o novembre 1909, il surprenait la qaçba et en arrêtait les habitants : Sidi Amar d'abord, ses fils, son neveu Haïb Allah qu'on trouva caché dans un sac, sa sœur, et jusqu'à un des fidèles d'Abidin, Ahmed Ould Feri, dit Hameïdouch, d'origine touareg irreganaten, pillard renommé qui attendait là l'occasion de faire un mauvais coup. Ils furent confiés avec ceux des télamides qui ne voulurent pas rentrer chez eux, à Hammoadi, chef de la confédération kounta, qui les installa à Taberichet, à mi-distance entre Gao et Téleya, village central et poste guerrier de la tribu.

Quelque temps après, et à la suite de nouvelles intrigues, Sidi Amar, Haïb Allah et Hameïdouch furent condamnés, par un arrêté du Gouverneur général en date du 22 juin 1910, à une peine de dix ans d'internement à subir en Côte d'Ivoire.

Hameïdouch mourait, avant le départ, à Gao, le 26 juillet suivant.

Sidi Amar, interné à Bassam, y mourait le 15 mars 1911. Il a laissé trois fils : Sidi Mohammed, né vers 1895 ; Cheikh, né vers 1896, et Abidin, né en 1904, qui vivent dans le Tilemsi avec les Ahel Sidi Haïb Allah.

Par la suite, la création du poste permanent d'In-Etissar, au centre des terrains de parcours des Kounta, la mort tragique d'Hammoadi, chef de la tribu, son remplacement par Al-Ouatta, et enfin la soumission de Baba Ahmed Ould Abidin, ayant mis fin dans une certaine mesure aux dissensions, qui déchiraient la tribu kounta, et considérablement amélioré la situation dans l'Azaouad, une mesure de clémence put intervenir à l'égard du survivant Haïb Allah.

Remise totale de sa peine lui fut accordée par arrêté du 12 novembre 1903, et quelques mois plus tard ce fils d'Abidin regagnait ses campements. Il vit actuellement auprès de Baye, dans l'adrar des Iforas, et fait du commerce.

VI. — SIDI AMAR.

Son fils, Baye, de l'Adrar des Iforas.

Sidi Amar, sixième fils du Cheikh Sidi Mohammed est né vers 1820. Lors de la dispersion des Kounta au Nord-

Est et au Sud-Est de Tombouctou, il vint chercher fortune dans l'Adrar des Iforas. Après quelques tâtonnements, il fixa son choix sur l'Oued Téléya, petite vallée d'une cinquantaine de kilomètres, descendue de l'Adrar Ichouanen, et affluent de droite de l'Oued Inchedan. Celui-ci est lui-même un affluent de droite du Tilemsi. Il l'acheta tout entière à la fraction iforas des Tarat-Mellet et y bâtit, au puits même de Téléya, une grande qaçba qui en a pris le nom (vers 1865).

La piété et la vie austère de Sidi Amar lui avaient acquis, dès son vivant, une grande réputation de sainteté. Sa casba-zaouïa est dès lors fréquentée par tous les nomades des environs et tend à devenir leur centre religieux.

A sa mort (vers 1885), son fils aîné Sidi Mohammed hérita de son influence et l'utilisa d'ailleurs contre la France en prêchant la guerre sainte chez les Kounta et Iforas, et en prônant l'alliance avec les ennemis-nés des Kounta : les Kel Antessar. Il entretint des pourparlers en ce sens avec avec leur chef N'Gouna.

Il mourut en mai 1896 et fut enterré aux côtés de son père à In Settefen. Les deux mausolées sont devenus des lieux de pèlerinage. Sidi Mohammed laissait plusieurs enfants en bas âge : Sidi-l-Mokhtar, aujourd'hui chef des Ahel Sidi Amar, Sidi Ahmed El-Bekkaï, Cheikh, Baye, Baba Ahmed, etc. Ce fut son frère cadet Baye qui lui succéda à la tête de la Zaouïa et hérita de la baraka familiale.

Baye, fils de Sidi Amar, fils de Cheikh Sidi Mohammed, est né vers 1865. Sa mère Laafia était une bella des Ibourliten, captive du cheikh Sidi Amar. Il a fait d'excellentes études religieuses auprès de son père et de son frère aîné et passe pour être un lettré remarquable. A la mort de celui-ci, en 1896, il est devenu le chef spirituel des Kounta de l'Azaouad, et s'est entièrement confiné dans la piété et l'étude. Il a formé à la vie et à la science islamiques plusieurs générations kounta et en a fortement imprégné plusieurs

campements touareg : hoggar, taïtoq et iforas. Moussa ag
Amstane notamment fut son élève. Aussi jouit-il dans
toute la région, non seulement dans l'élément arabe, mais
même chez les populations touareg, de la plus grande considération. Il parle d'ailleurs parfaitement le tamacheq.
Et ainsi que la chose se passe en pays musulman, le marabout est rapidement devenu le cadi, magistrat et arbitre
dont les décisions sont écoutées de tous; le pontife dont
les incantations, exorcismes et amulettes sont recherchés
par les nomades.

Il cultive d'ailleurs avec soin sa réputation, vivant en
ascète et le plus possible à l'abri des regards, pratiquant
ostensiblement le jeûne, ne conversant avec ses fidèles et
ses visiteurs que recouvert du litham, et ne paraissant en
public, le visage découvert, que pour présider la grande
prière du jour. En réalité, fort peu de gens l'ont vu, depuis
une quinzaine d'années et la légende commence à s'établir
que ce n'est plus Baye qui vit, mais que c'est son fils aîné
qui l'a remplacé. Quant aux Français qui ont pu converser
avec lui, ils sont tout au plus une demi-douzaine, officiers
algériens des oasis ou soudanais de Kidal et Gao.

Pendant les premières années de son pontificat, Baye vécut
en sédentaire à Téléya. Depuis 1900 environ, il a repris
la vie nomade, mais ne sort pas de sa vallée, et promène sa
tente en amont ou en aval de Téléya, à moins de trois
jours de marche de la qaçba. Ses parents et fidèles en font
d'ailleurs autant, et leurs campements s'échelonnent le
long de l'Oued, accrochés aux pâturages ou aux points
d'eau. Il faut des années d'une sécheresse exceptionnelle,
pour que le saint homme et sa gent maraboutique aban-
donnent leur vallée pour descendre vers Es-Souq, et même
se rapprocher plus encore du Niger.

Son campement comprend sa tente personnelle, sa tente-
salon, où se trouve un certain nombre d'ouvrages manuscrits et imprimés, empilés dans des sacs de peau et dans

des rerara, riche bibliothèque pour le pays, mais n'offrant rien d'intéressant, les tentes de ses femmes et enfants, et plusieurs tentes de ses fidèles.

Les relations de Baye et les Français, d'abord simplement correctes, sont devenues avec le temps des plus cordiales. A la mort de son frère (1896), il mit fin à sa politique d'hostilité contre nous, et resta dans l'expectative.

En 1899, les Kouta font leur soumission, mais il reste en dehors des négociations, sans d'ailleurs faire acte inamical. Il pense que son éloignement de Gao est une raison suffisante pour ne pas connaître les Français. Ses gens descendent toutefois sur le fleuve et font du commerce dans les villages soumis.

En 1901-1902, une de ses caravanes, venue vendre des chameaux et acheter du grain et de la guinée à Gao, et qui se couvrait du nom d'Hammoadi, est saisie et placée sous séquestre. Il est dès lors contraint, pour rentrer en possession de son bien, de fournir des explications au poste. Un échange de correspondances s'établit, qui inaugure un nouveau régime moins réservé. Peu après, il offre sa soumission et garantit celle des Iforas de l'Adrar.

En 1902, il entre en relations, vers In Ziza, avec le commandant Laperrine, et celui-ci, mettant à profit sa science juridique et sa réputation de magistrat vénéré, lui écrit en septembre 1902 pour lui soumettre un différend entre les Taïtoq de l'Ahanet et les Iforas de l'Adrar. La médiation de Baye apaisa heureusement le conflit.

Il sert encore d'intermédiaire entre les Hoggar et les Iforas, et amène ceux-ci à demander l'aman au commandant Laperrine.

Sa part dans la soumission de Moussa ag Amstan et de sa tribu a été reconnue et signalée par l'Algérie. Son influence a toujours été considérable vis-à-vis de son ancien élève. En 1907, celui-ci, descendant vers la région nord des

Oullimiden, se détournait sensiblement de la route pour venir saluer Baye et lui offrir des cadeaux. Il est officiel que Baye est le directeur spirituel de Moussa et a fortement contribué à sa transformation morale et religieuse.

Après la délimitation des zones d'influence sahariennes entre l'Algérie et le Soudan, Baye, ressortissant aux autorités soudanaises, continue à faire preuve du même dévouement. Dans notre politique vis-à-vis des Oullimiden, il marche toujours et correctement dans le sens qui lui est indiqué.

La création du poste de Kidal, à quelques jours de Téléya, renforce encore ces bonnes relations. Quoique gardant toujours une certaine distance, Baye est un sujet fidèle et soumis; les chefs de poste se félicitent de son heureuse influence et tendant peu à l'utiliser, lui défèrent les litiges, les procès civils, et le transforment en cadi officiel de la région.

L'attitude de Baye n'a pas varié pendant la grande guerre. Il n'a pas tenu à lui que les Oullimiden et Firhoun ne partissent pas en dissidence et parmi les causes qui assurèrent la fidélité de Moussa ag Amastan, on peut compter son intervention. Ses bons conseils n'ont pas toujours été écoutés. Sur les Kounta, son influence s'est en grande partie maintenue victorieusement contre les excitations de l'intérieur et contre les tentations de guerre sainte et d'indépendance islamique que la colonne tripolitaine qui vint bloquer Agadès (décembre 1916-février 1917) faisait rayonner autour d'elle. Ses messages arrêtaient Mohammed Ould Brahim, à la veille de son départ en dissidence, et par la suite on a appris, en dehors de lui, qu'il avait fait les démarches les plus pressantes auprès des Kounta du Dinnik pour les empêcher de se joindre aux Oullimiden et pour les engager à regagner le Tilemsi. Il ne fut malheureusement écouté que partiellement. Le gouvernement du Soudan lui témoignait néanmoins sa reconnaissance pour ses bons offices dévoilés, en lui envoyant une petite caravane de sucre, de thé, de grains et de guinée (mars 1917).

Il importe en terminant de souligner l'influence exceptionnelle que Baye possède chez les Iforas. Ceux-ci, quoique ennemis des Kounta, dont ils ont eu à subir maintes fois les brigandages, ont la plus grande vénération pour ce marabout Kounti. Ils écoutent ses conseils, non seulement spirituels, mais même politiques, lui soumettent leurs affaires litigieuses et lui demandent son ouird qadri. Ces relations sont à suivre de près. Baye achève à l'heure actuelle l'islamisation des Touareg Iforas.

La qaçba-zaouïa s'élève dans le lit de l'Oued entre le thalweg et les premières pentes de la colline, au milieu d'épineux clairsemés et de plusieurs bosquets de palmiers fourchus et de rôniers.

Le capitaine Cortier, qui l'a visitée les 19-20 mai 1908, en a fait la description suivante : « C'est un immense rectangle de maçonnerie de pierres, tout entouré d'un étroit fossé et qui peut avoir 120 mètres de long sur 50 de large. Des bastions carrés arment chacun des saillants, suivant l'architecture courante du Sahara. La porte d'entrée est de bois mal équarri et le pont d'accès s'est ensablé par-dessous. Tout autour des murailles, les chèvres se poursuivent et bêlent; elles sautent jusqu'au fond du fossé d'enceinte et grimpent sur tous les ressauts de pierre. »

A l'intérieur de la qaçba, les chambres qui en garnissent les faces sont à l'usage, les unes, d'habitations, les autres, de magasins. Les habitations sont en ruines, depuis l'abandon de la qaçba par Baye et son installation définitive sous la tente. Quant aux magasins, ils ne valaient guère mieux : on les utilisait toutefois et provisoirement pour y serrer les grains, les réserves de guinée, les peaux, les outres, etc. La qaçba a été partiellement relevée par le lieutenant Jallat pendant son séjour à Téléya, en novembre 1910. Un poste guerrier et un marché ont été établis dans d'excellentes conditions.

On trouvait l'eau dans deux puits : l'un à l'intérieur, l'autre à l'extérieur de la qaçba; le premier, en partie effondré, était devenu inutilisable. Le lieutenant Jallat l'a remis en état et en a foré plusieurs autres qui fournissent une eau abondante.

Téléya, sur le passage presque obligatoire des transits caravaniers entre In Salah, Tombouctou et Gao, est destiné à un certain avenir.

Baye et ses gens possèdent de beaux troupeaux de chameaux, de moutons et de chèvres. Ils ont aussi des bœufs et quelques chevaux. Les petites palmeraies de Tessalit et d'Iracher appartiennent à Baye et à sa famille et sont cultivées par ses télamides et captifs.

Parmi les personnages de quelque intérêt qui entourent Baye, il convient de citer :

a) Ses enfants : Sidi Amar, né vers 1894, et Sidi Mohammed, né vers 1898; Lalla, née vers 1892; Fatma, née vers 1902; Baka, née vers 1907. Leur mère est Khadidja, des Oulad Cheikh;

b) Ses frères cadets : Baba Ahmed et Bekkaï;

c) Ses neveux, fils de Sidi Mohammed, son frère aîné : Sidi-l-Mokhtar, né vers 1890; Baba, né vers 1897; Sidi Lamin, né vers 1900; Sidi Ahmed Al-Bekkaï, né vers 1902; Baye (surnom de Mohammed), né vers 1905.

Sidi-l-Mokhtar, son neveu, est le plus intéressant, encore que bègue, timide et maladif. Il paraît devoir être le successeur de Baye, à moins que l'intelligence, déjà vive, du jeune Sidi Ahmed Al-Bekkaï n'attire son attention, ou à moins encore que l'affection paternelle ne prédomine au dernier moment et que la baraka ne soit transmise par le marabout à l'un de ses fils.

VII. — SIDI LAMIN.

Son fils, Bekkaï.

Sidi Lamin, septième fils du Cheikh Sidi Mohammed El-Kounti, mena une vie assez effacée dans le village de ses deux frères aînés : Mokhtar Sarir et Cheikh Bekkaï.

Il laissa plusieurs enfants, dont la descendance se trouve partagée aujourd'hui au nord et au sud du Niger. Ce sont : Mohammed et Sidati, qui ne méritent aucune mention particulière et dont les enfants constituent actuellement plusieurs des campements, Ahel Sidi Lamin, et enfin Bekkaï dont ci-après est donnée la notice.

Bekkaï, surnommé Ntiéni, fils de Sidi Lamin, fut utilisé à cause de son humeur guerrière par son oncle Cheikh Sidi-l-Bekkaï dans les luttes contre les Toucouleurs. Il était son principal lieutenant et, lors de la mort du Cheikh à Sarédina (février 1865), il prit le commandement des troupes Kounta et se fortifia dans le village. Après une vigoureuse résistance, il dut s'enfuir vers le Nord, abandonnant sa ville et son camp à l'ennemi.

Ba Lobbo, chef des Peul et son allié, était en même temps contraint d'évacuer Dienné et la province de Sébéra.

Mais Bekkaï Ntiéni, ayant rallié ses lieutenants : Sidïa et Seidou Cheikh, et ayant fait comprendre à tous, Kounta et Peul, que la lutte était sans merci si on ne voulait pas tomber sous la domination toucouleure et la bannière de son Tidianisme omari, marcha en avant et obligea les Foutanké à reculer de province en province, à évacuer les rives du Niger, puis celles du Bani, et enfin à se replier sur Bandiagara.

Peu de temps après, la révolte du Sarro et de Sansanding contre les Toucouleurs de Ségou, amena sur leur demande

Bekkaï à leur envoyer ses meilleurs contingents, à la tête desquels il mit son fils Abidin Ntiéni. Tidiani en profita pour sortir de Bandiagara et se jeter par surprise sur Ténenkou (Macina), dont Bekkaï avait fait sa capitale. Il s'empara des femmes et enfants du Cheikh, de ses captifs, fit un butin énorme et revint à petites journées sur Bandiagara.

Bekkaï rappela alors Abidin en toute hâte, contraignit les provinces Foulbé du Macina, du Guimbala et du Farimaké à faire l'effort le plus intense et marcha sur la capitale foutanké. La rencontre eut lieu à Niagari. Bekkaï y fut entièrement battu et la plupart de ses soldats massacrés. Il put toutefois fuir avec quelques chefs sur le plateau habé, où leur allié, le chef Sanaberi, leur donna les moyens de regagner le Niger par Kouna.

Les Kounta sont désormais dans l'impossibilité de tenir tête aux Toucouleurs malgré la tentative de revanche qu'essaiera plus tard Abidin, fils du Cheikh Sidi-l-Bekkaï.

Pour Bekkaï Ntiéni, il revenait dans le Farimaké, quand la mort le surprit sur les rives du Niger, non loin de Sarédina. On l'enterra à côté de son oncle, Cheikh Sidi Bekkaï. Seïdou Cheik était tué presque au même moment dans une escarmouche avec un parti de Toucouleurs.

Abidin, fils de Bekkaï Ntiéni, regagna le Macina et y représenta quelque temps l'influence kounta. Lors de l'arrivée de son cousin, Abidin, fils du Cheikh Sidi-l-Bekkaï, il dut lui céder la place, et se retira chez les Bambara du Monimpé. Il mourut plus tard, à Nampala, vers 1884.

Son fils aîné, Sidi Lamin, est le chef de la sous-fraction des Ahel Sidi Lamin. Ses frères, Baba Ahmed et Sidi Amar, vivent avec lui

VIII. — Sidi Alouata.

Ses fils { Baba Ahmed,
          Hammadi.

Sidi Alouata, septième fils du Cheikh Sidi Mohammed le Kounti, n'a été qu'un marabout sans influence. On ne retiendra son nom que par les mauvais tours qu'il a joués à Barth en 1853-1854. En l'absence de son frère, le Cheikh Bekkaï, il était allé le recevoir à Kabara, à son arrivée, et lui accorda sa protection. Mais par la suite sa jalousie et sa cupidité gênèrent fort le célèbre voyageur. Il s'appropria les présents que Barth lui avait remis pour les chefs de Tenguéredief et pour l'amirou du Macina, alors suzerain de Tombouctou, et par cet abus de confiance, la protection de ces chefs ayant manqué à Barth, celui-ci eut à subir les plus fâcheux désagréments.

Parmi la quinzaine de fils qu'il a laissés, à savoir Mohammed, dont la descendance forme plusieurs tentes du Gourma, Abidin, Baye, Sidi Ali et Al-Habib, tués tous quatre dans des combats contre les Kel Antessar; Sidi-l-Mokhtar, mort à Bandiagara; Bokkel, mort fou à Tombouctou; Hammou, qui se noya dans le Niger; Sidi Ali, Haïb Allah qui se présenta, le 6 janvier 1896, à la mission Hourst, arrivant à Saraféré, et entama avec elle les bonnes relations qui devaient faciliter, du côté Kounta, le succès de la mission; et enfin Sidi Lamin, dont la descendance est disséminée dans le Gourma et sur la rive gauche, deux seuls méritent une mention spéciale : Baba Ahmed et Hammadi.

Baba Ahmed, guerrier plus que taleb, prit part de bonne heure aux luttes de Poullo-Kounta contre les Foutanké. Il fut un des lieutenants les plus actifs de son cousin Abidin, fils du Cheikh Sidi-l-Bekkaï, qui le nomma son représentant dans le Macina. On trouvera dans la notice consacrée à Abidin, le rôle joué dans ces événements par Baba Ahmed.

Il suffit d'ajouter ici que c'est par sa faute que la lutte avec les Iguellad-Kel Antessar reprit dans toute sa fureur vers 1880. Il passait en pirogue entre Koura et Tendirma, quand, ayant besoin de viande pour ses hommes, il fit saisir un troupeau sur la rive. Les propriétaires, qui étaient des Kel Tinakaouat, se jetèrent sur les agresseurs, en égorgèrent un comme on venait de faire à leurs moutons, et s'enfuirent. La version Kel Antessar dit que Ngouma fit savoir à Tombouctou qu'il désavouait et punissait les coupables et offrait soit de payer la dïa, soit d'égorger un des coupables comme il avait été fait à la victime. Mais les Kounta refusèrent et, à quelque temps de là, tombèrent sur le campement d'Al-Mahdi, père d'At-Taher, chef actuel, à In Karren, et le razzièrent de fond en comble, tuant plusieurs personnes. La guerre se ralluma entre Kel Antessar et Kounta.

Baba Ahmed fut tué aux côtés de son chef Abidin en 1889, à Murrah, dans le Macina. Il y a été enterré.

Hammadi est né vers 1850, à Tombouctou même. Il a peu quitté la ville, où il a fait de bonnes études, et installé son commerce assez florissant de sel, de chameaux, de cotonnade.

Il est le représentant général (*naïb*) de la tribu kounta auprès du cercle et de la région de Tombouctou et, à ce titre, entretient des relations journalières avec les autorités françaises.

Instruit, intelligent, documenté sur l'histoire de la tribu, sympathique, Hammadi Ould Sidi Alouata fait preuve de beaucoup de dévouement dans une tâche assez pénible et tout en rendant de nombreux services au commandement, sait se rendre utile aux siens.

IX. — BABA AMED.

Baba Ahmed, neuvième fils du Cheikh Sidi Mohammed, a mené une vie effacée dans ses campements du Sud de l'Adrar des Iforas. Barth en fait mention, sans l'avoir vu. A son passage à Bamba (1854), il signale entre autres choses « deux ou trois magasins bâtis en argile » et il ajoute : « L'un d'eux appartenait à Ahmed Baba, frère cadet du Cheikh Bekkaï ; il avait ordinairement sa résidence à Bamba, mais il était alors absent. »

Baba Ahmed a laissé quatre fils : Sidi Mohammed, Sidi-l-Mokhtar, Bekkaï et M'hammed, tous décédés, mais qui ont laissé de nombreux enfants chez les Kounta. Sidi Mohammed et M'hammed ont été tués, vers 1905 ou 1906, dans des combats contre les Oullimiden.

Le fils aîné de Sidi Mohammed, Sidi Baba, lui a succédé comme chef des Ahel Baba. Ses frères et cousins habitent avec lui.

X. — MOHAMMED SARIR.

Mohammed Saṛir, dixième fils du Cheikh Sidi Mohammed, a vécu et est mort dans l'Azaouad. Les campements de ses fils Mohammed, Ahmed, etc., y nomadisent toujours. Ils ne méritent aucune mention spéciale.

Plusieurs d'entre eux sont allés se fixer dans le Tiris, auprès de leurs cousins de l'Ouest.

CHAPITRE V

LA VOIE KOUNTA-BEKKAÏA

I. — La chaîne spirituelle.

Les Kounta sont les fidèles et les propagateurs de la voie qadrïa, de la « selsela », comme on dit sur le Niger. « Selsela » a, dans ce cas, perdu son sens général de « chaîne mystique », s'appliquant à la succession apostolique de toutes les confréries, pour se spécialiser à la Voie qadrïa. Rinn fait donc erreur, quand il les rattache aux Chadelïa.

Les Kounta se sont si bien et ont été si bien identifiés au Qaderisme, que leur nom en est le synonyme, et que souvent on désigne les Qadrïa soudanais sous le nom de Bekkaïa, du nom de l'ancêtre kounti, Cheikh Omar Ould *Bekkaï*, qui fut le propagateur de cet cuird (seizième siècle), ou de Mokhtarïa du nom de Sidi-l-*Mohktar* Al-Kabir qui en fut le restaurateur, à la fin du dix-huitième et au début du dix-neuvième siècle. De plus, dans tout le cours du dix-neuvième siècle, Kounta et Qadrïa se sont apposés, politiquement et religieusement, à Foukanké et Tidianïa.

Il serait hors de propos ici de chercher les origines lointaines du Qaderisme. Elles dépasseraient le cadre kounti et au surplus sont exposées dans maints ouvrages français et étrangers. Nous prenons donc le Qaderisme à son appa-

rition en Afrique Occidentale : c'est vraisemblablement
par Mohammed ben Abd El-Karim Al-Maṛili, ce farouche
missionnaire d'Islam, dont il a été question au premier
chapitre, que l'ouird qadri est introduit dans le Sahara
soudanais.

Ahmed Bekkaï (1504) s'y affilie, semble-t-il, le premier,
mais ne paraît pas avoir travaillé à sa divulgation.

C'est son fils, *Cheikh Sidi Omar*, qui, fidèle disciple et
compagnon de voyage de Maṛili, va devenir l'ardent propagateur de la Voie qadrïa et, après le retour de Maṛili dans
le Nord, sera intronisé le grand maître de la voie. Son nom
se retrouve dans la chaîne mystique des Qadrïa immédiatement après Maṛili, qui lui-même était le disciple de
Soyouthi. C'est par ces noms que le rameau des Bekkaïa se
rattache à la grande et commune chaîne des Qadria d'Orient
et d'Occident, et la gloire historique en revient à Cheikh
Sidi Omar (début du seizième siècle).

A Cheikh Sidi Omar succède, à la tête de la nouvelle confrérie Qadrïa-Bekkaïa, son fils aîné *Ahmed Firem*, « le bec
de lièvre », qui vécut dans la première moitié du seizième
siècle et mourut, suivant une tradition, en 1552-1553, suivant une autre, plus tard.

Ahmed Bekkaï, son fils Cheikh Sidi Omar Cheikh, et
son petit-fils Ahmed Firem, faisant partie de l'arbre généalogique général des Kounta soudanais, ont été étudiés en
détail au chapitre premier. Il est donc inutile d'y revenir
ici.

A Ahmed Firem succède son fils aîné *Cheikh Sidi Mohammed Ar-Reggad, id est :* « le dormeur », ainsi nommé
soit parce que, dit la légende kounta, il pouvait faire la
classe en dormant, soit parce que, rapporte le *Kitab at-Taraïf*, il donna un jour à des plaideurs, qui venaient le consulter, une décision juridique en dormant.

Il composa, dit-on, un millier d'ouvrages et sa science
égala celle de son grand-père Cheikh Sidi Omar Cheikh.

Ce fut un grand saint et quand il dormait, une flamme brillante sortait de ses narines et de sa bouche.

Sa générosité et son hospitalité sont demeurées proverbiales.

Il avait épousé une femme de Tadjakant, comme la plupart de ses ancêtres, et mourut en 1577.

Il fut l'ancêtre éponyme des Regagda, mais comme la plupart des descendants de ses frères sont venus se joindre à sa postérité et s'incorporer à la fraction, c'est leur père Ahmed Firem qu'on a coutume de considérer comme l'ancêtre des Regagda.

Au Cheikh Reggad succéda son fils *Cheikh Sidi Ahmed* qui fut élevé chez les Tadjakant, tribu de sa mère. Il parcourut la plupart des territoires occupés par les Kounta, essayant de raviver les liens qui les unissaient. C'est lui qui construisit la Zaouïa du Touat, dans les conditions suivantes :

Il revenait de Kerzaz, dans la Saoura, où l'avait mandé le maître du pays, quand, arrivé au Touat, le saint Abdel-Qader, chef de la Zaouïa où il était descendu, lui dit : « O fils de Reggad, construis une Zaouïa entre les deux Kçour des Beni-l-Qotobi, ces brigands et oppresseurs, à l'endroit précis où ta mule urinera. Dieu tirera vengeance de leurs méfaits par la grâce. » C'est ce que fit le Cheikh.

La tradition, recueillie par l'administrateur Bonamy à la Zaouïa kounta du Touat, est quelque peu différente. D'après le caïd actuel, Ceddiq Ould Sidi Mohammed, Cheikh Sidi Ahmed, en arrivant au Touat, aurait emprunté une somme d'argent à un ancêtre de ce caïd. Plus tard, il voulut le rembourser, mais le bienfaiteur lui répondit : « Garde l'argent, et fonde une Zaouïa où te trouver. » C'est ce que fit le Cheikh et il lui donna le nom de Kounta, qui est devenu celui du district.

C'est par sa grâce aussi que la génération des Touareg

Hoggar de son temps fut détruite, et à ce titre il n'est pas inutile de la rapporter ici, pour qu'elle puisse être comparée aux légendes historiques proprement hoggar, que le Père de Foucauld a recueillies.

Abd El-Qader, chef de cette Zaouïa du Touat, ayant annoncé au Cheikh Sidi Ahmed, fils de Reggad, que la destruction des Hoggar s'accomplirait par lui sous la forme d'un chien, celui-ci protesta en disant que chez lui les gens ne prenaient pas les apparences de chien, et il ajouta : « Fais-le toi-même, je te l'abandonne. » L'autre accepta.

En ce temps-là, les Hoggar préparaient une grande expédition contre le Touat. Ils se mirent en route sous les ordres des fils de leurs chefs. A mi-chemin, on trouva une magnifique prairie, émaillée de fleurs, arrosée d'eaux vives, et d'où s'échappèrent des biches. Comme les chefs regrettaient de n'avoir pas des chiens pour les chasser, un chien roux apparut à leurs yeux : ils se précipitèrent sur lui, et l'un le saisit par le cou, l'autre par la queue. Ils se le disputèrent, puis chacun, tirant son sabre, pourfendit son adversaire. La troupe se partagea aussitôt et on se battit si bien qu'il ne resta plus un seul homme.

Comme personne ne revenait, on crut dans le Ahaggar que les Touatiens avaient exterminé le rezzou, et on prépara aussitôt une deuxième expédition. Un seul homme refusa de partir : Çalih Abou Mohammed Al-Khir. Le second rezzou eut le même sort que le premier. A la suite de ces événements (vers 1650), le pays put vivre tranquille, et la nouvelle génération hoggar grandit dans de meilleurs sentiments.

Le Çalih précité fut élu chef de la tribu hoggar par la grâce du Cheikh Sidi Mohammed ben Abd Er-Rahman ben Abou Naama, le Kounti. Plus tard son fils Mohammed Al-Khir lui succéda, et arriva à un âge assez avancé pour voir le Cheikh Sidi-l-Mokhtar Al-Kabir et pour traiter avec lui de la soumission des Kounta qui avaient injustement attaqué les Hoggar et s'était fait battre par eux. On a vu plus haut, sous le titre du Cheikh Sidi-l-Mokhtar le récit de ces événements.

C'est ici — avec son fondateur — le lieu de dire quelques mots de la Zaouïa Kounta du Touat. Nous remercions M. l'Administrateur en chef O. Depont, Directeur des territoires du Sud, et Inspecteur des communes mixtes d'Algérie, qui a bien voulu nous mettre à même d'établir cette note.

La Zaouïa compte peu d'adeptes, mais il existe dans le pays de nombreux affiliés des Taïbia et des Qadrïa. Le district du même nom comprend une trentaine de qçour, dont les plus importants sont Zaouïat Kounta et son annexe Qasbat Ar-Regagda.

Zaouïat Kounta est habitée par des marabouts arabes qui se disent d'origine kounta, fraction des Oulah Sidi Mohammed El-Kounti, et aussi d'origine Oulad Smaïn, habitant l'Azaouad. Elle reconnaît l'obédience du chef religieux de la tribu-confrérie, Alouata, qui y a fait séjour à plusieurs reprises. Le Moqaddem, et en même temps le bienfaiteur de la Zaouïa, fut autrefois Moulay Smaïl, visité par Rohlfs pendant son voyage, et qui lui donna des soins : ce fut un marabout influent, en relations avec tous les Khouan de l'ordre des Qadrïa-Bekkaïa, dont il était un des principaux chefs. Son petit-fils, Mouley M'hammed ben Si Mohammed Ould Moulay Smaïl fut, au début de notre occupation, officiellement investi dans les fonctions de kebir de canton par décision du 14 juillet 1901. Le 28 décembre 1915, en raison de son grand âge, il donnait sa démission qui était acceptée : son successeur actuel, né vers 1860, est son frère Moulay Abd El-Malik.

Parmi les autres personnalités importantes de la Zaouïa kounta, il n'y a guère à citer que Al-Hadj Salem, homme de confiance d'Abidin le dissident. Al-Hadj Salem réside en permanence à la Zaouïa.

De saints personnages, comme Sid El-Mokhtar Ech-Cheikh, sont enterrés à Zaouïat Kounta. La qoubba qui abrite leurs restes a une forme toute particulière ; on la prendrait plutôt pour une pagode hindoue que pour un tombeau musulman. La reproduction photographique en a été donnée par Cortier et par Chudeau. D'autres ancêtres célèbres des Kounta, comme Othman, Sidi Yahya, Sidi Ali reposeraient, d'après les Tarikh des Kounta, dans la ville touatienne d'Azzi : la bourgade ainsi nommée n'a pu être identifiée et ne se trouve mentionnée dans aucun texte officiel connu.

La Qaçbat Er-Regagda, située à proximité de Zaouïat Kounta, n'en est en réalité qu'une dépendance : elle est habitée par des marabouts arabes de la même origine.

Il est probable que les relations entre Zaouïat Kounta, et les Kounta du Sud étaient assez fréquentes, à l'époque où il existait un courant normal d'émigration et d'échange entre le Soudan et le Maroc : elles se réduisent à fort peu de chose actuellement.

Le Cheikh Sidi Ahmed, fondateur de la Zaouïa kounta du Touat, mourut, à un âge avancé, en 1652.

Au Cheikh Sidi Ahmed succéda son fils *Sidi Ali*. Sidi Ali fut le maître de l'heure pendant son pontificat (1652-1689). Son biographe l'établit par le prodige suivant :

Deux individus, étant sur le rivage de la mer Rouge, assistèrent à la lutte de deux poissons, dont l'un, opprimé par l'autre, se plaça tout haut sous la protection du maître de l'heure Sidi Ali ben Ahmed. Les deux hommes, surpris, résolurent de parcourir toute la terre pour retrouver ce pôle du temps. Étant en pèlerinage à laMecque cette année, ils visitèrent toutes les bandes de pèlerins des divers pays, demandant quel était le saint qui portait le nom de Sidi Ali ben Ahmed. Après bien des recherches, ils arrivèrent à la caravane du Touat où ils obtinrent le renseignement demandé ;

et comme ils racontaient le prodige dont ils avaient été
les témoins, les Touatiens leur répondirent que c'était bien
peu de chose comparé à ce que faisait ordinairement le
Cheikh. Les deux individus se joignirent à la caravane et
vinrent au Touat, où ils moururent sous l'obédience du saint.

Sidi Ali semble avoir voulu lier sa destinée à celle des
Kounta. Il disait que pendant quarante ans il avait pro-
noncé debout les prières de l'ouird, et que durant ce temps
jamais la tribu, sur terre comme sur eau, n'avait souffert
le moindre dommage. Par la suite, il changea de position,
et la situation des Kounta en pâtit.

A Sidi Ali succédèrent ses deux neveux, fils de Sidi Amor
ben Sidi Ahmed, d'abord Cheikh Sidi Ahmed le Khalifa
(† 1693), puis Cheikh Sidi Lamin dit *Dhou Niqab*, c'est-à-
dire l'homme au voile († 1717).

Cheikh Sidi Ahmed le Khalifa avait le talent des affaires commerciales et y gagna une fortune considérable
et une renommée telle qu'on n'avait pas vu la pareille
depuis le Cheikh Sidi Omar Cheikh. Il avait organisé
méthodiquement l'exploitation des mines de sel de Teghazza et Taoudeni et l'exportation de leurs produits vers
le Touat et le Soudan. Les principaux dignitaires de la
confrérie se partageaient la direction des différents services.
Sidi Lamin, son frère, vivait aux mimes même et dirigeait l'exploitation; Al-Hadj Bou Baker ben Mohammed
organisait et convoyait les azalaï vers Teghazza et la Touat,
Sidi Arouata ben Sidi Mohammed s'occupait de la chamel-
lerie, et de son entretien.

Le Cheikh entendait que la discipline régnât dans les
affaires : le Kital rapporte qu'il s'était réservé un beau chameau, apte aux courses rapides et avait formellement
défendu que qui que ce soit le montât. Un de ses fils voulut enfreindre la consigne, et comme Sidi Arouata s'y op-
posait vigoureusement, il se vit traiter de « vulgaire et

ignorant berger ». Très humilié, il pleurait sous un arbre quand le Cheikh arriva, le loua grandement et prédit que tout berger qu'il était, lui-même et ses fils seraient à même de rendre des services à l'insulteur et à sa descendance qui en auraient plus d'une fois besoin.

Les nombreuses affaires du Cheikh lui attirèrent la jalousie de ses concurrents, les commerçants d'Araouan, et il n'eut pas trop de sa grande fortune et de sa puissance miraculeuse, pour leur tenir tête et se concilier par des distributions d'effets et de victuailles et par des prodiges la foule de ses adeptes et la multitude populaire.

Un mois avant sa mort, il réunit ses trois lieutenants, et fit son testament spirituel et temporel : à Boubaker, un village (non encore créé) qui s'appellerait Mabrouk et serait riche et religieux, le pèlerinage à la Mecque (non encore effectué) et sa fille Fatimata; à Arou ta, un campement (sa postérité) qui parmi tous les campements kounta serait dit par excellence : « le campement » qui serait riche et puissant et qui enrichirait tous ceux qui y viendraient, et sa seconde fille; à Sidi Lamin son frère, sa succession spirituelle et matérielle. C'est ce qui arriva en effet.

A sa mort (1693), son frère Sidi *Lamin* lui succéda donc. Il s'adonna aussi au commerce et le pratiqua sur une vaste échelle, ce qui lui attira, comme à Sidi Ahmed, la jalousie des commerçants d'Araouan. Comme tous les chefs de la confrérie, il accomplit de nombreux miracles. On citera simplement celui-ci. Il avait un disciple Ahmâd ben Allâl qui était sujet à des crises d'hystérie. Un jour qu'il donnait sa leçon aux enfants, il lui ordonna d'allumer le feu; c'est ce que fit Ahmâd, puis il vint lui rendre compte que la chose était faite, répétant sans arrêt que le feu était allumé. Le Cheikh agacé lui répondit : « Eh bien, entre dedans. » L'autre y alla tout uniment. La leçon achevée, le Cheikh enjoignit à ses disciples d'aller tirer du feu ce

fou qui y était entré. Les disciples y coururent, et l'aperçurent en effet dans le brasier, léché de toutes parts par les
flammes; ils l'en firent sortir et l'on constata que ni son
corps, ni ses vêtements n'avaient souffert

Sidi Lamin mourut en 1717.

Après lui la maîtrise des Qadrïa sort de la tribu et passe
à un étranger, un chérif du Takrour, dit le *Kitab at-Taraïf*,
Sidi Ali ben Nadjib ben Mohammed ben Choaïb.

Sidi Ali est l'ancêtre de la petite fraction maraboutique
des Abel Sidi Aali, qui vit aux environs de Tombouctou,
en marge des Kounta et sous leur entière dépendance
morale et religieuse.

Son chef est actuellement Cheikh Ceddiq ould Mohammed ould Bokhari ould Tahar ould Sidi Ali, descendant
direct par conséquent dudit Sidi Ali. Le Cheikh Sidi Ali
est toujours l'objet d'une grande vénération chez les Kounta
pour avoir donné l'initiation qadrïa à leur ancêtre le grand
Sidi-l-Mokhtar et pour avoir été le professeur, qui l'a formé
et mis sur sa voie. C'est à Teghazza que Sidi Ali reçut de
Sidi Lamin son initiation mystique; il était allé l'y voir et
en retour lui fit abandon de tout ce qu'il avait, jusqu'à ses
sandales, ce qui lui attira les railleries de ses compagnons.
Par la suite, il fit de nombreux voyages de commerce entre
Teghazza et son campement.

C'est au cours d'un de ses voyages que son Cheikh,
Sidi Lamin précité, accomplit le prodige suivant. Sidi
Ali, assis à l'écart avec son maître, soupirait après le
retour. Sidi Lamin, lisant dans son cœur, lui-dit : « Ali,
tu voudrais avoir des nouvelles des tiens. — Oui, répondit-
il. » Le maître se recueillit un moment, puis découvrant
son visage, dit : « Regarde-moi. Ta famille est en parfaite
santé; je viens de leur parler sous la forme d'un coq, posé
sur un arbre non loin de ta tente. Tes gens venaient d'égorger un taureau noir, ta femme se coiffait, et tes enfants

jouaient devant elle. Ils ont dit : « C'est curieux. Voici un coq qui vole et qui est allé se poser au plus haut de l'arbre ; et un homme songea à me jeter une pierre. Mais je m'envolai aussitôt : je pris aussitôt note du jour et de l'heure et des faits précipités. Revenu chez moi, j'interrogeai mes gens. Et en effet on me fit connaître que tout ce que m'avait raconté le Cheikh s'était passé de point en point. »

Sidi Ali passa lui-même en son temps pour avoir accompli de nombreux miracles. Il mourut en 1757.

Après Sidi Ali, la maîtrise des Qadrïa revient dans la tribu Kounta, mais non plus dans la fraction Regagda : dans la fraction Oulad Al-Ouafi, et sur la tête du Cheikh Sidi-l-Mokhtar Al-Kabir, dont a vu plus haut la biographie.

A Sidi-l-Mokhtar Al-Kabir († 1811) succéda son fils Cheikh Sidi Mohammed qu'on a vu aussi († 1826).

A Cheikh Sidi Mohammed succédèrent ses deux fils aînés : d'abord Sidi-l-Mokhtar Saŗir († 1847), puis Cheikh Sidi-l-Bekkaï († 1865), déjà vus.

A partir de Bekkaï, l'autorité se diffuse. Son neveu Bekkaï Niéni, puis son fils Mokhtar († 1878) puis, son deuxième fils Abidin † 1889 sont les personnalités politiques et religieuses les plus notoires.

Aujourd'hui il n'y a pas de chef spirituel unique. L'autorité morale se partage entre diverses personnalités, dont l'influence se fait sentir dans les tribus qui les entourent. Deux pourtant se distinguent par leur envergure : Alouata fils de Hammadi, chef de la confédération kounta, depuis janvier 1913, et qui jouit d'un prestige religieux considérable chez les Kounta du Gourma. Baye Ould Sidi Amor, le marabout de Téleya, directeur spirituel des Kounta de l'Adrar des Iforas.

Tous deux distribuent l'ouird qadri et peuvent nommer les moqaddem, avec pouvoir de conférer l'ouird.

II. — L'OUIRD.

Les Qadrïa-Bekkaïa récitent des litanies spéciales (Dikr), qui constituent leur bréviaire particulier et diffèrent quelque peu des litanies du même genre des autres rameaux Qadrïa.

Depont et Coppolani les ont déjà données dans leur magistral ouvrage : *les Confréries religieuses musulmanes :* mais non sans quelques erreurs.

Voici ces litanies dans leur texte intégral et présentées par la piété Kounta.

« Ceci est l'ouird de la chaîne des Qadrïa, c'est le plus illustre, il tient lieu de tous les autres et ne peut être compensé par aucun autre. Celui qui le possède ne meurt que dans les meilleures conditions. Il consiste à réciter, à la fin de chaque prière obligatoire, les oraisons suivantes :

« Dieu nous suffit ! Quel excellent représentant (200 fois).

« Je demande pardon à Dieu de Majesté (200 fois).

« Il n'y a pas d'autre divinité qu'Allah, le Roi, le Droit, l'Évident (100 fois).

« O Dieu ! répandez salut et bénédictions sur Mahomet et sur sa famille (100 fois). »

Il ne faudrait pas croire que ces oraisons spéciales sont récitées régulièrement, comme le dit la règle, après chacune des cinq prières de la journée. Cette récitation complète est la perfection à atteindre et seuls en ont le mérite les saints et les pieux marabouts. Le commun des fidèles ne les récite guère qu'après la prière du crépuscule, et encore assez irrégulièrement.

On se sert pour cette récitation du chapelet ordinaire.

En plus de ce dikr, qui est censé être de stricte obligation, il y a un certain nombre de prières surérogatoires, qui constituent l'oudifa, et qui se récitent dans la pieuse réunion que les frères doivent tenir dans la nuit du jeudi, au vendredi. Il est inutile de citer le détail de ces invocations. Citons celles-ci qui se disent à la fois après la prière du crépuscule et avant celle de l'aube :

« O mon Dieu, soyez satisfait de l'âme de celui qui fut le refuge des hommes et des génies, mon seigneur est mon maître, Abd El-Qader Al-Djilani, ainsi que tous nos maîtres du premier au dernier (3 fois).

« Il n'y a d'autre dieu que toi. Que ta gloire soit proclamée. J'étais parmi les injustes.

« O Dieu! ô bienveillant! je réclame ton indulgence pour les actions que les destins ont entraîné dans leur cours (7 fois). »

III. — RITUEL.

Les Kounta ont une autre chaîne : la chaîne de la « hïlala », c'est-à-dire la succession de tous marabouts qui depuis la personnalité actuelle jusqu'au Prophète ont reçu de leur prédécesseur l'enseignement de la formule sacrée : « Il n'y a pas d'autre divinité qu'Allah et Mahomet est son Prophète. » Les lettrés connaissent tous cette « Selselat-al-hilala », qui n'offrent d'ailleurs aucun intérêt. Le marabout instructeur et le catéchumène échangent une poignée de main, réminiscence du Coran, où il est dit que les « croyants se donnèrent la main en signe de fidélité, sous l'arbre », lors de l'expédition d'Al-Hodeïbia, et gage d'obéissance du disciple envers son maître.

Le *Kitab al-Taraïf* donne les prohibitions imposées aux fidèles de la voix Kounta-Bekkaïa. « Il nous est interdit,
« contrairement à ce qui se passe dans certaines confréries
« de nous abandonner aux jeux bouffons, aux pratiques
« ostensibles d'ascétisme, aux évanouissements, à la danse,
« à des éclats de voix pour louer Dieu avec exagération,
« à des soupirs ridicules, à des crises blâmables. En re

« vanche beaucoup de nos Cheikh n'interdisent ni ne con-
« damnent les chants. »

« On ne doit pas revêtir des haillons, ou des vêtements spéciaux et
bariolés. Certains Cheikhs les ont admis. Nous non. »

« C'est par la remise de son chapelet, de sa natte de prière, de son
bâton ou de quelque objet semblable que le Cheikh désigne son Khalifa » et c'est ainsi que Sidi-l-Mokhtar Al-Kabir fit choix de son successeur en donnant avant sa mort son chapelet à son fils Sidi Mohammed. »

IV. — L'obédience.

Après un siècle et demi de prédication et d'efforts, le prosélytisme kounta a obtenu les plus éclatants succès. La
majeure partie de l'Afrique occidentale musulmane est
aujourd'hui qadrïa et relève de près ou de loin de leur obédience.

Il est impossible d'entrer ici dans le détail : ce serait vouloir faire l'exposé presque général de la situation islamique
en A. O. F., et on pourra consulter sur ce point les divers
ouvrages que j'ai publiés sur l'islam en Afrique Occidentale, dans la collection de la *Revue du Monde musulman :
Études sur l'Islam et les tribus maures*, 1916, 1918 (2 vol) ;
Études sur l'Islam au Sénégal, 1917 (2 vol) ; *Études sur
l'Islam en Guinée*, 1918 ; *Études sur l'Islam et les tribus
du Soudan* (2 vol). Il n'est pas toutefois inutile de numé-
rer les principaux groupements islamiques et rameaux,
émanés de ce qaderisme des Bekkaïa ou Mokhtarïa.

a) Tout d'abord, toutes les fractions kounta de l'Est, qui
sont celles, étudiées ici même, puis jusqu'à un certain
point, celles du Hodh et de l'Ouest (Mauritanie); et même
celle du Touat algérien.

b) Le groupement des Sidïa, de Bou Tilimit (Trarza) et
tous les rameaux maures et noirs qui y sont rattachés.

c) Le groupement de Bou Kounta de Tivaouane (Sénégal) et toutes les ramifications qui s'y rattachent.

d) Le groupement des mourides d'Amadou Bamba, dans le Baol sénégalais et dépendances.

e) Tous les groupements diakanké et leurs filiales de la Guinée (Touba, Bakadadji, Bissikrima, Kindia, Conakry) et du haut Sénégal (Bafoulabé, Kita).

f) Les groupements malinké de la haute Guinée (Kouroussa, Kankan, Beyla).

g) Les groupements simono et marka du pays banmana (Koulikoro, Ségou, Sansanding).

h) Les groupements peul et marka du Macina (Dienné, Dia), etc.

i) Les groupements peul, songaï et iguellad de la région lacustre du Moyen Niger (Goundam), etc.

On signalera enfin les Fadelïa du Soudan, du Sénégal et du Sahara occidental, qui, à vrai dire, se défendent d'être les élèves de l'école kounta, mais qui ont certainement profité de la restauration des études de mysticisme et de la piété islamique due à Mokhtar Al-Kabir. La tradition, quoi qu'ils en aient, est formelle à ce sujet, et la chose est au demeurant tout à fait vraisemblable.

CHAPITRE VI

LES KOUNTA SOUS L'OCCUPATION FRANÇAISE

Quand, au lendemain de la prise de Tombouctou, les Français entrèrent en contact avec les Kounta, ceux-ci continuaient le mouvement d'évolution qui du Touat les avait amenés, par le circuit du Sahara Occidental, à Tombouctou. Le stade de Tombouctou même était à peu près fini, à la suite des événements qui dans le milieu du dix-neuvième siècle avait mis fin à leur domination politique dans le sommet de la boucle, et la tribu se partageait insensiblement, depuis quelque temps déjà, en deux groupements.

L'un passait le fleuve s'établissait dans la région lacustre du Garou et du Niangaye, et se sédentarisait et se négrisait à demi. Ce sont les Kounta du Gourma, dits aussi Kounta de l'Aribanda. Leurs relations avec les Touareg de la boucle Igouadaren, Irréganaten et Imederen furent en général correctes. Si Tinnas, père de Sakaoui le chef actuel des Igouadaren, refusait de les aider dans leurs luttes contre les Kel Antessar, du moins leur réservait-il un accueil courtois.

L'autre remontait vers le Sud-Est, se frayait péniblement une place dans le triangle Tombouctou -Bamba-Adrar des Iforas. Ils firent assez bon ménage avec cette tribu, fortement islamisée, mais furent en butte aux mau-

vais traitements de leurs voisins touareg, Hoggar du Nord et
Oullimiden du Sud-Est. Ils ne purent définitivement trouver
place qu'en payant un certain tribut aux uns et aux autres.

Aux Hoggar le chef kounti devait annuellement un tribut
de 45 chameaux et, sur leur demande, un certain nombre
de chevaux, chargés de grains et de cadeaux divers. En
1907 encore, et sous notre autorité Hammoadi s'acquittait,
sans trop de mauvaise grâce, de ces contributions vis-à-vis
des Imocharen hoggar et de leur chef Moussa ag Amstan :
somme toute, les relations kounta ne furent pas trop
pénibles de ce côté.

Mais avec les Oullimiden, il en fut autrement. Ceux-ci
firent les Kounta, sous le nom de tribu maraboutique, une
véritable tribu vassale, leur imposant des contributions
régulières, les brimant dans la jouissance de leurs puits et
pâturages, et en sus les pillant à temps perdu. Une haine
terrible s'amassa dans le cœur des guerriers kounta, haine
qui allait servir notre pénétration et réduire à merci les
Oullimiden.

Certains Kounta instruits prétendent· trouver dans le
meurtre de Si Oqba par le chef berbère Koceïla, les motifs
de la haine qui divise leur tribu et les Touareg. « Voilà
précisément, disait Hammoadi à M.-E. F. Gautier, d'où
vient entre nous la haine inexpiable : ils descendent de
Koceïla et nous, de Sidi Oqba. » Les causes d'hostilité sont
moins littéraires et moins historiquement lointaines.

Avec les Berabich, leurs voisins de l'Ouest, arabes ou
arabisés, les Kounta entretinrent des relations tantôt cordiales tantôt réservées, mais qui ne dégénérèrent que fort
rarement en conflits armés.

Les Kel Antessar restaient toujours les ennemis de la
première heure, mais l'éloignement progressif de la migration Kounta et la présence intermédiaire des Berabich ten-
dait à raréfier les points de friction.

Avec les Allouch guerriers et pillards, les Kounta eurent plus d'une fois maille à partir, et ne craignirent pas de se heurter à eux. En octobre 1908 encore, malgré notre présence à Ras el-Mâ, un parti kounta, ayant à se plaindre d'Allouch, qui leur avaient enlevé des femmes, se jetèrent sur leurs captifs et haratines de Bassikounou pour les piller. La vigoureuse résistance de ceux-ci compromit le succès de l'opération, il y eut des tués et blessés de part et d'autre.

L'occupation de Tombouctou (1894) met en présence Français et Kounta. Le premier contact avec le groupement de l'intérieur se fit sans difficulté par suite des ouvertures de paix qu'ils entamèrent dès le premier mois. Nous trouvâmes d'autre part quelques sympathies parmi les gens de la tribu, installés dans la ville, y possédant des maisons, y gérant des magasins; mais les fractions sahariennes échappant plus facilement à nos coups se montrèrent hostiles, et deux chefs de valeur apparurent bientôt, qui nous déclarèrent la guerre sainte.

L'un, Sidi Mohammed Ould Sidi Amor, le marabout de Téléya, n'allait pas tarder à disparaître (mai 1896), et était remplacé par son frère Baye, en qui nous trouvions au contraire une grande correction et par la suite une réelle sympathie.

L'autre, Abidin Ould Sidi Mohammed Al-Kounti, prenait la tête des dissidents et allait pendant plus de vingt ans nous tenir en haleine et piller les fractions soumises par d'incessants rezzous. La chronique en a été faite ci-dessus, dans la notice biographique consacrée à Abidin.

L'ensemble de la tribu Kounta — aux dissidents près — fait sa soumission en mai-juin 1899. A ce moment, les Sahariens sont sur le Niger entre Tombouctou et Bourem, ayant dû abandonner la plus grande partie de leurs terrains de l'Adrar, à la suite d'une recrudescence de pillages de la part des Oullimiden, ce qui paraît d'ailleurs

les avoir rapprochés de nous. Ceux du Sud sont sur le
Gourma et, par suite d'une curieuse erreur, sont pris par
les fils de Bekkaï protecteur de Barth et à ce titre, béné-
ficient de toute notre bienveillance, tandis que les Sahariens sont crus les tenants du parti kounta qui fut hostile
à Bekkaï et à Barth, passent à ce titre pour peu favorables
aux Chrétiens, et restent longtemps suspects. C'était exactement le contraire.

Les autorités de Tombouctou utilisèrent immédiatement
l'humeur guerrière des Kounta pour faire pression sur les
Oullimiden, leurs ennemis acharnés, dont la soumission
se faisait attendre. De 1899 à 1901, ce jeu de bascule se
maintient. Il y a toujours un rezzou kounta prêt à marcher :
chaque fois que les pourparlers de soumission languissent,
on accorde aux Kounta impatients l'autorisation de se jeter
sur les Oullimiden. A peine la chose est-elle en train que
les chefs Oullimiden font leur apparition à Gao et acceptent toutes les conditions. Il faut arrêter alors — et non
sans peine — le rezzou.

Enfin, en mars-avril 1901, le commandant supérieur,
lassé de ces perpétuelles fluctuations des Touareg de l'Est,
et incapable au surplus d'imposer lui-même sa paix,
accorde aux Kounta l'autorisation d'attaquer les Oullimiden. Un grand rezzou se forme rapidement et sous la direction d'Hammoadi lui-même, se jette sur les diverses fractions qu'il pille de fond en comble et décime aux journées
de Samit, Tiguirirt et In Tikinit. Ces noms ont retenti au
Nord et au Sud de la boucle ; et quinze ans plus tard, les
tribus en parlent encore avec admiration.

Les Oullimiden n'avaient plus qu'une chose à faire, s'ils
désiraient rentrer en possession — au moins partiellement — de leurs familles et troupeaux : s'en remettre aux
Français. C'est ce qu'ils firent (fin 1902-janvier 1903).

L'autorité française s'employa alors à réconcilier ces ennemis ou tout au moins à les contraindre à vivre en rela-

tions correctes de voisinage. Ce fut sa tâche de dix ans.

Aux conditions de soumissions imposées, le 23 janvier 1903 aux Oullimiden, il est dit, dans l'article 7 : « Ils vivront en paix avec toutes les tribus, sans exception, qui nomadisent sur le territoire français. Tous les différends, qui pourront surgir soit entre eux, soit avec les tribus soumises, ne seront plus jamais réglés par les armes ; ils seront portés à l'autorité française qui les fera trancher par l'autorité indigène. »

Sur ces entrefaites, un rezzou conduit, avec notre permission, par Hammoadi contre les Chemannama dont la soumission se faisait attendre, se jette par erreur sur les Kel Ahara, les pille entièrement, et tue un grand nombre d'Imocharen et leur chef même, Abou Qalib. Cette attaque exaspéra les Oullimiden et compliqua la tâche de réconciliation. On put tout de même réunir les uns et les autres à Bamba et dans le grand palabre du 1er juin 1903. Hammoadi et Firhoun prononcèrent sur le Coran le serment solennel de ne plus jamais se faire la guerre, de vivre en bonne intelligence et de régler pacifiquement, soit directement entre eux, soit par l'intermédiaire du commandant de Tombouctou, tous les différends. Hammoadi rendait alors à Firhoun un certain nombre de chameaux, bœufs, ânes et moutons précédemment capturés.

Jusque-là l'exonération de toute redevance avait été accordée aux Kounta en échange de l'impôt du sang qu'ils ne nous avaient jamais marchandé. A la suite de la soumission des Oullimiden, il fut décidé :

1° Que les Kounta payeraient l'impôt à partir du 1er janvier 1905 ;

2° Qu'ils seraient rassemblés par Hammoadi, sur le Gourma, où ils séjourneraient jusqu'à la fin de cet hivernage 1903. Après quoi, ils repasseraient sur le Haoussa, et progressivement regagneraient l'Adrar des Iforas.

La paix ne fut pas établie entre Kounta et Oullimiden malgré ces serments et ces promesses. Fihroun tentait de jeter la suspicion sur le zèle kounta, en les accusant de pactiser avec les gens du Nord et de poursuivre un projet de domination arabe dont le premier acte était l'asservissement et la ruine des Adjam (Touareg) et le second l'expulsion des Koffar (infidèles). Il ne se contentait pas de paroles d'ailleurs, et en 1907, aidé par les cavaliers cheurfig, de Mohammed Ikennen et par quelques Tenguérédech, il vengeait les Kel Ahara, en razziant les campements kounta du Tilemsi. Il protestait d'ailleurs en même temps de sa fidélité aux Français et croyait même n'être qu'à demi coupable pour leur avoir fait part dans une certaine mesure de ses intentions.

Pour éviter de semblables conflits, on allait fixer à plusieurs reprises les zones de nomadisation respectives de chaque tribu. En 1907, première délimitation, les bornes de terrains kounta seront à Bourem, Agamor, In Tassit, Tabankort, celles des terrains oullimiden à Tondibi, Kerchouel, Anoumellen, Takalout et Kidal. L'Adrar est laissé aux Iforas qui seront indépendants, administrés par l'annexe de Bourem, et auront accès au fleuve et Bourem et Tondibi. Mais Kounta et Oullimiden voisinent encore et bergers et campements se battent. Il faut une autre solution : le commandant Bétrix amène Firhoun à Kidal, en fin 1908 : l'entrevue avec Hammoadi est tragique ; après avoir refusé de se voir, ils finissent par se laisser mettre en présence, mais ne quittent pas leurs armes. Quant aux guerriers Kel Ahara, honteux de se retrouver devant les Kounta, les armes à la main et sans en tirer parti, ils les brisent ou les jettent à terre et se retirent. Le commandant Bétrix arrive toutefois, à force de patience, à leur faire accepter la convention de Gao (février 1909). La limite ira de Tondibi sur le Niger à Fes en-Nefes, et de là s'élargira en un secteur triangulaire dont l'Adrar des Iforas consti-

tuera la base. On glissait dans ce secteur-tampon les Che-
manama, ancienne tribu vassale des Kel Ahara, qui avaient
été regroupés en 1908.

La zone neutre était encore insuffisante, puisque le
11 novembre 1910, près de Kerchouel, les Oullimiden tombaient encore sur les campements kounta du Tilemsi,
tuaient un homme et enlevaient des troupeaux.

Les Kounta, résolus à venger la mort de leur congé-
nère, lancèrent un petit contre-rezzou en pays Oullimiden et réussirent à reprendre quelques animaux aux
imrad de Firhoun. Un Oullimiden fut tué dans l'échauf-
fourée.

Ce meurtre détermina la levée en masse des hommes de
Firhoun ; de tous les campements, des cavaliers surgirent
et, en quelques jours, il s'en trouva 1500 réunis à Sa-
niit.

Le 18 novembre, ils lèvent leur camp, et tombent, le 19
après une marche forcée sur les Ahel Sidi ag Ballah, à qui
ils tuèrent huit hommes, et enlevèrent deux serviteurs
ainsi que les troupeaux et le matériel de campement.

Mais jugeant ce butin trop maigre pour un tel effort, ils
continuèrent la razzia vers In Tessa, Rarous et Anoumellen,
tuèrent encore deux Kounta et enlevèrent des captifs et tous
les troupeaux rencontrés sur leur route.

Des mesures de rigueur furent immédiatement prises :
Laouey, l'ancien aménokal, fut arrêté ; Firhoun fut maintenu à Menaka pour l'enquête. L'affaire instruite et jugée
par l'autorité française, on relâcha Firhoun, puis Laouey,
quand les restitutions eurent été faites aux Kounta, mais
23 Imccharen furent internés à Gao, Menaka et Tillabéry
pour des périodes allant de dix mois à trois ans.

On élargit une troisième fois la zone neutre de séparation, et entre Tondibi et Fes en-Nefes on glissa les Iche-
riffen de Mamadou Kennen.

La question en est là aujourd'hui ; elle semble être définitivement résolue, puisqu'aucun conflit sérieux entre Kounta et Oullimiden n'est survenu depuis cette époque.

Chez les Iforas, les Kounta avaient accentué leur domination. Ils ne pillaient pas ces fractions maraboutiques fort peu guerrières, ne leur demandaient même pas de tribut et, soulignant fortement la différence de conduite entre eux et les autres voisins brutaux et pillards des Iforas : les Kel Aïr, Oullimiden et Hoggar, ils s'installaient pacifiquement dans l'Adrar, occupaient les vallées productives, accaparaient les points d'eau. Il est juste d'ajouter qu'ils les protégeaient parfois, intervenant en cas de razzia et utilisant leur influence spirituelle pour faire rendre à leurs hôtes captifs et troupeaux.

La création d'un poste dans l'Adrar des Iforas s'imposait. Cette tribu avait offert sa soumission pour échapper aux perpétuels pillages que Hammoadi, armé par nos soins et chargé d'une mission d'avant-garde, ne cessait, sous ce couvert, de pratiquer chez eux. De plus, l'administration des Kounta elle-même et la jonction avec l'Algérie imposait cette création. Le commandant Bétrix y procéda en décembre 1908, et fixa son choix sur Kidal.

Dès lors, l'occupation effective de l'Adrar et les liaisons avec les sections méharistes algériennes du Hoggar nous mettent à même d'intervenir dans tous les conflits Iforas — Kounta — Ahaggar. L'établissement des premiers courriers transsahariens facilitèrent grandement cette action politique et militaire.

Après d'interminables palabres auxquels assistèrent, sous la présidence du commandant Bétrix, Firhoun pour les Oullimiden, Safikoun, le 1er nouvel aménokal, pour les Iforas, Hammoadi, Baye et Bekkaï pour les Kounta, ainsi que plusieurs chefs hoggar, on finit par conclure une série de traités, sauvegardant les droits des uns et des autres et assurant à peu près la paix pour l'avenir.

Voici les termes de la convention kounta iforas qui fut signée à Gao, le 2 février 1909, et visée pour exécution par le commandant de région Bétrix :

1° Les Iforas ne doivent rien aux Kounta et dépendent directement de la région de Gao ;

2° Hammoadi, Baye, El-Bekkaï, chefs kountas, continuent à cultiver les arrem (pièces de terre) des Tessalit, Teleyet, Aracher, aux conditions suivantes :

a) Le lieutenant de l'Adrar fera le levé et limitera exactement les concessions.

b) Les intéressés pourront passer les terrains à leurs héritiers.

c) Le nombre de travailleurs sera fixé sur chaque arrem.

d) Ces trois Kounta paieront la dîme à l'aménokal Safikoum (des Iforas) ;

e) Les habitants du pays ne seront pas gênés quant à l'accès des puits.

f) Si des incidents fâcheux se produisent, le commandant de région aura le droit d'expulser les propriétaires et de rendre les terrains à l'aménokal.

3° Les Iforas et les Kounta sont autorisés à transhumer, *sans condition ni obligation*, les uns chez les autres, lorsque le besoin s'en fait sentir. Si des différends s'élèvent entre eux, les réclamations seront soumises aux lieutenants commandant les secteurs nomades.

4° Lorsque les Iforas et les Kounta se disposent à transhumer, ils préviennent les lieutenants, dont ils dépendent respectivement, et leur rendent également compte de leur rentrée.

5° Les limites politiques entre les deux pays sont indiquées par la ligne : Anechaye, Asselag, In Rhar, qui continue droit sur Tametak et passe au sud de Gounhane et Takallout; les deux puits appartienennt aux Iforas.

6° Les lieutenants correspondent entre eux directement

et le commandant de région solutionne les questions importantes.

De plus, le commandant Bétrix, ayant constaté l'importance de Téléya au point de vue commercial, son heureuse
situation à la sortie de l'Adrar, sur la route caravanière
d'In Salah vers le Nord, de Gao vers le Sud, manifesta l'intention d'en faire une grande ville-marché, sœur d'Agadès,
et remplaçante de la vieille cité d'Es-Souq. Ces propositions
furent accueillies avec enthousiasme par les tribus comme
par les marchands intéressés. Le projet est resté ébauché,
mais le marché de Téléya est déjà un point d'échange des
denrées sahariennes des Oasis et des produits soudanais. La
qasba zaouïa de Baye sera peut-être un jour le centre commercial le plus important de la région.

En octobre 1911, Hammoadi qui, depuis trois ans, avait
dû abandonner le commandement général des Kounta et se
cantonner dans le commandement de sa fraction, les
Oulad Al-Ouafi, est replacé à la tête de la confédération
kounta : c'est le moment de la création des goums auxiliaires. On en connaît la fin malheureuse, ainsi que la
mort tragique d'Hammoadi, à El-Guettara et jours suivants (mai 1912). Cette question du goum kounta ne doit
pas être considérée comme résolue, parce qu'écartée mo-
mentanément.

Alouata, chef des Kounta du Gourma a été donné comme
successeur à Hammoadi (juin 1912). Il est chef général
de la confédération depuis cette date, est passé à ce titre sur
la rive gauche et dirige par l'intermédiaire de Khalifa divers
ses anciens administrés de la rive droite.

Les Kounta ont manifesté avec honneur leurs sentiments
de fidélité pendant la grande guerre : ils ont marché contre
les Oullimiden révoltés, et s'ils n'étaient pas à Andéroum-
boukane (juin 1916), journée qui mit fin politiquement et
militairement à la révolte et réduisit à merci les Oulli-

miden, leurs contre-rezzous firent de sérieuses diversions dans le Nord ; et leurs opérations de détail contre les campements touareg gènèrent considérablement la marche des bandes guerrières ennemies. Dans les mois qui suivent, ils font la chasse à Firhoun et aux derniers dissidents et les rejettent dans les montagnes du Hoggar, où l'aménokal Oullimiden et ses fidèles trouvèrent une mort obscure.

Il faut enfin signaler ici le dernier en date des mouvements de migration des Kounta. Il a pris naissance vers 1910, alors que le commandement de la tribu avait été désorganisé par suite de la révocation de Hammoadi. 18 tentes des Oulad Al-Ouafi partaient chez les Moussakaré de Tahoua; 8, des Oulad Mellouk se rapprochaient de Tombouctou. La tribu allait manifestement se désagréger. Ce mouvement put être un moment enrayé par l'action énergique de Hammoadi, replacé dans son commandement, mais a repris avec intensité à la mort de ce chef (1912).

La tribu se morcelle peu à peu et émigre par petits groupes vers le Sud, dans le territoire militaire du Niger, et notamment dans le Dinnik, auprès des fractions oullimider de ce nom, amies de vieille date des Kounta. A l'heure actuelle, on y compte les Toaaj 300 tentes en entier, les Tagat 90 tentes en entier, les Torchan 80 tentes) en majorité, les Ahel Cheikh 140 tentes partiellement. On en a cherché les causes, et signalé les plus apparentes, notamment les obligations auxquelles elle était soumise, par exemple la formation des convois, la fourniture des animaux de boucherie, la vente de chameaux pour l'entretien des unités méharistes de la région, en un mot les impôts, sous toutes leurs formes, auxquels ils espèrent échapper, en se réfugiant en des territoires fort éloignés de notre rayonnement administratif. Les Mechdouf tentaient dernièrement (1915-1917) la même aventure dans le Hodh. Il y est des causes qui pouvaient être évitées : l'obligation imposée à un certain moment aux Kounta pasteurs de créer un centre de culture dans un endroit infertile, et qui au surplus se trouva privé d'eau ; la désorganisation du commandement par la révocation du chef Hammoadi, ce qui provoqua une grande mauvaise volonté chez ce chef jadis utile et dévoué. Il y a enfin d'autres causes et plus profondes : d'abord cette loi qui entraîne ici d'une façon constante les nomades sahariens vers le Sud, c'est-à-dire vers l'eau, la végétation et les pays noirs, ensuite cette sorte de loi, spéciale aux Kounta, qui, de siècle en siècle, les met en marche, et qui, depuis le Touat, leur a déjà fait faire le tour du Sahara occidental, en essaimant d'ailleurs nombre de leurs fractions le long de la route.

Cette arrivée de campements riches et populeux constituait une bonne aubaine pour le territoire militaire du Niger. Il ne faut pas s'étonner que ses chefs successifs aient apporté la force d'inertie la plus grande pour répondre aux multiples demandes de Tombouctou qui réclamait ses gens, et que finalement ils ne lui aient pas donné satisfaction.

Profitant de ces atermoiments, l'émigration kounta a continué activement et plusieurs chefs de fractions, envoyés officieusement du côté de Tahoua pour faire rentrer leurs campements, s'étant aperçus que le plus gros de leurs gens était dans le territoire militaire et ayant vu les avantages de cet habitat, véritable terre promise à côté des déserts du Timétrin et de l'Adrar, ont-ils été tentés à leur tour, et ont-ils demandé eux-mêmes à s'y installer.

Il a été enfin reconnu que la question méritait une solution plus radicale et que l'ordre de retour devait être purement et simplement intimé aux Kounta. Si la région qu'ils occupent est évacuée, il devient en effet impossible de ravitailler les formations méharistes du Nord. D'autre part, le transit du sel de Taoudéni diminuera dans des proportions considérables, car les Kounta en achètent et transportent près de la moitié. Enfin, la disparition de ce groupement, qui formait un contre-poids précieux contre les Oullimiden, change considérablement et défavorablement la situation politique de la région. Il est certain en effet que si les Kounta avaient été groupés en 1915 dans les territoires qui leur avaient été jadis assignés, et au surplus commandés par une main moins débilement maraboutique que celle d'Alouata, la révolte oullimiden et la dissidence de Firhoun ne se seraient pas produites.

.·.

Les Kounta sont soumis aux lois géographiques qui régissent les nomades de l'Océan à l'Aïr. Pendant l'hivernage, quand les cuvettes sont pleines et qu'au surplus le fleuve est infesté de moustiques, ils vivent, ceux du Sahara, dans les zones de paturage du Nord (Adrar des Iforas, Timétrin, Azaouad); ceux du Sud, dans les steppes du Gourma, s'abreuvant aux mares et aux puits et nomadisant sans relâche. Pendant la saison sèche, ils se rapprochent du fleuve et boivent dans ses innombrables lacs et marigots : ils mènent là pendant plusieurs mois, à demi sédentaires, une vie qui ressemble fort à celle des noirs, riverains du fleuve.

.·.

Les Kounta sont des Maures et se prétendent tels. Ils se disent « Arabes », mot qui s'oppose à « Adjam » qui signifie « Touareg », c'est-à-dire Berbère.

Il est évident que les uns et les autres sont des Berbères avec des infiltrations arabes, et, comme le dit E. F. Gautier, « la différence est dans le degré d'arabisation et ici elle est énorme ». Tout dans la tenue extérieure, le costume, l'équipement, l'armement, la coiffure, et même jusqu'à un certain point la nourriture dénote la qualité de Maures des Kounta et les oppose tant aux Touareg qu'aux Iguellad, qui sont des Arabo-Berbères targuisés.

Comme les tribus maraboutiques maures, ils se subdivisent en fractions kounta proprement dites et fractions naturalisées ou à demi naturalisées (*halif*). Parmi celles-ci, souvent plus nombreuses que la fraction de pure origine, on trouve des campements de toute provenance : Maures de toutes les tribus sahariennes, Touareg du Nord et du Sud, Iguellag soit Kel es-Souq, soit Iforas, généralement bilingues et généralement employés comme bergers.

Ce sont les « télamides », en réalité fractions vassales, malgré ce nom religieux de disciples, et qui sont sur le même pied que les imrad ou daga des Touareg ou des Iguellad, et que les zenaga des tribus maures proprement guerrières. Ils sont venus chercher protection et paix, à l'ombre de la baraka religieuse des Kounta, et à cet effet leur paient les redevances coutumières.

Il y a enfin de nombreux captifs, peut-être un tiers de la population, et c'est ce qui fait que les nombreuses alliances contractées par les maîtres avec les femmes captives a si fortement coloré le teint général de la tribu. Ces captifs sont parfaitement traités et, vu les travaux pénibles d'aiguade qu'ils ont à accomplir, aussi bien, sinon mieux nourris, que leurs maîtres. Ils sont donc tout à fait heureux et, sauf pour quelques-uns, de prise récente, et qui usant de nos règlements sont rentrés chez eux, parfaitement accoutumés à leur sort et ne demandant nullement à être libérés.

Les Kounta prennent très régulièrement part aux deux azalaï annuels sur Taoudéni : celui d'hivernage (novembre) ; celui du printemps (avril).

Ils partent en plusieurs caravanes, variant chaque année, mais dont on peut donner en quelque sorte les modèles-types.

1° Caravane des Ahel Sidi-l-Mokhtar, Oulad Al-Ouafi, et Latouaj.

Rassemblement à Mediaguillet, au début de mars, et dé-

part sur Taoudéni par les étapes de Ouartadenet (piton),
Aneschag (puits); Elloul (puits); O. Kalli (dune), Ag Biren
(piton); Anechaï (puits); Atayert Sidi Alouata (vallée prai-
rie); Zarmet (dune blanche), Athouilé (arbre tamarin);
Azhar (endroit argileux; Nanachich (dunes herbeuses)
Guettara (puits); Al-Ogla (puisards), Kissélé (pierres rouges);
Taoudéni, qui sont toutes d'une cinquantaine de kilomètres.
De Taoudéni la caravane revient par les mêmes étapes à
Zarmet, enterre le sel et retourne en prendre en vitesse à
Taoudéni. La totalité est enlevée au retour, car entre Zar-
met et Mediaguillet les chameaux peuvent s'égailler par
petits troupeaux, étant données la sécurité ordinaire et
l'abondance des points d'eau.

Cette caravane opère pour son propre compte, troquant
le sel des gens de Taoudéni contre du riz, de la guinée, du
beurre, du sucre et du thé, quelquefois même de l'argent.
En hiver, elle emmène en outre des moutons et des ânes,
au printemps de la viande séchée de bœuf ou de girafe.

2° La caravane des Regagda et des Hemmal, qui passe
par Aroug, In-Nefis et Al-Meraïti. Elle emmène en hiver
des moutons, qui restent dix jours sans boire entre Al-Meraïti
et Taoudéni. Ces caravaniers n'opèrent généralement pas
pour leur compte : ils transportent le sel pour les gens de
Taoudéni, et reçoivent trois barres pour quatre transportées.

3° Enfin un certain nombre de Regagda et de Hemmal se
joignent à la grande caravane berabich, qui d'Araouan va
directement sur Taoudéni.

Le transport du sel est fort lucratif, et enrichit son
homme. Aussi, les Kounta empruntent-ils souvent des chameaux aux Iguellad et aux Idnan, moins commerçants et
moins aventureux qu'eux. Les bénéfices sont partagés dans
une proportion déterminée d'avance.

Les Kounta doivent être tenus vigoureusement en mains.
Intelligents, actifs, grands caravaniers, ce sont des com-

merçants émérites qu'on retrouve sur tous les grands chemins du Soudan, et en outre à l'est jusqu'à l'Aïr, à l'ouest jusqu'à l'Atlantique. Cet esprit de lucre, cette passion pour le gain sont des atouts sérieux dans notre jeu, mais il faut compter avec leur caractère inquiet, astucieux et souvent hostile, et aussi avec leur rouerie de beaux parleurs. On ne les dominera bien que par un fort commandement indigène qui nous sera entièrement acquis, par d'excellentes et courtoises relations avec leurs marabouts, par un cantonnement rigoureux dans leur zone de nomadisation, et enfin par l'utilisation et le développement de leurs aptitudes commerciales. Sur ce point, au premier rang des mesures à prendre, il faut mettre l'absence de toute tracasserie douanière ou administrative; l'avance en certains cas de quelques fonds; les facilités de ravitaillement ; et la création d'écoles nomades, en quelque sorte professionnelles.

CHAPITRE VII

LE FRACTIONNEMENT DE LA TRIBU KOUNTA

I. — Kounta sahariens.

Les Kounta de la rive gauche, ou Kounta sahariens (Azaouad, Adrar des Iforas, Timétrin, etc.), se divisent en quatre grandes fractions : les Regagda, les Oulad Sidi-l-Mokhtar, les Hemmal, les Oulad Al-Ouafi, auxquels il faut joindre les campements du Cheikh Alouata et de ses télamides, d'immigration récente. Les zones de nomadisation de ces quatre fractions se compénètrent intimement et la plupart des puits leur sont communs. C'est pourquoi les uns et les autres sont cités à plusieurs reprises. Les puits ont de 50 à 90 mètres de profondeur et ont en général beaucoup d'eau. Les pâturages sont secs et abondants.

A. — *Regagda.*

Ils se subdivisent en huit sous-fractions nobles, suivies chacune d'un certain nombre de campements vassaux, soit arabes, soit touareg (imrad), soit même peul, et qui sont dits, suivant le vocable des tolbas sahariens : télamides.
Les sous-fractions nobles sont seules de pure origine

kounti. Elles sont constituées en principe par les descendants de Mohammed *Reggad*, l'ancêtre éponyme, fils d'Ahmed Firem fils de Cheikh Sidi Omar Cheikh, suivant le tableau généalogique ci-après.

Cheikh Sidi Omar Cheikh.

Ahmed Firem.

Mohammed Reggad.

Sidi Ahmed (1652).

Sidi Ali, cheikh de la Voie † 1689.

Sidi Omar cheikh de la fraction.

Sidi Ahmed le Khalifa † 1693 cheikh de la Voie, etc.

Sidi Lamin † 1717 cheikh de la Voie, etc.

Sidi-l-Mokhtar

Mohammed Lamin

Sidi-l-Mokhtar etc.

Les *Regagda* se subdivisent donc, nobles et télamides, en les sous-fractions suivantes :

1° *Ahel Sidi Ceddiq*	(nobles) . .	15	tentes
Ahel Abd El-Moumen	(télamides) .	20	—
Torkoz	— . .	10	—
Oulad Amran	— . .	20	—
Ahel Aleïbat	— . .	14	—
Oulad Bekkaï	— . .	8	—
Ahel Naharat	— . .	6	—
2° *Ahel Sidi Ali ben Ahmed* (nobles). .		14	—
Lemhar	(télamides). .	16	—
Ahel Kalika	— . .	10	—
Ahel Aménoké	— . .	7	—
3° *Ahel Sidi Ahmed ben Amor* (nobles).		25	—
Ahel Bou Zekri	(télamides) .	14	—
Ahel Kouma	— . .	4	—
Ahel Taleb Lakehal	— . .	8	—

```
4°  Ahel Sidi Cheikh         (nobles)    .   10 tentes
    Ahel Khatri             (télamides)  .   18 —
    Ahel Obeïd Allah            —    . . .    6 —
5°  Ahel Sidi Yahya          (nobles)  . .   20 —
    Ahel Beïken             (télamides). .    6 —
6°  Ahel Sidi-l-Mostafa      (noble)   . .    4 —
    Ahel Omar               (télamides).  .   7 —
7°  Ahel Feïrem              (nobles)  . .    5 —
8°  Ahel Lehbar              (nobles)  . .    7 tentes
```

soit un total, pour les Regagda, de 284 tentes.

Le chef des Regagda est Mohammed Ould Abd El-Qader, né vers 1856, qui fut élu par le Djemaa en 1886, et que nous avons maintenu en fonctions. Il réside généralement soit à In Diaran, soit à Rezaf, et jouit, à défaut de considération religieuse, de beaucoup d'autorité morale. Il s'occupe surtout du commerce de sel. Il se fait volontiers représenter dans ses fonctions administratives par Hamdin, son cousin germain, homme ouvert et sympathique. Mohammed Ould Abd El-Qader passe pour avoir pris part à l'affaire de Takoubao.

Les Regagda ont pour terrains de parcours habituels : Al-Mahmoud, Anefis, Aroug, Remaïort, ancien campement de la compagnie Cauvin, In Fezouen, Inalchi, Abelboth, Rezaf, Tin Temarin, Ngouzma, In Milach, où à diverses reprises a été installé un peloton méhariste, In Guiti, Marzafal, etc.

Ils nomadisent en somme d'Araouan à Tosaye.

Ils n'ont pris part, dans la période du début, à aucun acte de pillage et leur conduite fut toujours correcte et réservée. Ils sont à la fois pasteurs et commerçants, et apportent du sel de Taoudéni à Tombouctou, mais surtout à Bamba, à Eguédech, et vont jusqu'à Dori en passant par Gao.

Les Regagda ont un petit centre, grenier et entrepôt de leurs approvisionnements : *Mamoun.*

Ce qçar, sis à 250 kilomètres au nord-est de Tombouctou, ne comprend guère qu'une vingtaine de maisons en banco et, vers l'est, un petit réduit pour la défense.

Il y a plusieurs puits qui débitent avec abondance une eau excellente. Il n'y a guère plus de 60 à 80 habitants fixes, tous haratines ou captifs; mais il y a toujours une certaine population flottante de Kounta, et particulièrement de Regagda nomadisant aux environs.

Les Regagda ont pour cadi Reggad ould Sidi Ahmed ould Deïa, d'une famille où, de père en fils, on exerce les fonctions de juge. Il est né vers 1860 dans le Tagan, région comprise au nord du fleuve et au sud de l'Azaouad et du Timétrin; il n'en est jamais sorti. C'est un marabout fort instruit, mais dont l'influence est limitée aux Regagda et aux petites tribus touareg, les plus rapprochées de Bamba. Il passe pour équitable. Quand les plaideurs n'acceptent pas ses sentences ou qu'Alouata, chef de la confédération, ne veut pas les faire exécuter, il défère le litige à Baye, de l'Adrar, comme à un cadi supérieur.

B. — *Oulad Sidi-l-Mokhtar*.

Ils se subdivisent en les sous-fractions suivantes :

1º Ahel Sidi Baddi	(Hamoadi). .	45 tentes
2º Ahel Sidi Bou Hadi		11 —
3º Ahel Sidi Minna (Sidi Abdi)		16 —

qui sont nobles.

4º Ahel Mammou Salah.	20 tentes
5º Oulad Zeïd	13 —
6º Mouazil	10 —
7º Ahel Taleb Mahjoub.	10 —

qui sont des télamides, soit au total pour les Oulad Sidi-l-Mokhtar 125 tentes.

Les Mouazil ont abandonné le patronage des Oullimiden pour se rallier à la protection religieuse des Kounta; mais de leur séjour chez les Touareg, ils ont conservé l'usage de la lange tamacheq et les mœurs et coutumes touareg. Aussi sont-ils considérés comme Iguellad ; un certain nombre de tentes sont parties vers le Touat avec Si Labed, le Cheikh de la Zaouïa d'Akabli, qui était venu faire une tournée à Tombouctou et sur le fleuve. Ils nomadisent actuellement entre Akabli et l'Ahnet.

Le chef des Oulad Sidi-l-Mokhtar est Ahmadi ould Sidi Ahmed, né vers 1865, qui a été investi de ses fonctions vers 1896. Il campe généralement auprès de Marzafal, ou de Médiaguillet. Il se tient volontiers à l'écart des autorités françaises, encore qu'il ait eu officiellement recours à elles, en 1909, pour obtenir justice du meurtre d'un de ses fils, tué au cours d'une rixe, au puits de Médiaguillet. Il est plus marabout que guerrier. Il est secondé par son neveu Mohammed ould Mohammed.

Le cadi de la tribu est, ou plutôt était Sidi Omar ould Sidi Ali, d'une vieille famille de cadis. Né vers 1840 dans le Tagant, il y avait épousé une femme des Ahel Cheikh et n'en était jamais sorti. Il partit pour la Mecque, lors de la famine de 1914 par Rat et les Zaouïa senoussistes. Sa femme et son fils l'accompagnaient. On resta sans nouvelles de lui jusqu'en 1917, date où l'on apprit que revenant entre Rat et Agadès, il s'était joint aux bandes touareg, sans que l'on pût savoir si c'était de bon gré ou malgré lui, qui descendaient attaquer l'Aïr. Son fils périt dans l'aventure; sa femme mourut peu de temps après, et tous ses biens furent capturés. Aux dernières nouvelles, il vivait retiré chez les Kounta Touaj, dissidents dans le Dinnik.

Il passe pour un marabout éclairé. Son attitude avait toujours été correcte.

Les Oulad Sidi-l-Mokhtar nomadisaient jadis dans la zone d'In Koumen, In Kella, Oudeïka, Tintouhoum. Le désir de trouver de meilleurs pâturages les a amenés à Tintita, Marzafal, Médiaguillet, Abelboth, Arrakchioum, Messaye.

Ils descendent du Cheikh Sidi-l-Mokhtar, frère d'Ahmed Firem, l'ancêtre des Regagda, tous deux fils du Cheikh Sidi Omar Cheikh.

C. — *Hemmal.*

Ils se subdivisent en les sous-fractions suivantes :

      1º Ahel Alouata (Bokel). . . . .   10 tentes
      2º Ahel Sidi Moussa. . . . .   15 —

qui sont nobles.

      Touaber . . . .   20 —
      Ahel Cheikhna. . . . .   10 —
      Al-Anouart. . . . .   10 —
      Nahrat . . . .   7 —

qui sont des télamides; soit au total 72 tentes.

Leur chef est Mahaman ould Mohammed Lamin ould Al-Habib, né vers 1880, et nommé en août 1916 par la Djemaa. Il a succédé à son père dans ces fonctions. Celui-ci était très considéré comme marabout. Il n'avait pour nous qu'une sympathie mitigée, cacha dans sa tribu quatre djicheurs du rezzou de Ras el-Mâ (février 1908), et finit par mourir en dissidence.

Mahaman campe ordinairement auprès des puits In Fezouan et In Guib.

Les terrains de parcours sont : Ateleq, In Saïk, puits ordinaires du Cheikh, Oudeïka, Tintetan, Remaïert, In Fezouan.

Les Hemmal, qui constituaient jadis une des plus grosses sous-fractions de la tribu, sont fortement réduits depuis le départ en dissidence de 65 tentes environ; 50 sont parties vers le Touat peu après l'occupation française, alors que les luttes s'engageaient entre nos troupes et les bandes kounta. Celles-là sont toujours installées dans le district de Zaouïa Kounta. Les quinze autres ont suivi le même mouvement, en fin 1913, lors de la grande famine de la boucle. Mais elles auraient péri de misère en route : une seule serait arrivée à destination.

D. — *Oulad Al-Ouafi.*

Les Oulad Al-Ouafi constituent actuellement la plus importe fraction kounta, soit 648 tentes.

Ils se subdivisent en dix fractions. Les huit premières sont dites Ahel Cheikh et forment un premier groupe. La neuvième est constituée par les Ahel Mohammed Ould Ahmed et forme un second groupe. En dehors de ces deux groupes, formant si l'on veut un troisième groupe, il y a la dixième fraction, les Oulad Mellouk, anciens vassaux, à qui l'autorité française a donné la pleine indépendance.

1° *Ahel Baddi*	(nobles)	. . . . .	5 tentes
Lemhar	(télamides)	. . . . .	25 —
Mechdouf	—	. . . . . .	15 —
Ladem	—	. . . . .	7 —
Daourak	—	. . . . .	15 —
Torchan	—	. . . . . .	7 —
Taghat	—	. . . . .	5 —
Tadabouka	—	. . . . .	20 —
Bdouken	—	. . . . .	17 —
Oulad Ben Omar	—	. . . . .	14 —
Iffoulan	—	. . . . .	10 —

soit au total 150 tentes.

Les Ahel Baddi sont constitués en grande partie par les campements du Cheikh de la tribu Alouata, qui ne sont venus du Gourma que depuis la nomination de ce chef et qui y retourneront probablement, s'il abandonne son commandement saharien.

Ils nomadisent à In Aouker, Kerchouel, In Tassit et sur le fleuve.

2° *Ahel Abidin*	(nobles) . .	5	tentes
Lemhar	(télamides). . .	15	—
Ladem	— ? . . .	10	—
Larima Tadas Az Khaïmat			
Touaber	— . . .	25	—

soit au total 55 tentes.

Ils sont commandés par Sidi Mohammed Ould Baddi, né en 1875, et qui a succédé à son père Baddi Ould Abidin en 1895. Ils nomadisent à Kerchouel, Tassit, Raroug, Amaraz, Assakant, Tabanouit et le Tilemsi.

3° *Ahel Cheikh Sidi-l-Bekkaï* (nobles)	.	4	tentes
Ahel Tamri	(télamides) .	25	—
Yaddas	— .	10	—
Ahel Lazreg	— .	7	—
Ahel Foulani	-- .	10	—

soit au total 56 tentes.

Cette sous-fraction est en perpétuel devenir : plusieurs tentes sont parties vers le Hoggar, d'autres sont venues sur le Gourma, d'autres enfin sont en dissidence dans le Dinnik. Certaines, parmi les premières au moins, sont d'ailleurs revenues.

Le commandement est entre les mains de Bekkaï ould Sidi-l-Mokhtar né vers 1870 et qui a succédé dans ses fonctions, en 1901, à son cousin Baye ould Cheikh Sidi-l-Mokhtar.

Ils nomadisent à Kenchoual, In Tassit, Tarkint, Amagaz, Médiaguilet, Marzafal et Farist.

4° *Ahel Baba Ould Sidi Baba Ahmed* (nobles)	.	25	tentes
Oulad Zin al-Abidin (nobles, mais déclassés)	.	15	—

```
Ahel Sidi Bouaddi (nobles, mais déclassés).  .   10 tentes
Ladem                    (télamides)      .  .   20  —
Ouerilé Imanis               —            .  .   20  —
```

soit au total 80 tentes.

Ils sont commandés par Baba Ould Sidi Mohammed, né vers 1872, et nommé chef en 1909, sur les propositions de la Djemaa, par le commandant Bétrix.

Ils nomadisent dans l'Oued Ekérer, Assakan et Tabancourt.

```
5° Ahel Baye      (nobles).  .  .  .  .  .  .  20 tentes
   Ifoullan      (télamides).  .  .  .  .  .  36  —
   Ladem            —     .  .  .  .  .  .  .   5  —
   Télamides        —     .  .  .  .  .  .  .  15  —
```

soit au total 70 tentes.

Les campements Ahel Aloua, 4 tentes; Ahel Rakoua, 6 tentes; Ahel Barka, 2 tentes; Ahel Abidin ag Talibi, 1 tente; Oulad Sidi Ahmed, 3 tentes; Ahel Taleb Ali, 4 tentes; sont partis en dissidence dans le Dinnik.

Les Ahel Baye sont commandés par Sidi Mohammed ould Bekkaï ould Baye, né vers 1875, qui a succédé, en 1910, à son frère aîné, Babati Ould Bekkaï.

Ils nomadisent du Fes en-Nefes, à Kerchouel, Anoumalan, Assakan, Ankart et Asselag.

Ils effectuent aussi leur transhumance dans l'Adrar des Iforas, et notamment à Tekellout.

```
6° Ahel Baba Ould Cheikh Sidi Mohammed (nobles).  5  tentes
   Termoz                            —   .  45  —
   Nahrat                            —   .  15  —
   Lahbous                           —   .  20  —
```

soit au total 80 tentes.

```
7° Ahel Sidi Lamin (nobles).  .  .  .  .  3  tentes
   Ifoullan       (télamides).  .  .  .  3   —
```

Cette petite sous-fraction est commandée par Bekkaï ould Sidi Lamin et nomadise vers Tafalisset.

8" *Ahel Cheikh Sidi Omar.*	. . . . . .	6	tentes
Tadjakant	(télamides)	10	—
Ahel Touat	—	15	—
Oulad Saïd	—	10	—
Daourak	—	5	—
Ahel Attari	—	6	—
Hartanes	—	4	—

soit au total 56 tentes.

Les Ahel Attari sont des forgerons.

Les Hartanes, malgré leur nom, sont complètement libres.

La sous-fraction est commandée par Sidi-l-Mokhtar ould Sidi Mohammed ould Cheikh Sidi Omar, né vers 1875, bègue, et qui a été nommé chef en 1909. C'est la fraction de Baye, dont le cheikh, Sidi-l-Mokhtar, est le neveu.

Ils nomadisent de Rarous à Asselag et vont très souvent transhumer dans l'Adrar des Iforas, où ils ont des terrains de parcours qui leur appartiennent.

9° *Ahel Mohammed Ould Ahmed* (nobles)	.	20	tentes
Ahel Sidi Abd Er-Rahman	— . .	20	—

Cette sous-fraction est quelquefois appelée Oulad Sidi-l-Ouafi proprement dits. Le premier campement a pour chef Sidi Ali ould Mohammed, né vers 1880. Le second est sans chef, depuis la mort en fin 1916, à Gabero, de Sidi-l-Hadji.

Ils nomadisent à In Tassit et Tafalist.

10° *Oulad Mellouk*	20	tentes
Oulad Omar	20	—
Oulad Heddik.	10	—
Ahel Guibla	25	—

soit au total 55 tentes.

Ce sont d'anciens vassaux des Oulad Sidi-l-Mokhtar. Ils sont généralement suivis par un campement d'Ifoullan, dont le chef est Dimmi Ould Sidi Ahmed.

Ils sont commandés par Baddi Ould Baba, né vers 1868 et élu chef par la djemaa en 1914 en remplacement de Nazim révoqué. Celui-ci utilisait les services d'un ex-caporal de la région, ex-agent de renseignements de Gao, Ali Mahaman Baradoun, d'origine Kounti. Il fut, plus d'une fois, trompé sur nos intentions et fort mal conseillé. Ce Mahaman est aujourd'hui retiré chez les Oullad Meilouk et doit être surveillé à cause de son mauvais esprit.

Les Oulad Mellouk nomadisent à Kirchouel, Fes-en-Nefes, Imargan, In Aouker et Tondibi.

Dissidents du Dinnik.

Plus d'un millier de tentes kounta sont en dissidence dans le Dinnik.

Il faut les diviser, d'après l'origine de leur dissidence, en deux groupes :

1º Les deux fractions, ex-vassales des Ahel Baddi, qui leur rendirent leur indépendance, et qui sont parties vers l'Est en 1890, au moment des luttes entre Kounta et Oullimiden. Ce sont les Darmchaka, Darmachak, ou Id Armachak, qui comprennent 400 tentes environ, et les Yeddas qui comprennent 200 tentes. La plupart de ces campements sont entrés en lutte contre nous, en s'affiliant aux bandes de Kaocen (1916-1917). Elles semblent définitivement installées dans le territoire militaire, et il ne saurait être question de les ramener dans la région de Tombouctou. Elles ont énormément souffert de la folle aventure où elles se sont jetées. Voici ce que raconte à leur sujet le commerçant tunisien Al-Hadj Mohammed Allan, qui, fait prisonnier par Kaocen, était ramené vers ie Nord dans la déroute générale (1917).

« Nous avions été rejoints aussi par la tribu arabe appelée Darmachak, originaire de Tombouctou, mais campée dans l'Aïr, qui poussait devant elle d'immenses troupeaux. De ma vie, je n'avais vu autant de bétail. J'en restais extrêmement étonné. Alors commence une série de marches et de contre-marches longues et pénibles, une véritable odyssée de misère : les malheureuses bêtes périssent de privations, surtout les bœufs et les moutons, dont les pieds sont meurtris par les pierres du sol rocailleux des oueds et de la montagne ; on égorge ou l'on pousse devant soi les animaux, qui n'ont pas trop souffert, et on abandonne sur la route ceux qui ne peuvent plus aller. Il ne m'avait jamais été donné, je le répète, de voir de si nombreux troupeaux; pendant un long ruban de 40 kilomètres, on ne marchait qu'au milieu des bestiaux. Quelles richesses, mais aussi quelle stupidité, quelle sottise de la part des pasteurs touareg de les avoir ainsi perdues en se mettant à la remorque, à la dévotion des Kaocen, des Chali et des Abed. »

2° Quatre grosses fractions, et deux petites parties en dissidence depuis notre occupation, et pour les motifs exposés plus haut, et qu'il y a lieu de ramener dans leur territoire d'origine.

Ce sont :

1° Les Touaj ou Latouaj, en entier, 3oo tentes. Ils ont pour chef Hammada ould Abd Er-Rahman et Oubba Ould Ahmed Taouji, et pour notables, chefs de campements, Baba ould Hammadi et Kaïdana. Ils nomadisaient à Ateleg, In Etissane et dans l'Adrar. Une bonne partie de ces campements s'est mis en dissidence, prenant parti pour Kaocen ;

2° Les Tagat, en entier, 9o tentes; ils ont pour chefs Mehimid ould Ali, et pour principal notable Hennoun. Ils nomadisaient dans l'Adrar des Iforas;

3° Les Torchan, en grande partie, 80 tentes, ils ont pour chef Abdi Ould Mohammed, et pour notables Zari et Mbakar. Ils nomadisaient à Kerchouel et Fes en-Nefes ;

4° Les Ahel Cheikh, partiellement (chef Hammadi).

À ces groupes kounta doivent être jointes pour mémoire quelques fractions Imrad des Oullimiden, de l'Ouest, dont partie relève du chef Akor-Akor, des Oullimiden, de Menaka, et partie de Mohamed ben Brahim, chef des Al-Moussakaré.

Le commandant Berger, commandant de la région de Tombouctou, et le capitaine Sadoux, représentant du commandant du territoire militaire du Niger, se sont arrêtés, en 1917, au règlement suivant de la question :

1° Les Moussakaré ou Darmchaka, iguellad, c'est-à-dire arabo-touareg (chef Mohammed ben Brahim) qui se sont soumis à In-Gall, doivent rester dans la région de Tahoua ;

2° Les Yeddas (chef Larmech) qui se sont soumis également à In-Gall au commandant Berger resteront dans la région de Tahoua où un lieu de résidence leur a été fixé ;

3° Les Tagat (chef Hennoun) doivent réintégrer la région de Tombouctou ;

4° Pour les Touaj qui ne sont pas encore tous soumis, il a été décidé que les groupes qui avaient reçu l'ordre de partir pour Menaka en 1915 et s'étaient enfuis en échappant à la surveillance du commandant de secteur, devraient rentrer aussitôt après leur soumission, dans la région de Tombouctou. Ce sont les groupes suivants :

```
1er groupe, chef Oubo  . . . . . . . .    30 tentes
2e groupe, chef Ahmedey. . . . . . .     40   —
3e groupe, chef Abd El-Qader. . . . .    20   —
```

Ces groupes paieront une amende en chameaux à Tahoua avant leur départ.

5° Les Torchan (chef Abdi) rentrent dans la région de Tombouctou ;

6° Les Ahel Cheikh (chef Hammadi) venus depuis deux ans seulement dans la région de Tahoua, ont été emmenés à Menaka ;

7° et 8° Les Foulala et les Araouan, qui forment des groupes insignifiants, sont repartis d'eux-mêmes dans la région de Tombouctou dès le début de la révolte : ils y resteront.

Quant aux petits groupes Oullimiden, qui restent toujours avec les Al-Moussakaré, leur situation n'a jamais créé de difficulté et resta telle quelle ;

9° Toute fraction, omise dans la classification ci-dessus restera dans la subdivision de Tahoua ;

10° Toute fraction qui changera de colonie, sans autorisation préalable, devra être renvoyée immédiatement et sans discussion dans la colonie où d'après la répartition ci-dessus elle doit résider, et l'exécution de cette mesure devra être assurée par les soins de la colonie où la fraction dissidente se sera rendue sans autorisation.

Les Kounta sahariens comprennent donc au total 2.229 tentes, soit une dizaine de mille âmes environ.

II. — KOUNTA DU GOURMA.

Les Kounta du Gourma, dits aussi Kounta de l'Aribanda, sont beaucoup moins nombreux que leurs cousins du Nord. Vivant au milieu de populations noires, et se mêlant à eux par de nombreuses alliances, ils sont fortement métissés.

C'est vers 1850 environ, ainsi qu'on l'a vu plus haut, que se produisit la scission dans la grande confédération kounta, à la suite des rivalités de Sidi-l-Bekkaï et de son neveu Hammadi, jaloux de son autorité et de son prestige. Hammadi passa sur la rive gauche, entraînant les campements de ses

partisans, et s'y installa définitivement. Il fit successivement alliance avec les ennemis de Bekkaï : d'abord **les
Peul**, ensuite les Foutanké tidianïa.

Ses fils suivirent sa politique offensive contre les fils et
successeurs de Sidi-l-Bekkaï.

Avec l'occupation française, ces rivalités n'avaient plus
de raison d'être et elles ont en effet disparu.

A cette date (1895), les Kounta de l'Azaouad, alors en
guerre avec nous, voulurent entraîner leurs cousins du
Gourma. Un fort parti, conduit par Sidi Hammadi Ould
Mokhtar et Sidi Mohammed Ould Siddi Baddi, vint sur le
Gourma et fit tous ses efforts pour amener Alouata vers
l'Azaouad. Mais celui-ci refusa. malgré toutes leurs ob-
jurgations. Ne voulant pas rentrer les mains vides, les
Sahariens se portèrent vers les villages de Kiri, Hombori
et Ouro Guerou pour les piller. C'était le jour même de
la clôture du Ramadan : ils enlevèrent dans la brousse des
gens et des animaux. Mais les habitants de Hombori, conduits par leur chef actuel, Bakari Maïga, les poursuivirent,
reprirent en grande partie le butin et les dispersèrent. Les
pillards faisaient, peu de temps après, leur soumission à
Tombouctou.

Ils étaient d'ailleurs coutumiers du fait : à plusieurs reprises, ces Sahariens, sous prétexte de venir rendre visite à
leurs cousins du Gourma, pillèrent des villages de Hombori.

Les Kounta du Gourma se subdivisent en les fractions
suivantes, qui comprennent à la fois des marabouts, des
vassaux ou imrad qu'on appelle à la façon maure des « télamides », dans les tribus tolba, et des Bella ou captifs.

I. *Ahel Baddi.*

Ahel Baddi proprement dits.	chef Sidi Alouata.
Gouanin (Berabich) . . .	chef Sidïa.
Regagda	chef Dobella Ould Lamin.
Telamides	chef Hammadi Ould Omar.

Cherifen (Kel es-Souq) . .   chef Alfa Ahmadou.
Imoramen. . . . . . .   chef Idar.
Ahel Kanidi (Berabich). . .   chef Ahmadi Ould Kabidi.
Idnan . . . .   chef Moussa ag Tabikel.
Haratin Houmour . . . .   chef Mohammed Ould Merzoug.
Ikaïmadayen . . . . . .   chef In Senisoro.
Ikorchaten. . . . . . .   chef Attog ag Ikatahit.

II. *Ahel Sidi Alouata.*

Ahel Sidi Alouata propre-
    ment dits. . . . . .   chef Sidi Alouata Ould Mohammed.
Oulad Mellouk. . . . .   chef Mokhtar Ould Mohammed
                                    Khattar.
Haratin Oulad Mellouk . .   chef Farah Ould Belal.
Idoufan, bella touareg indépendants.
Iberraf Barafen,   —

Les Ahel Baddi sont les campements des descendants et
serviteurs de Sidi Mokhtar As-Saghir, fils aîné du Cheikh
Sidi Mohammed Ould Mokhtar Al-Kabir. C'est parmi eux
que se trouve donc la tente du commandant des Kounta du
Gourma.

Le campement proprement des Ahel Baddi est dit, ici
comme sur l'Azaouad, « Al-Hella », c'est-à-dire le campement par excellence. C'est ce qu'ont voulu sans doute désigner Depont et Coppolani dans leur ouvrage *Les Confréries musulmanes* quand ils donnent El-Esela comme
zaouïa et centre principal des Kounta de l'Aribanda.

Les télamides embrassent une certaine série de campe-
ments, d'origines fort diverses. Les principaux sont : les
Tagat, les Sekakna, les Oulad Mellouk et les Ahel Brahim
Ould Chita.

Les Chérifen sont une petite fraction des Kel es-Souq,
agglutinée depuis longtemps aux Kounta. C'est parmi eux
qu'on trouve le marabout sans doute le plus instruit de la
boucle, Ahmadou ag Mohammed ag Ali, dit Alfa Ahmadou Ahmali. Né vers 1877, il a fait de solides études auprès

des maîtres kounta et Kel es-Souq et s'est grandement per-
fectionné par la suite. Il est l'auteur d'un petit opuscule
loyaliste qui a eu le plus grand succès pendant la guerre
chez les populations touareg et targuisés, et a contre-battu
efficacement les fâcheuses prédications de Mohammed
Ahmed, le Souqi. A la suite de dissensions avec certains
membres de sa fraction, il s'est retiré — provisoirement
sans doute — dans le Boré (Douentza).

Les Ikaïmadayen sont des bella qui nomadisent sur
la rive haoussa, entre la dune de Teherg et Timanecha
(70 tentes environ). Ils étaient jadis sous la dépendance de
Sakaoui et de ses Irréganaten. Mais profitant du boulever-
sement que causait notre occupation, ils se placèrent sous
la suzeraineté d'Alouata, chef des Kounta du Gourma,
dont la grand'mère maternelle était une Kaïmadoyen.
Replacés d'office en 1905 sous la dépendance de Sakaoui,
ils revinrent bientôt, après accord entre Sakaoui et Alouata,
sous l'autorité de ce dernier chef.

Actuellement les Ikaïmadayen, quoique nomadisant exclu-
sivement sur le Haoussa, à l'exclusion d'un petit campement qui est sur le Gourma, paient l'impôt avec les Kounta
du Gourma. Leur part est de 60 moutons.

A ces fractions nomades, il faut ajouter un certain nombre de captifs, serviteurs noirs dans les villages de sédentaires.

La population imposable des Kounta du Gourma est de
2.000, et la population totale de 3.000 personnes environ.

Les personnages maraboutiques les plus remarquables
des Kounta du Gourma sont en dehors d'Alfa Ahmadou
Ahmadi, cité plus haut : Sidi Abidin, Alou Ould Ibrahima,
Hamma Ould Ahmed Guelaye, Sidi Mohammed Ould
Hamma, personnage âgé et très considéré, et enfin Sidi
Mohammed Ould Baye, savant fort renommé aussi.

Les Kounta du Gourma sont actuellement sans chef.

Alouata, chef général des Kounta, a demandé que

Maïmoun Ould Hammoadi prenne le commandement des Kounta sahariens, que son père Hammoadi avait en main, afin de pouvoir lui-même repasser sur le Gourma et reprendre son commandement de jadis.

Les Kounta du Gourma ne peuvent en effet se mettre d'accord sur le choix d'un chef : les Ahel Baddi, ou fils de Sidi-l-Mokhtar Saghir, considérant que le commandement ne peut pas sortir de la tente aînée, veulent Abidin Ould Sidi Hammoadi, deux fois déposé pour son inconduite. Les autres portent leur choix sur Sidi Baba Ahmed, mais Sidi Baba Ahmed et ses cousins fils de Sidi Mohammedna, ont été punis de dix-huit mois de prison pour pillages et vols, au cours de la grande disette de 1914. D'autres enfin sont groupés autour de Sidi Alouata Ould Sidi Mohammed, qui est actuellement le représentant des Kounta auprès de l'autorité de Hombori.

Les Kounta nomadisent en saison sèche sur les lacs de la boucle : les Ahel Baddi autour des lacs Kourouci, Garou, Dô, Niangaye et Haribongo; les Abel Sidi Alouata Ould Mohammed, autour du lac Korarou (Korientza). Les uns et les autres s'en écartent quelque peu en saison humide.

Ils ont un certain nombre de cultures où ils récoltent du mil et du riz. Il y a trois de ces villages au lac Garou, quatre au lac Haribango, deux sur les bords du Niger et un auprès de Ouarni.

LES BERABICH

CHAPITRE PREMIER

HISTORIQUE

D'après leurs traditions, les Berabich se rattachent, comme la grande tribu des Rehamna du Houz de Merrakech, à un ancêtre : Rahmoun, fils de Rizg, fils d'Oudeï, fils de Hassan.

On sait, en effet, qu'au cours du quinzième siècle les Hassanes, c'est-à-dire les bandes arabes guerrières et pillardes, conduites par les fils de Hassan, font irruption dans l'extrême Sud marocain et de là vont sans arrêt progresser dans le Sahara occidental, et arriver un jour à la lisière du Soudan, c'est-à-dire des pays noirs, de Saint-Louis à Tombouctou.

Cette invasion des fils de Rahmoun se produisait à la fois en Mauritanie et vers le Niger. En Mauritanie, c'est sous le nom de Rehamin qu'ils se mêlent à l'histoire locale. Vers le Niger, c'est, dit la tradition des Berabich, sous le nom d'Oulad Abd Er-Rahman, ou Oulad Rahmoun. Elle ajoute : « Il y eut deux migrations successives. »

La plus ancienne de ces migrations, sur laquelle il n'y a presque plus de renseignements, amena les premières fractions en bordure du Niger, de Goundam à Gao, en territoire saharien. Elle se serait produite au début du règne du sultan Moulay Ahmed le Dzehebi, soit vers 1578. Ces hassanes paraissent avoir été des Oulad Rahman mêmes, mais avaient été précédés, comme on le verra, par leurs cousins, les fils de « Berbech », fils de Hamma, fils de Hassan, qui furent ainsi les ancêtres éponymes de la tribu. Ces envahisseurs devinrent, comme les Berabich d'aujourd'hui, les grands transporteurs de sel, qu'à ce moment on prenait à Teghazza, et que quelques années plus tard (vers 1585) on devait prendre à Taoudéni.

D'autre part, il faut rapprocher de cette tradition berabich très nette le texte du *Fettach* qui signale l'existence à Tombouctou d'un commissaire des Berabich, à la fin du quinzième siècle, un siècle par conséquent avant la première invasion rehamna.

Chaque fois, dit-il en substance, que l'Askia Al-Hadj Mohammed passait par Tombouctou, au cours d'une de ses expéditions, il allait camper avec son armée entre Kabara et Toya. Puis, un jour plus tard, il venait en ville avec ses officiers et descendait au quartier de Baguindé, où il faisait dresser des tentes, et « où les chefs de la ville, à savoir les commissaires urbain et surburbain, le chef du marché et le Berabich-Moundio, ou syndic des Berabich, lui avaient déjà fait construire des cases d'honneur ».

De quels Berabich s'agit-il ici?

Il semble qu'on peut répondre très sûrement : d'une tribu berbère préexistant depuis plusieurs siècles à l'arrivée des premiers Oulad Abd Er-Rahman, et qui domptée et soumise par les toutes premières invasions arabes du quinzième siècle, celles des Beni Hamma, fils de Berbech, fusionna avec elles, et s'arabisa et s'islamisa partiellement.

Il faut donc admettre à l'origine des Berabich trois éléments techniques : un élément Berbéro-touareg ; un premier élément arabe (Hassanes-Oulad Hamma), un deuxième élément arabe (Hassanes-Oulad Rizg). L'assimilation « probable » des Berabich aux Perorsi des anciens géographes, faite par Barth, ne repose sur aucun fondement.

Voyons d'abord les Berbères.

Les voyageurs et auteurs anciens : Ibn Khaldoun, Jean Léon l'Africain, Marmol; les savants modernes les plus sûrs et les plus documentés : Barth et Delafosse, reconnaissent unanimement que ce furent les Berbères Lemta qui fondèrent l'empire de Gao, et que les deux premières dynasties (Dia et Sonni) appartenaient à ce peuple ; « à la lignée lybienne », comme dit Léon l'Africain.

Ces données supposent donc l'existence de tribus berbères, d'origine lemta et peut-être lemtouna, dans l'Azaouad et aux bords sahariens de la boucle.

Or ces données sont confirmées par divers indices. Le premier est l'existence de ce syndic des Berabich précité, qui, après avoir reconnu dans les deux premières dynasties la suprématie des chefs de sa race, doit s'incliner avec la troisième dynastie, celle des askia, devant des souverains nègres.

Un autre indice — et très sûr — est donné par Léon l'Africain. Vers 1507, « date de son voyage à Tombouctou ». « étant parvenus, dit-il, sur la plaine d'Araoan, le prince des Zenaga nous vint à l'encontre, accompagné de 5oo hommes, tous montés sur chameaux, auxquels ayant délivré ce qui était deu de gabelle à leur seigneur, toute la compagnie fut par lui invitée de se transporter jusqu'en ses pavillons (tentes) ».

Les marchands acceptèrent et furent somptueusement reçus. On avait égorgé des chameaux, des moutons, des autruches en leur honneur. « Le banquet fut fait de chairs rôties et bouillies, les autruches rôties et servies à table taillées avec des herbes et quantité d'espices de la terre Nègre. Le pain estoit fait de millet et graine de navette fort bien pilée. Pour yssue à table, on servit force dates et grans vases pleins de lait. » Et l'auteur de remarquer

que les frais de cette réception, « excédoient de beaucoup
et sans comparaison la valeur de la gabelle qu'il se fit
payer ».

Il termine en disant : « Il s'estoit montré envers nous
courtoys et libéral, combien que son langage ne nous fut
pas moins incogneu que le nôtre lui semblait étrange.
Mais cette difficulté estoit par le moyen d'un truchement
éclaircie, de sorte que chacun de son côté pouvoit comprendre le sens de ce qui se disoyt. »

Tribus « zenaga », vivant d'une parfaite vie saharienne
aux environs d'Araouan, parlant une langue (la zenaguïa)
que les marchands arabes ne comprennent pas, tout indique nettement que nous sommes ici en présence des
proto-Berabich, à peine soupçonnés par la tradition actuelle.

Or ces Berabich à peine arabisés, à peine islamisés, ne
sont autres évidemment que les multiples campements
zenaga et touareg qui nomadisent au nord de la boucle et
dans l'Azaouad, et dont textes écrits et traditions arabes
nous signalent la présence pendant tout le moyen âge. Ce
sont les Imoqcharen, nom d'un vaste agglomérat, plutôt
que confédération, de fractions d'origine berbère, qui,
sous les coups répétés des Arabes du Nord, ont fini par se
disperser ou se fondre en d'autres tribus. Une partie
d'entre eux s'est sédentarisée à Tombouctou ; une autre
partie s'est fondue dans les tribus touareg et iguellad des
deux rives du fleuve. Les autres, et ce sont celles-ci qui
nous intéressent, sont restées sur place et ont subi la loi
du vainqueur. Elles constituent le fond même, la plèbe
de la tribu berabich, ce substratum de tentes, qui vit au
deuxième plan des tentes nobles, c'est-à-dire arabes, et qui
n'exhibe pas d'arbres généalogiques, ou tout ou moins n'en
exhibe que sans conviction et à la risée du public. On peut
se rendre compte de ce phénomène ethnique par un
exemple plus récent, et qui n'a pas encore eu le temps de

donner toutes ses conséquences : celui des Mechdouf. Notre
arrivée dans le Hodh, avant la fermentation complète du
conglomérat arabo-berbère des Mechdouf, aux multiples
origines, a arrêté la constitution définitive de cette tribu.
Dès lors, toutes les forces centrifuges jouent, devant entraîner à bref délai la dissociation de la confédération. Il
ne restera comme tribu mechdouf, dans un demi-siècle,
que le noyau de la conquête, ceux qui sont de pure origine mechdouf.

Plus vieux de cinq ou six siècles, les Berabich ont eu le
temps de s'assimiler les uns les autres, et de se fondre complètement (1).

J'avais penser trouver un dernier indice dans le *Tarikh
es-Soudan*. En 1582, l'askia Daoud, voulant se racheter du
meurtre involontaire du chérif Mohammed ben Mozaouir,
fait don à son frère, à titre de prix du sang, de trois groupements de captifs de la couronne. Nous voyons que l'un
de ces groupements, dit Kironi-Sébongo (2) se trouvait
dans la région lacustre de Goundam, et avait entre autres
chefs un Talaga le Berbouchi. Il était facile de comprendre
si le texte était exact, que ce Talaga, chef du village, était
un Berbouchi, ou tout au moins un descendant des Berabich des bords du Niger, restés au service de la troisième
dynastie, celle des askia, de l'empire songaï. Quant aux
captifs zendji, dont il avait la charge, c'étaient comme leur
nom l'indique, un ramassis de nègres cueillis un peu
partout et utilisés dans ce domaine de la couronne.

En réalité, l'étude du texte arabe faite sur place a permis
les rectifications suivantes. Il s'agit non de Talaga, le Ber-

(1) A retenir encore ce renseignement de Cheikh Sidïa, que me commu-
nique le colonel Gaden : « Après les Noirs, les Berabich, actuellement dans
l'Azaouad, furent les premiers occupants du pays trarza. Ils furent rem-
placés par les Azaïzat (Id Ou Aïch). »
(2) Rectification par les lettrés de Goundam de la traduction Houdas et
Delafosse qui porte « Kironi-Boulongou. »

bouchi, mais d'un Talfi ben Bouchi. Ce dernier argument tombe donc, laissant d'ailleurs la thèse subsister intacte.

La tradition actuelle des Berabich n'apporte qu'une faible confirmation à cette existence de leurs prédécesseurs et ancêtres berbères.

Ces arabisés ne sont pas autrement fiers de ces origines. Mais il faut bien reconnaître que tous ces Berabich de deuxième catégorie sociale sont les vassaux, d'ailleurs très indépendants, des autres fractions, qui, elles, nous le savons, sont d'origine arabe, qu'ils sont fortement mélanisés, que leur langage s'entremêle souvent d'expressions zenaga et enfin qu'ils vivent aux bords de Tombouctou, de l'Azaouad au Niger. Il est dès lors permis de conclure à l'existence d'une tribu berbère proto-berabich, qui a fusionné, avec le temps, avec ses vainqueurs arabes, s'est fortement arabisée à leur contact et s'est complètement islamisée.

Voyons maintenant la *première invasion arabe.*

Les premières bandes arabes, celles des Oulad Hamma ben Hassan, avaient entrepris cette tâche de conquête des pays du centre saharien.

On sait, d'après l'universelle et constante tradition historique maure, que Hassan, prototype du conquérant arabe de l'extrême-Sud marocain, eut trois fils : Delim, Oudeï et Hamma (quinzième siècle).

A Delim, à ses fils et serviteurs, à leur descendance échurent le rivage de l'Atlantique, le Rio de Ouro d'aujourd'hui, où nomadisent toujours les Oulad Delim.

A Oudeï, et à tous les siens, la Mauritanie et le Sahel soudanais où fleurirent les « Vodei populi » de la carte de Giulio Sanuto et où nomadisent toujours les nombreuses tribus hassanes, qui constituent sa postérité.

A Hamma, le centre saharien, de l'Iguidi au Niger.

Hamma, fils de Hassan, eut cinq fils : Chebel, Omran, Saïd, Rennam et Akerma.

Chebel. l'ancêtre éponyme d'une tribu aujourd'hui dispersée du Niger au Touat, les Beni Chebel, occupait l'Adrar. Les Oulad Reïlan, qui y sont toujours, sont un débris des Beni Chebel. Battues par leurs cousins les Oulad Rizg, fils d'Oudeï, ayant perdu leurs palmiers, leurs biens et quatre cents des leurs, « dont le fils de Houa », qu'il a été impossible d'identifier, la plupart des fractions Beni Chebel durent évacuer l'Adrar, suivis des campements de leurs cousins, fils d'Omran, de Saïd, de Rennam et d'Akerma.

Sous la conduite de Berbech, surnom d'on ne sait lequel des fils de Hamma, ils s'installèrent dans l'Azaouad, vers la fin du quinzième siècle et dans le courant du seizième siècle, et furent les premiers agents de l'arabisation des Imoqcharen. C'est à ces Berabich-là, ou gens de Berbech, que font allusion les Tarikh soudanais.

Aujourd'hui dans chaque fraction Oulad Omran, Oulad Saïd et Oulad Rennam, le souvenir historique de ces origines s'est bien conservé. Ils disent : « Nous sommes les descendants d'Omran, fils de Hamma ; de Saïd, fils de Hamma ; de Rennam, fils de Hamma. Nos frères les Beni Chebel se sont fondus un peu partout, chez nous et ailleurs. Nos frères les Akerma se sont fondus dans les Oulad Rennam. » Mais ils n'en savent pas plus, et ils ne peuvent même pas situer l'antériorité de l'invasion de leurs pères sur celle des Oulad Abd Er-Rahman, qui eux furent des Oulad Rizg.

Nous avons d'autre part, par Marmol, quelques renseignements sur les « Ulad Burl s », comme il les appelle, et ils confirment ce que nous savons déjà.

D'Ulad Hassen sortent sept lignées, Duleïm, Burbus, Vodei (Oudeï), Arrahaména, Amar, Abimansor et Aby Abeyd All... Ceux d'Uled Burbus vivent aussi dans les déserts de Lybie, vers le Sous éloigné qui est à l'extrémité du royaume de Maroc. Ils sont en grand nombre, mais pauvres, encore qu'ils aient quantité de chameaux. Ils estoient autrefois maistres de la ville de Tesset en Numidie.

Nous avons ainsi la confirmation de l'origine arabo-has-

sane des Berabich et nous allons voir par le texte suivant de
Marmol que les Oulad Rahmoun étaient leurs frères, et
occupaient avec eux la même ville de Tesset, qui paraît
bien n'être autre que Tichit.

L'auteur place cette ville en Numidie, qui, malgré des
définitions, quelquefois plus précises, est ordinairement
pour les auteurs de cette époque le pays des Numides ou
nomades. Nous voyons d'ailleurs un peu plus bas que Ta-
gaost (ou Aoudaghost) est placé par le même auteur en Numidie. Or les deux cités étaient voisines.

La carte de Sanson d'Abbeville, qui accompagne l'ouvrage
de Marmol, situe parfaitement les Berabich, en ce début du
dix-septième siècle. Les « Burbusi populi » sont placés dans
le haut Sahara, un peu au-dessous de Vodeï populi (fils
d'Oudeï) et à l'ouest de Tesset (Tichit).

Par ailleurs, Marmol relate encore que « les habitations
de Nun (les Kçour d'Oued Noun) souffrent beaucoup des
courses des Arabes du désert, qu'on appelle Bérébéches » et
plus loin il dit que « Tesset (Tichit) est une petite ville
bâtie par les anciens Africains, au quartier des Bérébéches ».

Nous arrivons à la *deuxième invasion arabe*, celle des
descendants de Rahmoun, fils de Rizg, fils d'Oudeï, fils de
Hassan.

Ceux d'Uled Arrahémena, dit Marmol, vivoient dans le désert de
Hacha et avoient quantité de païs. Ils se retiroient l'hyver à Tesset et
faisoient autrefois plus de dix mille combattans dont il y avoit sept
cens chevaux. Mais le Chérif Mahomet qu'ils avoient aidé à prendre
Tesset et les environs les transporta en Barbarie pour récompense.

Il importait de signaler cette première incursion des Oulad Abd Er-Rahman dans le Sahara central. Elle n'a pas
laissé de trace dans la tradition locale.

Vers 1580, d'après la tradition qui ici émanant des derniers conquérants, lettrés au surplus, s'est bien conservée,
se produit la migration des premiers. Oulad Abd Er-Rah-

man, et peu après, suivant les auteurs, l'occupation de la
boucle par les Marocains (1591). C'est certainement à ces
campements rehamma, déjà sur les pistes sahariennes. et
que la carte de Sanson (1656) place au sud du Tafilelt et à
l'est du Dra. que se rapportent les faits ci-dessous relatés
par le *Tarikh es-Soudan*.

L'ambassade, envoyée en fin 1592 par le cadi Omar de
Tombouctou à Moulay Ahmed, sultan de Maroc, pour
apaiser son ressentiment contre les citadins, qui étaient
entrés en lutte avec les troupes chérifiennes, revenait de
Fez, quand en arrivant à Teghazza, le chef de l'escorte,
Qaïd Bou Ikhtyar, rénégat chrétien, eut connaissance de la
duplicité du Sultan. Il mit lui-même Chems ed-Din, chef
de l'ambassade, au courant de la situation, et lui conseilla
de veiller à son salut en prenant la fuite (fin 1593).

Chems ed-Din se réfugia alors auprès de Aïssa ben Sliman, le Berbouchi, chef des Oulad Abd Er-Rahman, dont les tentes à ce moment
se trouvaient derrière Teghazza. Il se plaça sous la protection de ce
Cheikh et lui demanda de le conduire jusqu'à la ville de Ouada. Accé-
dant à son désir, le Cheikh conduisit lui-même Chems ed-Din dans
cette localité, et ce dernier y séjourna jusqu'au moment où le docte
juriste Ahmed Baba revint à Tombouctou. Alors Ahmed Baba l'envoya chercher.

On voit par là que les Berabich occupaient déjà, à la fin
du seizième siècle, leur emplacement actuel, qu'ils n'ont
pas émigré depuis, comme certains de leurs voisins, les
Kounta par exemple, et qu'enfin la protection de leur
Cheikh était suffisante contre les atteintes des Chérifiens,
Makhzen du Nord ou pacha de Tombouctou.

Quelques années plus tard, un cheikh des Berabich, Al-
Filali ben Aïssa, le Rahmani, le Berbouchi, campé aux
environs de Tombouctou, montrait beaucoup moins de
grandeur d'âme en livrant le pacha destitué, Ali ben Abd
El-Qader, qui était venu lui demander un asile provisoire et
les moyens de fuir. « Il le ramena lui-même à Tombouc-

tou et le conduisit dans la maison du cadi, en priant ce dernier de demander la grâce de l'ancien pacha. »

Mais le nouveau maître de la ville le fit exécuter, et l'on pendit le cadavre décapité sur la place du marché (juillet 1632).

C'est ce même pacha que le Cheikh Berbouchi avait assailli, l'année précédente, un peu avant le Touat, alors qu'il se rendait en pèlerinage à la Mecque. Celui-ci, attaqué de nuit, se réfugia dans la tente de deux marabouts qui l'accompagnaient. « Les assaillants le laissèrent personnellement sous la protection des deux pieux personnages, mais tuèrent un certain nombre de ses soldats. » Les survivants durent, sous la pression des pillards, regagner Tombouctou, et le pacha ne se racheta que par le versement d'une somme d'argent considérable.

Khalifa ould Sidi Mohammed ould M'hammed, chef dissident des Berabich, ne fait pas mieux en 1916.

La deuxième migration, plus récente, remonte un peu avant 1650. Voici, d'après le *Tarikh* des Berabich, dans quelles conditions elle se produisit.

Il y avait trente à quarante ans que la première migration avait eu lieu, et c'était à la fin du règne de Moulay Ahmed le Dzehebi (par conséquent vers 1603, quand un saint homme des Rehamna, Abou Makhlouf, vint chercher fortune dans le pays, où ses compatriotes réussissaient si bien depuis une génération. Il s'installa à Araouan, auprès du Cheikh Sidi Ahmed ag Ada, dit « Leggada », l'ancêtre des gens d'Araouan d'aujourd'hui, et se fit connaître par ses vertus islamiques et par ses talents commerciaux. Plusieurs de ses parents vinrent le voir et s'adonnèrent aussi au négoce. Bref, un beau jour, quatre campements rehamna, groupés sous le nom d'Oulad Aamer, s'ébranlèrent à leur tour du Maghreb, et vinrent s'établir dans l'Iguidi. « C'étaient les Oulad Sliman, les Oulad Ahmed,

les Delouat qui sont certainement Oulad Aamer, les Oulad
Yich, qui le sont sans doute aussi, mais moins sûrement,
à moins qu'ils ne soient Oulad Hamma ben Hassàn. Sliman, le kebir du premier campement et le chef de ia migration, était le fils aîné même d'Abou Makhlouf. Le noyau
arabe de la tribu berabich était dès lors constitué. Il allait
croître par ses propres moyens et par l'agrégat de nombreuses tentes et individualités étrangères.

Les nouveaux arrivants établirent un courant commercial important, de sel vraisemblablement, entre l'Iguidi et
l'Azaouad. Cette situation dura un certain temps, et Sliman,
le chef d'un des campements, contracta mariage avec une
femme des Oulad Saïd, campement des premiers Oulad Abd
Er-Rahman. Elle iui donna un fils, Al-Hadj Mohammed.

Au cours d'un de ses séjours dans l'Azaouad, et alors que
ses contribules étaient repartis pour leurs affaires dans
l'Iguidi, Yich, fils d'Al-Atchan, chef d'un autre campement,
fut saisi par les Oulad Abd Er-Rahman et se vit raser sa
barbe. La légende en donne les causes suivantes : Les Oulad Abd er-Rahman prétendaient que tous les chameaux
de robe grise leur appartenaient. Le troupeau d'Yich était
au pâturage, quand une bande d'Oulad Abd er-Rahman,
passant, vit un chameau à robe grise et l'emmena. Yich,
prévenu par le berger, accourut aussitôt, et voulut reprendre sa bête. On affecta de le considérer comme un vieux
fou, et par dérision on lui rasa la barbe.

Yich ne voulant pas distraire les siens de leurs opérations
commerciales, remonta son litham et ne dit rien jusqu'à
leur retour. A ce moment, ses enfants apprirent la cause par
une indiscrétion de la femme de l'un d'eux qui, se querellant
avec son mari, lui jeta à la face l'injure faite au vieil Yich.

L'enfant courut à son père et voulut se tuer, mais le père
l'en dissuada, et lui dit : « Tu ne peux rien, seul, contre
les Oulad Abd Er-Rahman, mais Anis ben Aïssa peut sauver
la situation. » L'enfant vint trouver aussitôt Anis et saisit

le piquet de sa tente. Anis était un grand marabout et qui
jouissait chez les Oulad Abd Er-Rahman, où il était resté
depuis son grand-père Abou Makhlouf, d'un grand prestige.
Toutefois ses efforts pour renouer l'entente furent vains. Il
jura alors de renoncer à toute nourriture, jusqu'à ce qu'il
eût donné satisfaction à la famille d'Yich, et en somme à
ses propres parents, puisque Yich était le compagnon de Sliman. oncle d'Anis. Ils rentrèrent tous dans l'Iguidi et se
mirent à piller les Oulad Abd Er-Rahman ; mais ceux-ci
vinrent en forces, les taillèrent en pièces et les razzièrent.

Les Oulad Aamer furent alors contraints d'évacuer
l'Iguidi et de se réfugier au Maghreb, non sans avoir infligé
un dernier et sanglant échec à leurs ennemis à Tintahouna.
Au Maroc, ils firent leur paix avec le Sultan et lui demandèrent du secours. Le Sultan, qui d'après la légende, est
toujours Moulay Ahmed le Doré, satisfait des magnifiques
présents d'Anis, l'autorisa à emmener avec lui des contingents rehamna. Anis leva donc 12.000 hommes dans cette
seule tribu et repartit vers le Sahara.

La première rencontre eut lieu à Talaït Rehal, près d'A-
gonijefal, où les Oulad Abd er-Rahman s'étaient arrêtés
pour goudronner leurs chameaux. Ils furent surpris et défaits. Par la suite, ils furent maintes fois taillés en pièces et
durent abdiquer leur unité nationale.

Les différentes fractions se dispersèrent : les Imrad
vinrent dans le pays de Legceïbat ; les Teïchban s'incor-
porèrent aux Chioukhen ; les Adabaï se réfugièrent chez Kel
Tadmekket-Tenguérédief. Les Oulad Saïd enfin restèrent
avec les Oulad Sliman, où on les retrouve encore aujour-
d'hui. Ils durent cet heureux sort à Al-Hadj Mohammed
Ould Sliman, dont la mère était une Saïdia. Il se produisit,
comme la chose est courante chez les nomades, un déclasse-
ment, une fusion et un regroupement de tribus.

Les Berabich étaient dès lors définitivement constitués
dans leur habitat actuel.

Les luttes extérieures étant closes, il importait qu'on commençât immédiatement le cycle des guerres intestines. Oulad Sliman et Oulad Ahmed ont été presque perpétuellement en bataille. On cite notamment une guerre, qui a duré soixante-douze ans, et au cours de laquelle ils ne se sont jamais réconciliés une fois. A notre arrivée dans le pays, la lutte durait toujours : les Oulad Sliman s'appuyaient sur les Touareg et les Oulad Ahmed sur les Allouch. Il est à croire que ces luttes ne les empêchaient pas de commercer et de s'enrichir, puisque Marmol nous les signale fréquentant les marchés de Jinni (Dienné sans doute) au seizième siècle, et de Ségou au dix-septième.

C'est ici le lieu de placer l'arbre généalogique de la tente princière des Bérabich afin de pouvoir suivre facilement les quelques données que nous possédons sur leur histoire.

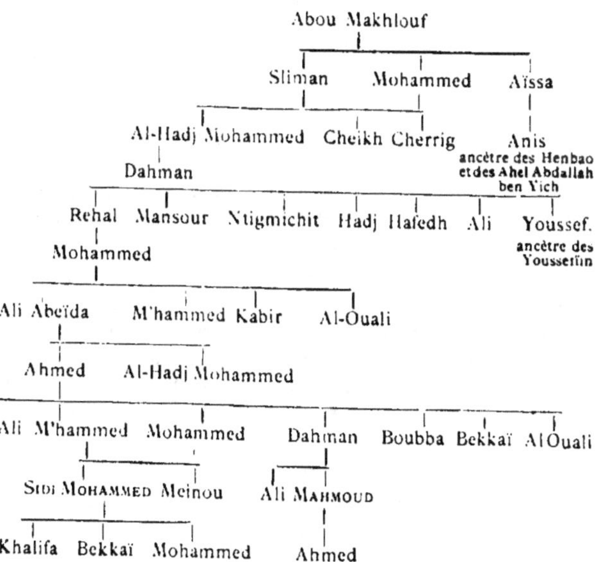

Ce tableau appelle les observations suivantes.

Abou Makhlouf, marabout et commerçant, est considéré par les Berabich comme leur père, comme celui qui les a introduits dans l'Azaouad. Il a été enterré à Mamoura, aux côtés de son maître Cheikh Sidi Ahmed ag Adda.

De ses trois fils, l'aîné, Sliman, est l'ancêtre éponyme des Oulad Sliman, fraction émirale de la tribu. Les deux autres sont Mohammed, et Aïssa. père d'Anis et ancêtre des actuels Hanbao et Ahel Abdallah ben Yich.

Sliman laissa trois fils : Al-Hadj Mohammed, Cheikh et Cherrig (milieu du dix-septième siècle).

Al-Hadj Mohammed, qui sauva la vie des Oulad Saïd (Oulad Abd Er-Rahman) en les incorporant au nouveau groupement Oulad Sliman, n'eut qu'un fils, Dahmàn. C'est sous son commandement. ou à peu près, que se produisirent à Bamba les événements que relate le *Tarikh es-Soudan*.

En 1651, le pacha de Tombouctou, Yahia ben Mohammed Al-Gharnâtiv entreprit une expédition sur Bamba, afin d'en chasser les pillards berabich et touareg qui jetaient le désordre dans la ville. Cette révolte était la conséquence du meurtre par le pacha d'un grand cheikh local, Ibrahima ben Ar-Raouan Chebli, que vénéraient également Arabes et Touareg, et dont le « corps fut, par ordre du pacha, enfoui dans les écuries sans la moindre prière et sans ablution ». Les troupes de Tombouctou et de Gao réunies pénétrèrent dans la ville, le 8 juin 1651. Les Berabich et les Touareg s'enfuirent aussitôt et se dispersèrent de tous côtés.

On leur envoya à plusieurs reprises offrir l'aman, mais ils ne répondirent point. Enfin le pacha leur envoya le cadi Allali ben Saïd Al-Haroussi. qui était le gouverneur de la ville à ce moment. Ils refusèrent encore parce qu'une partie des leurs les engageaient à ne point accepter la proposition du pacha qui, disaient-ils, était un traître. Du reste, le chagrin que leur avait occasionné le meurtre d'Ibrahima Ar-Raouâni était encore dans leurs cœurs et ne devait jamais cesser d'y être.

On voit que les Berabich n'obéissaient pas plus au représentant du sultan à Bamba que leurs ancètres Rehamna n'avaient obéi, un siècle plus tôt, au sultan lui-même, à Merrakech.

La tradition locale n'a conservé aucun souvenir de ce cheikh Ibrahim, pour lequel Berabich et Touareg avaient une si grande dévotion.

Dahman laissa de nombreux fils, dont l'aîné Rehal (début du dix-huitième siècle) apparaît dans l'histoire contemporaine comme le grand chef des Berabich, et dont les autres ont fait souche des actuelles sous-fractions Oulad Youssef Al-Kebir, Oulad Youssef As-Seghir, etc., comprises dans les Oulad Sliman, ou dans les autres subdivisions de la tribu.

Rehal, l'ancêtre éponyme de l'actuelle fraction des Ahel Rehal, branche aînée de la tente princière, a laissé le souvenir d'un grand chef. La tradition locale n'en relate pas plus sur son compte, mais nous savons par le *Tarikh* de Oualata que les Berabich occupèrent cette ville et par le *Tadzkiret* que leurs luttes intestines ensanglantèrent toute la région de Tombouctou.

« En 1704-1705, dit le *Tarikh*, les Berabich vinrent à Oualata ; ils en partirent en 1710-1711. »

De violentes luttes intestines qui paraissent avoir eu pour but le besoin d'équilibre entre les fractions et l'assiette de l'autorité, sont relatées à la même date par le *Tadzkiret en-Nisian*.

Dès 1703, les Berabich s'étaient livrés entre eux de violents combats à Nebket Agomar. « En se pourchassant les uns les autres, ils finirent par entrer dans Tombouctou. »

En 1736, ces scènes se renouvelèrent sur une bien plus grande échelle. Le 25 mai, plusieurs fractions Oulad Amer des Berabich, les Oulad Remnan, Oulad Bou Khecib et autres venaient camper à Agomar, à la suite d'une rixe qui avait éclaté entre Oulad Amer et Mehafidh, et où trois frères Mehafidh avaient succombé. Craignant de les voir rejoindre par leurs ennemis et porter à nouveau la bataille en ville, le pacha Ahmed Ould Qaïd Sember leur enjoignit quelques jours plus tard de s'en aller.

Mais les Arabes refusèrent d'écouter les conseils qu'on leur donnait et persistèrent à demeurer là ; même quand le pacha leur enjoignit de changer leur route, ils refusèrent et ne tinrent aucun compte de ses ordres, tant il y avait parmi eux d'arrogance, de brutalité et d'insubordination. Enfin, après être restés là, l'idée leur vint de partir sans que personne cette fois ne leur eût rien dit à ce sujet. Ils changèrent donc leur itinéraire et allèrent camper dans l'est de Abraz. Alors arrivèrent de Araouan deux groupes arabes, ayant avec eux leur kahia et le cadi d'Araouan, le jurisconsulte El-Ouafi ben Talibina ; ils venaient essayer de rétablir la concorde entre les Arabes par l'entremise du pacha.

Quand ils furent arrivés et qu'ils eurent commencé leurs démarches, le pacha Hammoadi leur interdit d'entrer dans la ville et leur refusa le droit d'acheter des grains ; « il fit publier par un crieur public dans toute la ville que personne ne devait leur vendre des grains ». Cette interdiction amena la famine à Araouan et à Taoudéni ; nombre d'habitants de ces deux localités moururent de faim. Ils en furent réduits à manger de vieilles peaux desséchées, qui gisaient depuis longtemps sur le sol, et à se nourrir de vieux os.

Pendant ce temps les gens de Tombouctou réfectionnaient leur grande mosquée.

A la fin, lassés, quelques Berabich vinrent trouver les soldats marocains et leur demandèrent d'obtenir du pacha qu'il leur accordât la paix, moyennant quelque argent. Le pacha accepta, et c'est ce qui lui valut d'être déposé le lendemain (3o mai 1736).

« Le lendemain, le cadi Al-Ouafi et le Sid Abd Al-Ouahab quittèrent Tombouctou pour aller trouver l'autre fraction Yich et des Neharat qui se trouvait alors du côté d'Araouan, dans l'Azaouad. Elle était campée dans un endroit appelé Sedret-el-Idâm, endroit bien connu sur la route d'Araouan. Les deux négociateurs le rejoignirent dans cette localité et, après avoir passé là la première nuit de leur arrivée, ils leur demandèrent, le lendemain matin, de les suivre jusqu'à Tombouctou, afin d'y faire la paix avec leurs contribules. « Nous sommes venus, dirent-ils, sur cette route pour vous traiter avec égard et pour recevoir de vous le même traitement. »

« Les dissidents consentirent à accepter la proposition qui leur était faite ; ils suivirent les négociateurs jusqu'à Abrâz, jouissant de la sécurité, de la quiétude et de la sauvegarde la plus complète. Ils suivirent leurs deux cheikhs qui marchaient devant eux et arrivèrent ainsi à Abrâz. Mais, arrivés là, ils tournèrent bride et se dirigèrent dans l'Ouest du côté de Kamkam Yarou et de la colline de Omm-Aïchaou-Idâdji. Toutefois ils ne s'étaient rendus dans ces localités qu'à cause de leurs adversaires qui étaient à Abrâz ; ils allèrent donc s'installer en ces deux endroits et voulaient y demeurer jusqu'à ce que la paix fût définitivement conclue avec leurs adversaires campés en face d'eux à Abrâz. Mais quand ceux-ci les avaient vu venir avec les deux cheikhs et aller s'établir dans les endroits ci-dessus indiqués, ils les fixèrent comme des gens altérés qui aperçoivent de l'eau et se précipitèrent sur eux, comme des lions sur un troupeau de bœufs ; la bataille s'engagea dans un jarridin qui se trouvait près de là. Le combat en un clin d'œil devint terrible et il y eut de nombreux morts et de nombreux blessés de part et d'autre. Abou-l-Kheir-ben-Abou, le meilleur d'entre eux, fut tué, et le nombre des morts s'éleva dans les deux camps à 2o hommes, ce jour-là.

« Les Mehafidh et les Oulad Omran en un instant furent défaits ; ils prirent la fuite devant les Oulad Amer et dirigèrent leur course droit devant eux vers l'ouest : les uns atteignirent le bourg de Goundan ; les autres entrèrent dans la ville de Tombouctou avec leurs femmes et leurs enfants et se logèrent, soit dans des maisons, soit dans leurs tentes qu'ils dressèrent sur les places et dans les rues. Un certain nombre d'entre eux étaient blessés. »

1.

Le conflit attira tous les pillards des alentours : Tombouctou fut le théâtre de luttes sanglantes où aux Arabes Berabich se mêlèrent bientôt d'autres tribus arabes avec Mohammed ben Hossin et Ibn Hodeïd et finalement les Touareg Oullimiden avec Ormor.

Le nouveau pacha, Saïd ben Qaïd Ali (2 juillet 1736). intervenait aussitôt et tentait de ramener la paix, si l'on en croit le texte assez obscur et confus du *Tedzkiret*, en séparant les combattants, en expédiant un des partis berabich vers Araouan et en imposant à l'autre le séjour dans les environs de Tombouctou.

Ils devaient néanmoins se rencontrer quelques mois plus tard (octobre-novembre 1736).

Les Oulad Amer, ayant appris que leurs adversaires parcouraient l'Azaouad à la recherche de leurs biens, coururent à leur rencontre. Il y avait là tous les grands personnages de la tribu. Un violent combat s'engagea à la colline de Hama et tourna à la défaite des Oulad Amer. Ils y perdirent leurs chefs les plus valeureux, tels Al-Hadj Youssef ben Ahmed ben Al-Hadj ; Al-Hadj Hafidh, frère du cheikh Rehal ; Merzouq ben Cheikh, et enfin Al-Hadj ben Matouq. Le Cheikh Ali ben Dahman, autre frère du Cheikh de la tribu, fut blessé mortellement.

Ce désastre mit fin, pour de longues années, à ces luttes intestines.

Après *Rehal*, le commandement des Berabich passe pour quelque temps sur la tête de son neveu Mohammed ben Youssef, l'ancêtre des Youssefïin (milieu du dix-huitième siècle).

Vers cette date (juin 1742), on voit un arma, Hadi ben Al-Berbouchi Al-Kerbâ, être nommé lieutenant-général de la division de Merrakech, à Tombouctou, et recevoir, à ce titre, l'aubade officielle sur l'ordre du pacha Saïd. Il n'occupa d'ailleurs ce poste que fort peu de temps.

Il semblerait résulter de ce fait que les Berabich se mêlaient jusqu'à un certain point à la vie politique et militaire de Tombouctou, puisque l'on voit un fils de Berbouchi occuper une des plus hautes dignités du corps d'occupation marocain, bien dégénéré il est vrai. Si l'on en croit le *Kitab at-Taraïf*, c'est par la malédiction du Cheikh Mokhtar que Mohammed ben Youssef perdit à la fois sa dignité et la vie.

Le Cheikh revenait de son deuxième voyage au Maroc, soit vers 1760, quand, passant à Araouan, il fut, sous les murs de la ville et en présence d'une foule considérable, l'objet des railleries du chef berbouchi : « Je n'ai jamais vu, disait-il par dérision, quelqu'un de plus fort et de plus fier que ce jeune Kounti. » En proférant ses paroles, il était assis à côté de son cousin et rival, Mohammed, fils du précédent chef Rehal.

Mohammed ben Rehal rapporta ces paroles au Cheikh qui lui dit : « Je le ferai descendre de son siège et je vous y mettrai. » Peu de temps après, en effet, Mohammed ben Youssef fut assailli et tué dans son campement par Mohammed Lamin ben Bou Ras, Mohammed ben Amor ben Lamin et un indigène des Oulad Deida.

Il y eut pendant quelque temps compétition entre le fils de Bou Ras et le fils de Rehal, mais ce dernier l'emporta finalement suivant la prédiction du Cheikh. On voit d'autre part que, dès ce temps-là, les chefs berabich avaient besoin de l'investiture des chefs Oullimiden. *Mohammed ben Rehal* ne fut nommé que lorsque le fils de Amma ag Cheikh lui eut accordé cette investiture.

Le *Kitab* rapporte encore divers conflits qui s'élevèrent entre Mohammed ben Rehal et la fraction Regagda, des Kounta. Ceux-ci envisagèrent un moment leur exode vers le Touat, mais l'intervention du Cheikh finit par leur donner satisfaction.

Un dissentiment, qui s'éleva entre le Cheikh lui-même et le chef berbouchi, à propos du chérif Moulay Ali ben Mohammed, l'Alaoui, que le Cheikh avait exempté des taxes de protection fut réglé de la même façon conciliatrice.

Par son grand prestige auprès des Berabich, le Cheikh put plus d'une fois les utiliser contre les ennemis de l'extérieur. Nous savons encore par le *Kitab al-Taraïf* qu'à la suite des pillages répétés des troupeaux de chameaux tant du Cheikh lui-même que de ses alliés, par la fraction Oulad Moulat, des Oulad Delim, le Cheikh réussit à lancer sur cette tribu un gros rezzou berabich. Les Oulad Moulat furent battus et perdirent cinquante hommes, dont leur chef Mohammed Maloum Mohammed Al-Agra. Tous les biens pillés furent repris (vers 1780).

A Mohammed ben Rehal succéda, à la fin du dix-huitième siècle, d'abord et pour peu de temps, son fils aîné Ali, qui eut des démêlés avec le Cheikh Sidi-l-Mokhtar précité, puis son fils cadet Abeïda.

Ali ould Mohammed était infirme et avait la réputation de poltron. Aussi sa candidature avait-elle peu de chances de succès ; mais, paraît-il, l'intervention du grand Cheikh Kounti assura sa nomination. En outre et pour renforcer son autorité, il lui assura le droit de taxer les caravanes de tabac, qui arrivaient du Touat et du Sud marocain, et lui constitua ainsi une source sérieuse de revenus. De même, il l'autorisa officiellement à percevoir des tributs sur les fractions des bords du fleuve, ou plutôt il consacra de sa baraka une coutume que les Berabich s'accordaient depuis longtemps.

En reconnaissant ce droit de perception des chefs berabich sur les caravanes et les tribus plus faibles, le Cheikh pensait détourner leur attention des Kounta. Il n'en fut rien, et quand Ali eut bien assis son autorité, il s'attaqua un jour à l'azalaï de sel des Kounta; il pillait en même temps des campements tormoz, qui leur étaient inféodés. De réprimande en réprimande, on en arriva à la lutte ouverte, Ali, peu valeureux sur le champ de bataille, était un diplomate; il s'employa de toutes ses forces à brouiller les deux rivaux religieux : le pontife des Kounta et Hammada ag Imellan, le pontife des Kel Antassar, qui allait être remplacé par ses fils Doua-Doua et Houalen.

Quant à Ali, il devait mourir quelque temps après, ayant refusé jusqu'à la dernière minute de se réconcilier avec le Cheikh.

Abeïda succéda à son frère Ali, à la fin du dix-huitième siècle. A cette date, si l'on en croit un court passage du *Kitab Mortarrib al-Ibad*, des marabouts berabich de renom avaient acquis un grand prestige religieux chez les Oullimiden, « s'employaient à la solution de leurs affaires et en recevaient des redevances ».

D'après le *Kitab at-Taraïf* les Berabich, fréquentant alors les Kel Antessar, prirent tous leurs défauts à leur contact. Le défaut des Kel Antessar était simplement leur inimitié envers les Kounta, et ceux-ci étaient jaloux des bonnes relations que leurs ennemis entretenaient avec leurs voisins. Le *Kitab* prétend que le Cheikh sut humilier les uns et les autres.

Abeïda mourut vers 1820, laissant le pouvoir à son fils Ahmed.

Cet *Ahmed* ould Abeïda a, dans l'histoire, la triste gloire d'avoir assassiné le major Gordon Laing. René Caillié et Barth nous en sont les témoins. Il faut remarquer que René Caillié l'appelle Hamed (ou Ahmed) ould Habib. Ce Habib est, sous sa plume inexperte, une corruption de Abid ou Abeïda.

Sous la pression du fanatisme des Peul Qadrïa du Ma-

cina, alors dans toute leur expansion avec Cheikh Hamadou, les habitants de Tombouctou firent une telle opposition à Laing, qu'il dut se mettre en route. Il quitta la ville,
le 22 septembre 1826, dans la direction d'Araouan et sous
la conduite d'un guide berbouchi, que le chef de la tribu
Ahmed ould Abeïda lui avait fourni, à la demande d'Ousman Kahia, chef de Tombouctou.

Le lendemain soir, il était rejoint à Sahab, à 50 kilomètres
au nord de Tombouctou, par le chef des Berabich lui-même
accompagné de Mohammed Faradji ould Ali ould Abd
Allah et de plusieurs serviteurs. Ahmed le sommait immédiatement d'embrasser l'Islam, et comme Laing refusait,
il le fit saisir par ses serviteurs et lui enfonça sa lance dans
la poitrine. Mohammed Faradji consommait le meurtre en
tranchant la tête du malheureux Ecossais, tandis que la
suite du Cheikh berbouchi massacrait ses serviteurs et brû-
lait ses bagages et notes.

Laing et ses gens furent enterrés quelques jours plus tard
par un Berbouchi de passage, Brahim ould Omar oulï
Çalah, des Oulad Sliman, qui par piété accomplit ce devoir
islamique envers ces cadavres trouvés dans le désert sans
sépulture ; mais le regretta par la suite, quand il sut avoir
eu affaire à un Chrétien.

Les fouilles, effectuées par Bonnel de Mézières en fin 1910
ont amené la découverte, au pied du tamarin (Ethel) de
Sahab, où d'après la légende Laing fut tué, d'ossements humains et de fragments de vêtements et d'objets divers. Il est
permis de supposer, avec cet explorateur, que ces ossements
constituent ceux du major Gordon Laing.

On remarque toutefois que Rene Caillié, qui passait,
moins de deux ans après, sur le théâtre du drame, donne
un emplacement beaucoup plus au nord et à quelques heures
seulement au sud d'Araouan.

Ahmed vivait encore, quand Barth arriva à Tombouc-

tou (septembre 1853), mais complètement décrépit, il était
suppléé par son fils aîné *Ali*. Celui-ci, ambitieux de la
gloire de son père, voulut à son tour faire assassiner un
Chrétien. Il était venu avec l'azalaï d'hiver de 1853 à Tombouctou (début de décembre), et lui et ses compagnons
avaient juré de tuer Barth. « Ali, dit le voyageur, avait donné
des preuves non équivoques de ses dispositions hostiles à
mon égard. Il avait même négligé de rendre visite au Cheikh
(Bekkaï) à cause de l'amitié que me témoignait ce dernier. »

Or cet Ali, par une chance vraiment prodigieuse pour
Barth, mourut subitement à Tombouctou, même, le 19 dé-
cembre 1853. L'impression fut considérable. On savait
Ali, fils de l'assassin de Laing. On croyait Barth fils de
Laing. Dans cette joute entre les deux fils, Allah tranchait
définitivement en faveur d'Abd El-Kerim (Barth) et contre
Ali.

Ces Oulad Sliman, qui s'étaient engagés par serment à
tuer le voyageur, furent terrifiés et se constituèrent en un
cortège solennel, qui vint trouver « Bekkaï pour lui demander pardon de l'avoir négligé jusqu'alors et implorer sa
bénédiction ». Il n'est pas jusqu'au « vieux misérable »,
comme l'appelle Barth, Ahmed ould Abeïda, qui ne fût inquiet de cette aventure. Il envoya un messager à Abd El-
Kerim pour lui dire qu'il n'entraverait nullement son départ.
De ce jour, la ville de Tombouctou même montra de meilleures dispositions envers le voyageur.

Quant à celui-ci, quoique fort heureux de cette mort
inopinée et de l'interprétation qu'on en donnait, il ne fut
tout de même qu'à moitié rassuré et, quelques jours plus
tard, ayant bu du lait que lui offrait un Berbouchi, serviteur fidèle de Bekkaï et s'étant senti indisposé, il crut immédiatement à une tentative d'empoisonnement de la part
des Berabich, décidément sa bête noire.

Par les renseignements de Barth, nous voyons qu'à cette

date (début de 1854), l'influence religieuse des Kounta était toujours prépondérante chez les Berabich. Bekkaï, ayant à se défendre des attaques éventuelles des Peul du Macina, protecteurs politiques de Tombouctou, fit appel à ses alliés les Oullimiden. Ceux-ci lui envoyèrent des contingents qui, d'ailleurs, n'arrivèrent pas. Toujours est-il qu'à leur approche les fractions berabich apeurées se réfugièrent dans le camp de Bekkaï et se mirent à l'abri de sa baraka. Au départ de ce « tabou » Oullimiden, tous se dispersèrent, sauf toutefois « les Gouanin Kohol qui redoutaient les Kel Hekikan ».

Et pourtant les Touareg n'étaient toujours armés que de leurs lances, tandis que les Berabich étaient « armés presque tous de fusils à deux coups, de fabrication française », importés du Sénégal.

Ali, fils aîné d'Ahmed, avait disparu dans les conditions relatées plus haut, quand s'ouvrit la succession d'Ahmed au commandement des Berabich. Ce fut donc son fils cadet, *M'hammed* qui lui succéda. C'est ce M'hammed qui fut le père du cheikh dissident actuel, Sidi Mohammed, et c'est à ce titre qu'on appelle universellement celui-ci Ould M'hammed.

Ahmed eut plusieurs autres fils : Mohammed, Dahman, qui est le père de Mahmoud, Cheikh actuel des Berabich, puis Boubba, Bekkaï et Al-Ouali.

Le commandement de M'hammed, qui finit à sa mort vers 1880, n'a été marqué par rien de remarquable au point de vue politique.

Au point de vue économique, c'est le moment où les Berabich s'assurent définitivement la maîtrise du transport du sel.

Ce transport régulier du sel de Taoudéni à Tombouctou exposait les azalaï, tant des Berabich que des Kounta et des Iforas, à tous les mauvais coups des pillards du désert. Les

plus dangereux, parce que les plus près, toujours susceptibles de les surprendre sur le flanc, étaient les Hoggar.
Aussi les uns et les autres préférèrent-ils conclure une série
de pactes avec la puissante et guerrière tribu targui, et lui
payer un tribu annuel de chameaux pour jouir de la sécurité des routes. Barth avait déjà signalé cette contribution
qui, de son temps, était de 40 pièces d'or (mithqal).

A notre arrivée dans le pays, les Berabich payaient encore
ce tribut, sous forme de chameaux et de guinée, à l'aménokal des Hoggar. Avec notre occupation, cette coutume
est tombée en désuétude. Les Hoggar en ont eux-mêmes
fourni l'occasion en attaquant, au début de 1896, les Berabich soumis et en les razziant.

Avec les Tormoz, détachés d'eux, vers 1850, et constitués
en tribu autonome sur les rives du Faguibine et dans la
région saharienne qui en dépend, les Berabich ont généralement vécu en excellents termes. Aujourd'hui encore,
Hammou, chef des Tormoz, avoue son amitié pour Sidi
Mohammed ould M'hammed et pour son fils Khalifa, re-
gretté leur dissidence, et souhaiterait les voir demander
l'aman et rentrer sur leur territoire.

M'hammed fut remplacé, vers 1880, par son fils aîné,
Sidi Mohammed, qui était en fonctions lors de notre arrivée dans la capitale de la boucle (décembre 1893), et dont on
verra plus loin la notice.

La tradition rapporte qu'à la demande des Touareg, les
Berabich envoyèrent un contingent de cavaliers, qui se
joignit aux forces qui devaient attaquer Caron, s'il était
descendu à terre (1888). L'officier étant reparti sans avoir
poussé jusqu'à Tombouctou, les Berabich reprirent lentement le chemin de l'Azaouad, non sans avoir quelque peu
pillé les commerçants de la ville. Ceux-ci firent appel à
leurs suzerains et protecteurs les Tenguérédief. Une rencontre eut lieu tout près et au nord de Tombouctou. Mais

la paix ne tarda pas à être rétablie par les soins de Salsabil,
l'aménokal des Tenguérédief et de Sidi Mohammed, chef
des Berabich.

La prise de Tombouctou laissa les Berabich parfaitement indifférents. On ne saisit chez eux aucune réaction.

A vrai dire, elle les avait surpris, car, dispersés sur une
immense étendue, ils ne furent qu'assez tardivement mis
au courant des événements. La ville avait été solidement
occupée et les premières résistances brisées, avant qu'ils
eussent eu le temps d'intervenir. En examinant la nouvelle
situation, telle qu'elle résultait pour eux, ils n'y virent que
des avantages : on ne leur demandait rien ; on encourageait
leur trafic, on ne percevait aucun droit sur les exportations
ni sur les importations. Les chefs arma de la ville, Yahya
Al-Kahia, Hamdia et leurs frères s'étaient réfugiés à Araouan
et dans les alentours, demandant une hospitalité qu'en vertu
de leurs bonnes relations, les campements berabich ne
pouvaient leur refuser. Quelques semaines après, les uns et
les autres se rapprochaient des Français. Les Arma demandaient l'aman et rentraient à Tombouctou. Sidi Mohammed,
chef de la tribu, faisait dire qu'il voulait vivre, ainsi que
ses gens, en bons termes avec les Français. C'était tout ce
qu'on pouvait demander à cette époque.

La paix fut conclue sur ces bases, le 18 février 1894. Elle
ne comportait pas le versement d'un impôt annuel, mais il
était tout de même admis que les marchandises, apportées
par les Berabich à Tombouctou, seraient taxées, en vertu
de la coutume du pays, d'un droit de douane dit oussourou.
Sidi Mohammed s'en tint rigoureusement à ces conditions,
et refusera toujours de se présenter à Tombouctou.

Cette situation ne dura pas. En 1895, l'oussourou était
précisé et augmenté ; la mesure était aggravée du fait d'une
forte taxation à l'exportation des grains. Enfin, en 1896,
on imposait à raison de 5 francs par pièce tous les tissus

ver.nt du Nord. Ces deux dernières taxations atteignaient
au vif les Berabich, la première dans leur existence même, car
elle restreignait fortement leurs achats de mil, la seconde
dans leur commerce, source principale de leurs revenus. Ils
s'en plaignirent amèrement et des délégations vinrent demander à Tombouctou pourquoi on voulait « les réduire à
manger des cram-cram ».

Dès lors, ils prêtèrent l'oreille aux mauvais conseils. La
visite des chefs Oullimiden Djamarata et Fetchou fut né-
faste à ce point de vue. D'autre part, l'influence des dissidents Kel Antessar et Kounta détacha peu à peu de notre
cause certains campements berabich et Sidi Mohammed lui-
même.

Plusieurs campements Gouanine nous avaient témoigné,
dès le début, leur mauvaise volonté, en pactisant avec
Ngouna. Moukhtar ould Khalifa, un de leurs chefs, aver-
tissait celui-ci, en août 1895, du départ du détachement
Imbert qui voulait le surprendre à Tatakint. La surprise
fut manquée. Toutefois le campement de Ngouna put être
razzié de fond en comble.

Une opération du même genre, décidée contre Mokhtar
ould Khalifa lui-même, ne réussit que partiellement aussi
par suite de la mauvaise volonté des guides. Les troupeaux
furent toutefois saisis.

Les Gouanin firent alors leur soumission. Peu de temps
après ils étaient pillés, dans les parages de Tombouctou, par
les Hoggar et les Kounta dissidents. Sous la conduite de
leur chef, Mohammed ould Haïma, ils prirent part à la
brillante affaire d'Akankan (16 mars 1896).

En juin 1897, un contingent Kel Temoulaït attaque les
Berabich soumis, à quelques kilomètres au nord-est de
Kabara, leur tue dix hommes et razzie leurs troupeaux. Le
capitaine Puypéroux, flanqué d'auxiliaires berabich, se met
aussitôt à leur poursuite, traverse le fleuve et leur inflige un
sanglant échec à Arlal, le 30 juin. Seize hommes restaient

sur le carreau; une centaine étaient faits prisonniers. Ce succès, clôturant une série d'opérations heureuses contre les Touareg de la boucle, amena leur soumission.

Les Berabich étaient pillés peu après par les Hoggar, qui leur enlevaient un millier de chameaux dont ils ne purent recouvrer qu'une faible partie.

Cependant Sidi Mohammed, chef des Berabich, qui avait jadis conseillé à Ngouna de demander l'aman et qui aurait dû être renforcé dans l'idée de vivre en bons termes avec les Français par la mort malheureuse de Ngouna (1898), achevait de se mettre en rébellion ouverte.

La colonne envoyée contre lui, en décembre 1899, amena sa fuite et celle de ses partisans, la soumission de l'ensemble de la tribu et le groupement de celle-ci sous les ordres de Mahmoud ould Dahman, cousin de Sidi Mohammed (29 mai 1900).

Les Berabich du Nord étaient dès lors soumis à un impôt annuel de deux beaux chameaux, impôt qui fut changé, en 1901, en huit chameaux. Les Berabich du Sud (Gouanin) étaient soumis à un impôt de 300 moutons, élevé quelques mois après au chiffre de 500. Les uns et les autres livraient, en outre, à titre de contribution de guerre, un troupeau de 40 beaux chameaux.

Depuis cette époque, les Berabich ont été très longs à se mettre en confiance et l'autorité du nouveau chef, Mahmoud ould Dahman, lente à s'établir.

En octobre 1900, lors de la reconnaissance poussée sur Araouan par le lieutenant Pichon, ils fuient précipitamment devant la colonne; on eut les plus grandes peines à les atteindre et à obtenir d'eux quelques chameaux.

En 1906, lors des événements du Nord mauritanien, ils écoutèrent avec un certain plaisir les bruits d'une révolte générale. Ils n'allèrent pas au delà, parce que leur commerce n'aurait eu qu'à y perdre et que leurs intérêts étaient bien supérieurs à leur fanatisme religieux, mais ils s'écartèrent de Tombouctou et, pendant plusieurs mois, on ne vit presque plus de Berabich en ville. Ils donnaient le gage qu'ils pouvaient à la guerre sainte.

Cette attitude ne les empêchait pas, d'ailleurs, d'être pillés par les gens du Nord. Au début de novembre 1906, un rezzou de 60 Regueïbat, embusqués aux points d'eau de Bir Oussam, entre Araouan et Taoudéni, tuaient 7 hommes, en blessaient 4 et enlevaient 400 chameaux. Ils filaient aussitôt vers le Nord-Ouest.

A cette date, le chef dissident Sidi Mohammed venait de faire sa soumission et, comme il ramenait avec lui les fractions insoumises, la tribu se trouva ainsi constituée. La fin des hostilités fut sanctionnée par le mariage d'une fille de Sidi Mohammed avec Mahmoud ould Dahman.

Mais l'accord ne devait pas être de longue durée. Dès 1907, l'azalaï d'été fut troublé par les dissensions qui éclatèrent entre les deux chefs berabich. Ils furent appelés à Tombouctou, où l'autorité militaire s'employa en vain à les réconcilier.

Il fallait reconstituer le commandement sur une nouvelle base, car l'anarchie envahissait à nouveau la tribu. La djemaa réunie, en fin 1907, maintint Mahmoud dans ses fonctions de chef de fraction, mais donna le commandement général de la tribu à Sidi Mohammed.

Ce n'était pas encore la solution idéale. Une nouvelle réunion de la djemaa est décidée pour mettre fin aux tiraillements et se réunit en février 1909.

Une partie des Oulad Sliman : les Reggan, les Skakna, les Oulad Yich, les Oulad Omran, les Gouanin, les Tormoz optent pour Ould M'hammed.

L'autre partie des Oulad Sliman, ainsi que les Reïlan, les Rennam, les Oulad Dris et les Oulad Yich optent pour Mahmoud. En fin 1910, Sidi Mohammed repartait en dissidence avec plusieurs fractions berabich et se réfugiait, cette fois, dans l'extrême-Sud marocain.

L'extrême misère dont souffrirent ces dissidents dans le Sud marocain, les pertes qu'ils subirent au cours d'une rixe qui éclata, en fin 1910, entre les deux éléments, Kounta et Berabich, d'un rezzou mixte, enfin des dissensions suivies de batailles à main armée, avec les Beraber, amenèrent la soumission de nombre d'entre eux. Ils demandèrent l'aman au poste algérien de Tabelbalet, au début de 1911, et furent dirigés vers le Sud où ils arrivèrent à Tombouctou, Bamba et Bourem dans un effroyable dénuement, et dégoûtés pour longtemps de tenter pareille aventure (mai 1911). Il fallut renoncer à l'application de toute sanction pécuniaire, et les répartir entre les campements de Mahmoud et de Messaoud.

A partir de cette date, l'histoire des Berabich n'est autre que la relation des coups de main, dont ils sont victimes de la part de leurs frères dissidents, qu'à défaut de Sidi Mohammed trop vieux, son fils aîné Khalifa conduit. Tous les coupeurs de route de l'Oued Dra, de la Seguia, du Maïder, du Tafilelt, viennent se joindre à ses hommes. Les Berabich soumis n'offrent qu'une résistance passive et, étant assez mal secourus par nos formations méharistes, encore en formation, perdent un très grand nombre de chameaux. On trouve la liste de ces principaux rezzous sous le nom de leur chef, Khalifa ould Sidi Mohammed.

Les Berabich n'étaient pas, d'ailleurs, sans opposer parfois une certaine résistance à leurs ennemis. Au printemps 1912, une forte harka d'Oulad Djerir et Regueïbat faisait irruption au nord de Tombouctou : tandis qu'un de ses détachements se heurtait au lieutenant Lelorrain et aboutissait à la malheureuse affaire d'El-Guettara (24 mai), qu'un autre attaquait les Idnan, tuait le chef de la tribu, Al-Khader, qui nous était dévoué, et enlevait de nombreux troupeaux (18 mai), un troisième rezzou opérait vers le Sud-Ouest et se heurtait aux contingents berabich, qui

avaient organisé la résistance. La lutte fut chaude et les
pertes sérieuses des deux côtés : les Berabich perdirent
35 guerriers.

Quelques semaines plus tard, aidés par les méharistes
d'Araouan, les campements berabich d'In Raksa repoussent
un nouveau rezzou Oulad Djerir. qui doit s'éloigner précipitamment vers Oudeïka.

En octobre 1912, deux importants rezzous font irruption
dans l'Azaouad, le Timétrin et l'Adrar des Iforas. et circu-
lent sans qu'on puisse les inquiéter ; le détachement méhariste de Tombouctou et le goum kounta ont été détruits ; la
section méhariste de Kidal est en formation. La première de
ces bandes, sous les ordres du Chambi dissident, Ali ben
Qaddour, et composée en majorité d'Oulad Abd el-Ouaad.
après de fructueuses razzias dans la région de Bamba. sur
les Kounta et les Idnan, remonte vers le nord et pille à leur
tour les Berabich. Par Achourat. Ali ben Qaddour gagnait
Takabert et l'Oued Tadjenout où ses prises devaient être
à l'abri et trouver des paturages suffisants. La deuxième
bande, qui venait d'opérer dans l'Adrar des Iforas sous les
ordres de Hamma ould Abidin, rejoignait le rezzou d'Ali
ben Kaddour dans l'Eg Tedjenout. L'adjudant Gauthier,
de la compagnie méhariste du Tidikelt surprenait. le 14 novembre, les pillards. Au cours du combat. Ali est tué et
sa mort entraîne la débandade du rezzou qui s'enfuit, laissant 10 morts et de nombreuses prises.

Ces débris devaient encore avoir la malechance de tomber
sur le capitaine Charlet, à Bir Zmila, le 29 novembre, et
d'y être complètement décimés. Le chef des Oulad Abd El-
Ouahad, Souilem ould Al-Kouini, et l'assassin de Salikoun,
aménokal des Iforas, Cheikh ould Bacha. furent tués dans
le combat.

Ces succès eurent un retentissement considérable dans
la région de Tombouctou.

Toutefois les Regueïbat, qui avaient pris part au combat d'El-Guettara, ne se contentaient pas d'ailleurs de la seule gloire des armes. Au début de 1913, ils pénétraient dans l'Azaouad par le Ksaïb et Ounan et razziaient 400 chameaux aux Berabich, à Guir. Poursuivis par les méharistes d'Araouan, ils regagnaient précipitamment le sud marocain par le Ksaib.

Ces razzias fréquentes, les pertes considérables de chameaux occasionnées par des azalaï malheureux ou par la fréquence des transports pour les postes du Nord, jetaient le trouble et l'inquiétude dans la tribu. Au surplus, le commandement indigène manquait d'assiette et de fermeté. Depuis le départ de Sidi Mohammed ould M'hammed, de sa famille et de ses principaux notables, la tribu était déséquilibrée et manquait de direction. Les fractions étaient groupées dès ce moment, sous deux chefs indépendants : Mahmoud Ould Dahman et Mohammed Mahmoud Ould Mohammed, dont l'autorité laissait à désirer.

Un fait venait mettre en lumière cet état de désorganisation. Dans le courant d'août 1913, à l'instigation de quatre individus, une vingtaine de jeunes gens, armés de fusils 1874, venaient piller des campements, à un jour de marche de Tombouctou, et poursuivis, prenaient la route du Nord. Atteints à hauteur de Guir, le 27 août, par un détachement méhariste, ils ouvraient aussitôt le feu, mais prenaient bientôt la fuite, laissant 10 des leurs sur le terrain. Cet incident tout local troublait profondément la tribu.

Ainsi se justifie encore de nos jours le jugement sévère que portait sur leur compte le Cheikh Sidi-l-Mokhtar Al-Kabir le Kounti, à la fin du dix-huitième siècle et que rapporte le *Kitab al-Taraïf* : « Les Berabich n'ont aucun sens politique et sont incapables de s'entendre pour désigner et soutenir un chef. Cet état d'esprit s'est encore aggravé depuis qu'ils ont été soumis par les Touareg. »

En remplaçant Touareg par Français, la citation est de nos jours d'une parfaite application.

Dès le mois de septembre de cette année 1913, les Berabich et les Kel Araouan s'étaient installés dans les pâturages du sud de l'Azaouad, vers Teneg el-Haye, pour éviter les atteintes de pillards qui, installés au Ksaïb, menaçaient le Hodh et le Faguibine, poussant leurs « mejbour » jusqu'aux environs de Tombouctou, à la recherche du gros des chameaux berabich.

Dans la nuit du 14 au 15 novembre, un rezzou de 150 à 200 hommes était surpris par le goum Tormoz et reprenait la route du Ksaïb à vive allure, après avoir abandonné une partie des chameaux razziés.

Le 22 novembre, le chef Mahmoud Ould Dahman, à la tête d'une trentaine de partisans, reprenait 200 chameaux razziés à l'est de Tombouctou. Pourtant un rezzou commandé par Khalifa réussissait à emmener ses prises; mais il perdait plus du cinquième de son effectif au combat d'El-Meraïti. Cette affaire eut un gros retentissement dans le pays : c'était, en effet, la première fois que nos troupes atteignaient Khalifa, qui, depuis de nombreuses années, venait piller les populations de l'Azaouad.

En 1914, la situation fut plus satisfaisante. Le seul incident qui la troubla fut l'enlèvement à Anechaye par un rezzou d'une cinquantaine d'hommes d'un troupeau de 180 chameaux appartenant aux Berabich et destiné à l'évacuation du poste d'El-Guettara.

Cet incident isolé n'eut pas de suite.

En 1916, la révolte des Kel Oulli et leurs attaques répétées contre les bâtiments de la flotille du Niger contraignent l'autorité de Tombouctou à expédier contre eux une reconnaissance sous les ordres du capitaine Réchaussat (25 juin-18 juillet). On y adjoint un goum de 60 auxiliaires berabich, en partie montés à chameau et armés de fusils 1874. Leur utilité ne fut pas à la hauteur de leur bonne volonté. Pen-

dant le combat d'Aghiar (2 juillet), où les rebelles furent
défaits, ils se débandèrent, et tiraillant en tous sens furent
aussi dangereux pour la colonne que pour les rebelles.
Après le combat, ces partisans reçurent l'ordre de poursuivre les rebelles survivants qui s'étaient réfugiés dans les
fourrés voisins. Ils se rendirent bien jusqu'aux premiers
arbres, mais là ils s'arrêtèrent et revinrent un peu plus
tard en déclarant la poursuite impossible. Ils avaient eu,
durant le combat, sept blessés, dont l'un mourut la nuit
suivante.

En résumé, ce goum d'irréguliers, sans cadres, sans discipline et sans instruction militaire, ne fut que de peu d'utilité, et peu s'en fallut que la fâcheuse affaire Kounta d'El-
Guettara n'eut une seconde édition berabich.

Au surplus, il apparaît bien que le Berbouchi, de même
que le Kounti d'ailleurs, volontiers pillard avec un minimum
de risques, n'a pas l'étoffe du parfait guerrier. Il est loin
d'avoir le « cran » de nos tirailleurs, ou même des Touareg.
S'il a autant d'astuce et de perfidie que ces derniers, il n'a
pas leurs qualités d'allant, de fougue et de valeur militaire.
L'obligation même de défendre ses biens et quelquefois sa
vie ne lui donne pas toujours le ressort nécessaire. Il se
promène fièrement avec son fusil, l'utilise en cas de besoin,
pour tirer à tort ou à travers quelques coups de feu et faire
beaucoup de bruit, puis quand un adversaire décidé lui
intime l'ordre de jeter son arme, de livrer ses troupeaux
et même de le suivre, il obtempère avec la plus grande fa-
cilité.

Au cours d'avril 1916, un rezzou de 250 Regueïbat attaquait près d'Araouan l'azalaï d'été, qui n'était pas es-
corté, et enlevaient 23 fusils 1874 prêtés aux caravaniers et
1.250 chameaux appartenant surtout aux Berabich. L'état
de nos forces militaires ne permettait malheureusement
aucune tentative pour poursuivre et châtier les pillards.

Par la suite, mis en goût par ces fructueuses et peu dangereuses razzias, un certain nombre de petits rezzous, venant tous du Tafilelt, réussissaient à enlever quelques chameaux et des bella.

L'un d'eux, composé de 80 Regueïbat, pillait 700 chameaux, au mois d'août, au nord de Faguibine, et fuyait dans la direction de l'Ouest.

Enfin un fort rezzou regueïbat composé de 450 à 500 hommes et disposant de 400 fusils, s'abattait sur le Hodh en décembre 1916, et là, se divisant en plusieurs mejbour de force égale s'égaillait de Kayes à Tombouctou pour piller les tribus à chameaux nomadisant dans la région.

Un de ces mejbour attaquait et pillait le 10 décembre 1916 un campement berabich, à 50 kilomètres au nord de Tombouctou. Un détachement de cinquante tirailleurs était aussitôt envoyé à la rencontre de l'azalaï pour dégager la route d'Araouan et renforcer les mesures de protection de la caravane.

Quant au mejbour lui-même, qui, son coup fait, s'était rapproché de ses camarades de l'est, il fut pris en chasse par les pelotons méharistes de Oualata et de Tichit, fut rejoint, perdit des hommes et des animaux, et se vit reprendre la plupart des chameaux enlevés.

CHAPITRE II

LES PERSONNALITÉS ACTUELLES

I. — Sidi Mohammed Ould M'hammed et son fils Khalifa

Sidi Mohammed Ould M'hammed Ould Ahmed Ould Abeïda est né vers 1848. Il est le chef de la branche ainée de la tente émirale des Berabich, et a succédé à son père, à la tête de la tribu, vers 1880.

A cette date et jusqu'à vers 1894, il entretenait de bonnes relations avec les Kel Antessar, les différentes tribus Kel Tadmekket (Tenguérédief et Igouadaren) et avec les Kounta. Il était en revanche en lutte ouverte avec les Oulad Allouch, ennemis invétérés de la tribu.

Peu après l'occupation de Tombouctou, il entrait en relations avec les Français et faisait savoir au colonel Joffre qu'il voulait vivre en bons termes avec eux. On interpréta cette requête comme un acte de soumission, et l'aman lui fut accordé le 19 février 1894.

L'attitude d'Ould M'hammed, comme on l'appelle ordinairement, « le roi de l'Azaouad » comme il s'intitulait lui-même dans ses lettres, d'abord correcte, ne tarda pas à se modifier, sur les conseils pernicieux de Ngouna, chef des Kel Antessar dissidents, et d'Abidin le Kounti. Ngouna, installé dans le campement de Sidi Mohammed et nomadisant avec lui, finit par le dominer complètement. Il le poussait vivement à rompre avec nous.

La malheureuse affaire du Séréré (juin 1897), où le détachement de spahis Chevigné et Latour fut décimé, fit tomber les dernières hésitations de Sidi Mohammed.

En janvier 1898, le chef berbouchi, qui jamais encore ne s'était présenté à Tombouctou et qui formulait des protestations véhémentes et indignées, chaque fois qu'un détachement passait sur son territoire ou buvait à un puits de la tribu, nous invite avec la dernière insolence à supprimer les droits d'oussourou sur les marchandises importées à Tombouctou et dont sa tribu faisait une bonne partie des frais, notamment pour les azalaï de sel. Il va même jusqu'à demander qu'on lui serve une coutume, comme les Français du Sénégal le font à plusieurs chefs maures. Ne recevant pas satisfaction, et malgré la soumission et la mort de Ngouna (avril 1898), malgré les opérations de police du colonel Klobb chez les Igouadaren (mai-juin 1898, qui lui inspirent quelque temps de la crainte, il entre définitivement en lutte avec nous (septembre 1896). Un fort détachement envoyé à sa poursuite ne put l'atteindre, mais contribua à amener la soumission de la tribu (décembre 1899).

Les palabres qui aboutirent à la paix générale et à la nomination de Mahmoud Ould Dahman comme chef des Berabich se terminèrent par la destitution solennelle d'Ould M'hammed et par son exclusion du bénéfice de la paix.

Le chef déchu se retira alors dans l'ouest, suivi d'un certain nombre de fidèles, et vécut dans les fractions Mechdouf et principalement auprès du chef des Ahel Sidi, Mokhtar ould Abdouké.

En mai 1901, Sidi Mohammed, excédé des tributs qu'il devait payer aux Mechdouf et regrettant ses pâturages et surtout les bénéfices du commerce du sel, faisait sonder l'au-

torité de Tombouctou pour savoir quel accueil serait fait à
des propositions de paix. Le colonel Ecorsse lui accorda
alors l'aman, mais à la dernière heure, le Berbouchi ne se
décidait pas à rentrer et continuait à jeter le trouble dans
la tribu, qui se trouva alors dans l'anarchie la plus complète.
A son instigation, avec sa complicité et son aide un rezzou
hoggar pille les campements berabich soumis, en octobre
1901.

En avril 1902 Khalifa, fils aîné de Sidi Mohammed se présente à Tombouctou, au nom de Sidi Mohammed son père.
Au cours d'une entrevue fort longue, et d'abord pénible
avec Mahmoud Ould Dahman, on finit par poser les bases
d'un certain accord. En considération de son ancienne
situation, Sidi Mohammed vivrait relativement indépendant
avec quelques tentes. Le nouveau chef, Mahmoud, dont
d'ailleurs il dépendrait officiellement, le laisserait tranquillement, en affectant de l'ignorer.

La tranquillité dura ainsi à peu près un an.

Au début de 1903, Sidi Mohammed se retire à Zeddak,
près de Oualata, se remet sous la dépendance des Mechdouf ;
et recommence les hostilités. Un rezzou de 70 hommes,
commandé par lui-même et par Mokhtar Ould Abdouké
razzie des campements berabich soumis, près d'Araouan,
et enlève 200 chameaux. Il cherche en outre à faire assas-
siner son heureux rival et donne asile à des campements
dissidents.

Vers la fin de la même année, il vient avec quelques
hommes enlever 60 chameaux à Teneg al-Haye, à un jour
de marche de Tombouctou.

En 1904, ses incitations provoquèrent le départ en dissidence de la plupart des campements des deux fractions
Oulad Yich et Oulad Amran. En s'en allant, ils emmènent
30 chameaux et un cheval de Mahmoud Ould Dahman, et
25 à 30 chameaux appartenant aux Gouanin.

En 1905, diverses petites bandes, composées de Berabich

dissidents et d'Ahel Sidi (Mechdouf), viennent piller les campements des Berabich soumis de Mahmoud et même ceux des Ahel Sidi Ali, fraction maraboutique à la suite des Berabich et des Kounta. Sidi Mohammed affecte à ce moment-là de ne pas faire la guerre aux Français, mais répand le bruit que c'est à son seul ennemi, Mahmoud, qu'il en veut. On essaie alors de la méthode diplomatique. Il est défendu à Mahmoud de partir en contre-rezzou et de rentrer, les armes à la main, en possession de son bien. Hammoadi, chef général des Kounta, est chargé à plusieurs reprises d'intervenir entre les deux rivaux et de procéder à une réconciliation. Mais ses efforts restent infructueux.

Les colonnes de pacification, qui opèrent dans le Sahel et le Hodh méridional en 1905-1906 amenèrent la soumission de Mokhtar Ould Abdouké, et par contre-coup celle de Sidi Mohammed et de la plupart des dissidents qui l'accompagnaient (début de 1906.) Les deux chefs installaient leurs campements aux environs d'Araouan, près de celui d'Omar Teïni, dont le troisième fils de Sidi Mohammed, nommé Mohammed lui-même, a épousé la fille.

Ces campements furent des foyers de troubles pour la tribu berabich.

On pensa arriver au calme en rendant un commandement officiel à Sidi Mohammed. La tribu fut donc scindée en deux fractions, et l'on groupa sous ses ordres tous les campements, qui lui étaient héréditairement attachés, ou avaient lié leur cause à la sienne.

Ce système dura fort peu de temps.

Au début de février 1910, Ould M'hammed, suivi de ses deux fils Khalifa et Mohammed, d'Omar Teïni et d'une soixantaine de tentes, surtout Oulad Sliman et Oulad Yich, partait en dissidence vers le nord.

A quelles causes attribuer ce départ? La situation était calme; les relations, quelquefois un peu tendues du chef avec les autorités de Tombouctou, étaient en somme bonnes.

Une tournée du capitaine Cotten, effectuée chez les Berabich en fin 1909, n'y fut pas accueillie avec beaucoup de plaisir et Khalifa ould Sidi Mohammed, prévenu à l'avance, pour éviter tout malentendu, exécuta fort mal sa mission en faisant filer tous les campements, ce qui leur valut des réprimandes.

Ould M'hammed toucha à Araouan où il déclara au chef Arouata qu'il allait passer par Taoudéni, détruire les mines de sel et emmener tous les captifs travailleurs. Il n'en fit rien cependant, et il se contenta de piller, à Taoudéni, notre dépôt de vivres, et d'enlever le caïd du village : Abba Keïna.

En octobre 1910, un rezzou mixte de Berabich et Kounta, descendus vers l'Azaouad, se scinde près d'Araouan, à la suite d'une violente querelle, qui met aux prises les alliés et en laisse plusieurs sur le carreau. Le groupe Abidin continue, tandis que les Berabich reviennent sur leurs pas. Mais, rentrés au Maïder, les Kounta sont l'objet de plaintes violentes de la part des Berabich qui les accusent d'avoir massacré leurs hommes. Ces dissensions s'aggravent de rixes avec les Beraber et amènent la soumission des dissidents.

Les Berabich, les premiers, demandèrent l'aman et rentrèrent à Tombouctou, Bamba et Bourem dans un complet dénûment (mai 1911).

Toutefois Sidi Mohammed, Khalifa et plusieurs autres personnalités restaient irréductibles, et par de nombreux rezzous, dirigés spécialement contre leurs propres frères de tribu allaient tirer vengeance de cet abandon.

Au début de 1911, Khalifa capture un millier de chameaux aux Kounta, qui malgré les avertissements répétés des officiers n'avaient pas voulu se joindre au principal groupe de l'azalaï, voyageant sous escorte méhariste.

En fin 1911, une forte harka conduite par Khalifa arrive par Toufourinet Oumm el-Assel à Taoudéni (19 novembre).

Elle attaque les mines et pille les habitants. Prise en chasse
par le lieutenant Boeswilwald, elle fuit et se disperse. Une
de ses fractions enlevait à la même époque 5oo chameaux
aux Oulad Rennam et aux Oulad Dris, près d'Abgadir, à
l'est de Bou Djebiha. Elle fuyait aussitôt vers le nord,
poursuivie par le lieutenant Galiet-Lalande par Aneschan,
Guettara, Taoudéni et Oumm el-Assel jusqu'à la frontière
algérienne.

Au début de janvier 1913, Khalifa arrive dans l'Azaouad,
à la tête d'un petit rezzou, et enlève une cinquantaine de
chameaux à Bou Djebiha. Remontant précipitamment vers
le Nord par Anechaye et continuant ses pillages, il se
heurte, les 3 et 4 avril, près de Grizim, pendant la traversée de l'Erg Iguidi, à la compagnie saharienne de la
Saoura. Plusieurs de ses hommes étaient tués, et il perdait
la plus grande partie de ses prises.

Il n'était pas plus heureux, à la fin de la même année.
Atteint à El-Moraïti, il pouvait bien faire filer ses prises,
mais perdait dans le combat le cinquième de ses gens.

En décembre 1915, les fils d'Abidin le Kounti, et Khalifa
partent du Tafilelt, à la tête de Berabich et Kounta dissidents, auxquels se joignent des contingents Arib, Tadjakant, Oulad Abd El-Ouahhab. Tandis que les Kounta
appuient à l'est vers le nord de Bamba, les Berabich s'égail-
lent au nord de Tombouctou et viennent piller à faible distance de la ville. Nos partisans, armés de fusils 1874, repoussent partout les assaillants. Il y a des pertes sérieuses
des deux côtés : ces rezzous sont en effet particulièrement
équipés en armes, vivres et munitions. Dans une de ces
rencontres, on ramassait sur place trois jumelles.

En même temps, des renforts de 25 à 3o fusils arrivaient
du Nord. Les Berabich et Kel Araouan, qui s'étaient jusque-
là toujours enfuis, leur tenaient tête, cette fois, avec une
vaillance inaccoutumée. Aussi les pertes de la région furent-
elles relativement minimes. Khalifa fut battu, au début de

1916, au puits d'Harroug, à 180 kilomètres au nord-est de Tombouctou, et dut fuir abandonnant de nombreux cadavres sur le terrain.

Dans les grandes incursions qui marquèrent la fin de l'année 1916 et furent comme une tentative de coopération du Sud marocain avec les tribus révoltées du Sahara oriental, Khalifa joua brillamment son rôle. Il arrivait en fin décembre dans l'Azaouad et, poussant plus à l'est, se rapprochait des Oullimiden, Kounta et Kel Aïr révoltés. Mais l'éloignement de son habituel champ d'action et la présence des détachements qui opéraient dans la région le rendaient prudent. Aussi se rabattait-il brusquement sur Gao, et enlevait-il, en mai 1917, cent chameaux et trente bella, à 4 kilomètres du poste. Il refilait aussitôt sur le nord-est sans attendre le contact des tirailleurs.

Le bruit a couru à plusieurs reprises que Sidi Mohammed et son fils Khalifa étaient désireux de faire leur soumission. C'est un refrain qui revient chaque année et qui concerne tantôt le dissident berbouchi, tantôt Abidin, le dissident kounti. En 1915, le commerçant Mohammed Al-Bachir, revenant du Nord, où il avait vu Sidi Mohammed, assurait que celui-ci était fatigué de sa vie d'aventures et ferait sa soumission s'il était assuré d'un bon accueil à Tombouctou. Mohammed Al-Bachir repartait pour l'Oued Dra, au début de 1916, emportant cette assurance.

Au cours de plusieurs entrevues avec les Djemaa des Aït Khebbach, des Arib et des Berabich dissidents, il n'a pu rentrer en possession des chameaux qu'on lui avait volés à Taoudéni que par le bon vouloir des Aït Khebbach et malgré l'hostilité non déguisée du vieux Sidi Mohammed.

Il trouva au contraire, a-t-il rapporté, un accueil beaucoup plus aimable auprès de Khalifa ould Sidi Mohammed qui songeait déjà, et sans doute sincèrement, à sa soumission.

A la suite de ces pourparlers, certains Berabich se sont ralliés à Khalifa pour demander la paix et rentrer à Tombouctou. Les autres restent obstinément fidèles, avec leur vieux chef, au parti de l'irréductibilité.

Il paraît hors de doute que la soumission de Khalifa provoquerait la soumission de la plupart des dissidents Berabich et mettrait fin à cette cause de rezzous. Nomades et sédentaires de Tombouctou souhaitent vivement la chose et sont les premiers à demander, insoucieux du passé et des réparations civiles auxquelles ils pourraient prétendre, à ce qu'un aman complet, sans restriction et sans poursuite, soit accordé.

« Borné, fanatique et brouillon », tel était déjà le jugement qui était porté sur Sidi Mohammed en 1899. Un autre disait en 1902 « semble irréductible ». Ces appréciations paraissent fort justes, mais doué de belles qualités extérieures, généreux, chevaleresque, actif, Sidi Mohammed a pour lui beaucoup de sympathies, et quelques-unes ont été poussées assez loin pour le suivre en dissidence. Il faut bien reconnaître que c'est depuis sa fuite (1909) que date la recrudescence des pillages, meurtres et razzias de chameaux, dont sont victimes les nomades de la région et particulièrement les Berabich soumis.

Sidi Mohammed a eu plusieurs enfants, dont les plus connus sont : 1º Khalifa, le héros des rezzous mentionnés ci-dessus, né vers 1880 et qui est boiteux ; 2º Bekkaï, marié à une fille d'Omar Teïni et qui, après avoir été le négociateur de la paix avec Mahmoud fut tué par ce chef lors d'un contre-rezzou, organisé dans des conditions restées obscures avec la complicité d'Ousman Diko, interprète de la région de Tombouctou ; 3º Mohammed, fusillé vers 1900 à Tombouctou pour avoir assassiné un tirailleur ; 4º Mohamed, qui est rentré en 1910 avec un rezzou de Baba Ould Abidin et a fait sa soumission en septembre de cette même

année. Certains informateurs disent qu'il a eu d'autres
enfants depuis son départ.

II. — MAHMOUD OULD DAHMAN.

Mahmoud Ould Dahman Ould Ahmed, cousin germain
de Sidi Mohammed Ould M'hammed Ould Ahmed, est né
vers 1870, et lui a succédé dans le commandement des
Berabich, le 29 mai 1900, jour où la paix fut solennelle-
ment accordée à la tribu, où Sidi Mohammed parti en dissidence fut révoqué et où tous les chefs des fractions prêtèrent serment de fidélité à Mahmoud, le nouveau chef qui,
sur leur demande, leur était accordé.

Dahman, père de Mahmoud, avait été tué dans un combat contre les Tormoz et Oulad Allouch, lors de la dissidence des Tormoz (vers 1886).

Mahmoud a eu perpétuellement maille à partir avec les
dissidents que groupait son cousin, et il s'est plaint plus
d'une fois amèrement qu'on l'empêchait de se rendre justice, les armes à la main.

En avril 1902, une entrevue qui eut lieu à Tombouctou,
dans les bureaux de l'autorité militaire entre Mahmoud et
Khalifa, fils aîné et délégué de Sidi Mohammed, amena
une détente provisoire, puis les hostilités recommencèrent.

En 1906, dans l'effervescence générale, qui atteint tous
les Maures à la suite des événements du Nord mauritanien
et de la venue de Moulay Dris, Mahmoud se laisse gagner
par l'ambiance, et à la suite de nombreuses et longues con-
férences avec le marabout hostile des Kounta, Sidi Mohammed Ould Haïb Allah, on put craindre un moment qu'il
n'allât se mettre en état de rébellion. Mahmoud, assez
faible de caractère, serait en effet un jouet facile dans les
mains d'un marabout énergique et influent.

En 1907, on crut par un acte d'habile diplomatie pou-

voir mettre fin à cette anarchie de la tribu. Sidi Moham·
med venait de faire sa soumission. On tenta de le rallier définitivement en scindant le commandement des Berabich.

Mahmoud se prêta de bonne grâce à cette diminution
d'autorité. Elle ne devait être d'ailleurs que momentanée.

Aux diverses périodes de son commandement, Mahmoud
a rendu des services distingués.

En novembre 1909, il se montre fort utile dans la reconnaissance Grosdemange qui aboutit au combat d'Achourat (29-30 novembre) et s'il n'y prit pas part, c'est qu'il
avait été renvoyé d'Anétis, le 22, avec ses Berabich pour
aller participer à l'Azalaï d'hiver.

La même année, dans un contre-rezzou contre Sidi
Mohammed Ould Mohammed, il surprit Bekkaï, fils de ce
chef, dans son campement et le tue. Il blesse son autre fils
Khalifa. Cet exploit, plus ou moins commandé par Tombouctou, valut à Mahmoud un an de prison, 200 francs de
dommages-intérêts et la restitution du butin enlevé.

En novembre 1913, il court sus à un rezzou, qui vient
de piller les troupeaux de la tribu à l'est de Tombouctou
et lui reprend 200 chameaux.

Mahmoud est plus un guerrier qu'un diplomate et un
administrateur. Il a pris part jadis à plusieurs rezzous
contre les Regueïbat et les Hoggar, et en a tiré certains
succès.

Nature fruste, d'une intelligence moyenne, mais ouvert
et sympathique, Mahmoud paraît complètement rallié à
notre cause. Son impôt est toujours correctement payé,
nos demandes de courriers, d'animaux de transport,
d'auxiliaires, sont à peu près satisfaites. S'il n'a pas l'envergure d'un grand caïd, ni une influence générale et
indiscutée, ni une grande énergie, Mahmoud est tout de
même un bon chef, et un chef dévoué, qui a maintes fois
marché à nos côtés et nous a donné des preuves indiscu-
tables de son loyalisme.

Ses droits au commandement, sans être aussi certains et aussi authentiques que ceux de son cousin, peuvent se justifier. L'hérédité ne s'établit pas dans ces tribus sahariennes par le seul droit de primogéniture. Le commandement est héréditaire dans une famille tout entière, et c'est le plus digne, celui qui remplit, lors d'une vacance, un ensemble supérieur de conditions : âge convenable, prestance physique, richesse, qualités guerrières, administratives ou morales, générosité reconnue, etc., qui est choisi par la djemaa.

Les Berabich, lassés de la perpétuelle dissidence de Sidi Mohammed, victimes de ses razzias et désireux de vivre en bons termes avec les Français et de s'adapter au nouveau régime, se sont donné un nouveau chef en la personne du cousin, immédiatement cadet de l'ancien. Mahmoud avait les mêmes idées qu'eux sur la situation nouvelle et était résolu à les appliquer. On le choisit; l'autorité française l'accepta avec ou sans plaisir, en tout cas faute de mieux, faute de pouvoir faire fond sur Ould M'hammed. C'était assurer la paix et la prospérité.

La nomination de Mahmoud est donc parfaitement régulière. Seuls, son peu d'habileté diplomatique, son adresse qui n'est que moyenne, sont cause qu'il n'a pas su rallier à lui les derniers dissidents. Une aide sérieuse de notre part a toujours suffi à asseoir son autorité.

Le retour de Sidi Mohammed et son envoi en possession d'un nouveau commandement amélioreront-ils la situation? Il y a quelques années, peut-être. Les rezzous se seraient sans doute ralentis. Aujourd'hui où ils vont prendre fin par l'occupation des confins algéro-marocains du Sud, la soumission de Sidi Mohammed ne changera pas grand'chose à la situation. Qu'on la lui accorde donc, s'il la demande, mais qu'on hésite avant de déposséder entièrement de son commandement Mahmoud, le sujet fidèle et loyal, au profit de l'agitateur et de l'ennemi, ou de l'un de ses fils. En dehors de l'ingratitude, dont on nous accuse trop souvent dans notre politique saharo-soudanaise, nous commettrions une lourde faute administrative et nous retomberions dans d'autres difficultés.

III. — AROUATA, CHEF D'AROUAN.

Arouata, le chef d'Arouan, appartient à la famille, qui depuis plusieurs siècles exerce le commandement héréditaire de cette agglomération. Il serait originaire de la première migration rehamma, celle des Oulad Abd Er-Rahman. Son ancêtre, Cheikh Sidi Ahmed ben ag Adda, s'était installé à Arouan, alors simple point d'eau et escale des caravanes transsahariennes, et y avait construit une petite Zaouïa. Quelque temps après, Abou Makhlouf, l'ancêtre des Oulad Sliman, fraction dirigeante des Berabich, vint se fixer à ses côtés et fut son fidèle disciple. De cette date et au cours des générations, les plus cordiales relations, appuyées par des relations d'intérèt et des liens matrimoniaux n'ont cessé d'exister entre Berabich et Ahel Araouan.

Arouata, fils de Sidi M'hammed fils d'Al-Habib, est né vers 1835. Son grand-père Al-Habib a passé quelque temps pour avoir participé à l'assassinat de Laing ou tout au moins pour l'avoir favorisé. Les récits de René Caillié et de Barth ne sont pas très nets sur ce point. Toujours est-il que le véritable auteur du meurtre fut le chef des Berabich.

Sidi M'hammed, père d'Arouata, né vers 1800, est mort presque centenaire. Il vit Lenz, à son passage à Araouan, en juin 1880, et lui fit bon accueil. Il s'efforça avec beaucoup de zèle, au dire du voyageur, d'innocenter la mémoire de son père.

Arouata a fait de très bonnes études islamiques dans son

village. C'est un bon lettré arabe et surtout un annaliste très documenté sur le passé des tribus sahariennes de l'Azaouad et des régions environnantes.

Possesseur jadis d'une assez belle fortune, il a à peu près tout perdu à la suite des razzia des Hoggar, et sa misère actuelle ne lui facilite pas son commandement. Si les vieilles familles d'Araouan lui restent assez soumises, les Tadjakant, qui forment la moitié du village, se montrent assez indépendants.

Chef d'une agglomération saharienne, également exposée aux coups du Sud et du Nord, il a adopté une politique de circonstance. Il a toujours montré beaucoup de dévouement aux Français, maîtres de Tombouctou et par conséquent maître de l'approvisionnement d'Araouan, mais il est d'autre part en excellents termes avec les chefs dissidents du Nord : Sidi Mohammed Ould M'hammed, Abidin le Kounti, et avec les principaux notables des djemaa beraba.

Nous n'avons eu qu'à nous louer de ses services, des guides fournis par lui pour la conduite de nos colonnes ou contre-rezzou, de son empressement à envoyer des chameaux pour la remonte des détachements méharistes, de ses bons offices dans les azalaï annuels, de ses enseignements souvent très intéressants ; mais d'autre part, il se rendait subitement au Tafilelt en 1904, y avait des entrevues avec Moulay Rachid, Khalifa chérifien de cette région et notre ennemi. Il y voyait en même temps Abidin et ses gens. Il est évident qu'Arouata favorisait alors le jeu de nos ennemis. Depuis cette date, il s'est rendu plusieurs fois dans le Sud marocain et n'a pas caché ses entrevues avec les dissidents. Le départ de son ami Sidi Mohammed n'a fait d'ailleurs que renforcer ses relations.

Arouata semble avoir à cœur de ramener le chef dissident berbouchi. Il semble avoir à plusieurs reprises, entamé des négociations dans ce but. On ne voit d'ailleurs pas très bien où il tend et de quels moyens ou promesses il use. En juillet 1916, il demandait encore, malgré son grand âge, l'autorisation d'aller entre l'Oued Dra et le Tafilelt, pour traiter avec les chefs Berabich, « désireux de faire la paix avec nous ». Il était d'ailleurs impossible de faire préciser au vieux et bégayant Arouata dans quelles conditions il avait reçu ses ouvertures de paix, quel motif poussait les dissidents, quels étaient les perspectives d'avenir. Poussé dans ses derniers retranchements, le vieux et rusé Arouani accentue son tremblement sénile ; et son bredouillement devient tel qu'il n'émet plus que des sons inarticulés. Cette autorisation lui a du reste été refusée.

C'est au demeurant un vieillard sympathique, et à qui on ne peut reprocher de vouloir vivre en bons termes avec tous ceux qui sont susceptibles de lui faire du mal. La dernière pensée de sa vie est d'obtenir des Français une grosse somme d'argent pour « reconstituer Araouan qui est en décadence et qu'il ne pourra pas passer à ses fils comme il l'a reçu de ses pères ».

Son frère Ali habite Tombouctou depuis de longues années et s'y adonne au commerce. C'est, à l'occasion, un bon agent de renseignements sur le Nord. Il est en relations cordiales avec l'autorité depuis le début de notre occupation.

Arouata a de nombreux enfants : Arouata, son fils aîné, qui le supplée dans ses fonctions, Cheikh, Sidi, etc.

IV. — AHMED OULD HAMÏA.

Ahmed Ould Haïma, né vers 1845, est le chef actuel des Gouanin. Rallié, dès la première heure, il a pris part avec les contingents alliés au combat d'Akenken (16 mars 1896), aux côtés du capitaine Laperrine, et s'y est brillamment comporté.

1.

Ahmed s'est surtout livré au commerce depuis cette date : ses relations spéciales s'étendent à tous les Touareg de la boucle. Il paraît d'ailleurs besogneux, et a de nombreuses dettes à Tombouctou.

Très attaché à Sidi Mohammed, il n'a longtemps subi qu'avec peine les ordres de Mahmoud Ould Dahman. Son influence est d'ailleurs minime.

Son attitude vis-à-vis de nous a toujours été correcte.

V. — Omar Teïni.

Omar Teïdi Ould Mohammed est le petit-fils d'Al-Hadj Mohammed, porté sur le tableau généalogique du début, et qui descendait de Rehal et par lui de Sliman Ould Abou Makhlouf, ancêtre de la tente princière des Berabich. Il est donc cousin assez proche de Sidi Mohammed Ould M'hammed.

Très lié avec ce chef, Omar le suivit et l'assista dans ses diverses pérégrinations. Le meurtre de son gendre Bekkaï, fils de Sidi Mohammed, par Mahmoud Ould Dahman acheva d'en faire un insoumis, et il partit en dissidence avec ce chef.

Ses deux fils, qui prenaient part aux rezzous de Khalifa, ont été successivement tués dans des rencontres avec nos troupes ou nos auxiliaires.

Omar Teïni est né vers 1855 ; il semble aujourd'hui voué, avec son chef, et sauf des circonstances majeures, à une dissidence irréductible.

CHAPITRE I,I

FRACTIONNEMENT DE LA TRIBU

I. *Oulad Sliman*	Oulad Sliman proprement dit	Ahel Rehal Ahel Merzoug men Cheikh Ahel Youssef Al-Kbar Ahel Youssef As-Sfar
	Oulad Saïd Naharat Reteïbat Ahel Nafer Ahel Mansour Ahel Selam aleïkoum	
II. *Oulad Reïlan*	Oulad Reïlan proprement dits (Oulad Ahmed ben Brahim) Oulad Abdallah ben Brahim	
	Onlad Bou Khecib	Ahel Mejid Romeïrat
III. *Oulad Yich*	Ahel Kounni Ahel Hamma Ahel Lahsen	
IV. *Oulad Dris*	Ahel Mbarek Ahel Ammara Ahel Hammou Dadda Ahel Bella Ahel Ali Moussa Arib	
V. *Oulad Rennam*	Oulad Maarik Ahel Al-Hossin Ahel Hammad Ahel Hadi Ahel Boudia Ahel Boudda	

VI. *Oulad Omran*
- Mehafidh
- Ahel Hadi
- Ahel Korri

VII. *Gouanin al-Kohol*
- Ahel Bial
- Oulad Mohammed ould Sidi Ahmed
- Yeddas

VIII. *Gouanin al-Bedh*
- Ahel Dakhnan
  - Ahel Rahel
  - Ahel Mouilah
- Guenadi
  - Ahel Bou Baïr
  - Ahel Himma
  - Ahel Ali Ould Mama
  - Ahel Omar
  - Ahel Ahmadou

IX. *Reggan*
- Yeddas
- Seribah
- Ahel Boukar

X. *Sekakna*
- Ahel Bou Sabia
- Ahel Kenibi
- Ahel Kjija

XI. *Ahel (ou kel) Aracuan*
- Beni Sidi Ahmed ben Çalih } habitants du kçar
- Beni Ahmed ben Aïr
- Al-Hisssa
- Oulad Bou Hounda
- Nouaji
- Ousra
- Tadjakant

XII. *Ahel Bou Djebiha.*

Au point de vue administratif, les Berabich sont aujourd'hui partagés en deux groupements : l'un, composé des Oulad Sliman, Oulad Reïlan, d'une partie des Oulad Yich, Oulad Rennam, Oulad Dris et Gouanin Al-Kohol, relevant de Mahmoud Ould Dahman : l'autre composé des Oulad Omran, du reste des Gouanin, des Reggan, des Sekakna, du reste des Oulad Yich et des Ahel Araouan relevant d'Arouata.

Les Oulad Sliman, les Reïlan, les Oulad Yich, les Oulad

Dris, les Oulad Rennam, et les Oulad Omran sont des tribus libres. Les autres étaient ou sont considérés comme des vassaux, bien qu'ils ne payassent pas tribut la plupart du temps. Ils sont cités « raïa », et ne sont pas de pure origine rehamna.

Ils se partagent encore eux-mêmes en deux groupements : les Oulad Sliman et les Baten al-Jemel.

Sont Oulad Sliman : les Neharat, les Mehafidh, les Oulad Ouran, les Gouanin, les Oulad Sliman, les Sekakna, les Reggan, les Yeddas, les Oulad bou Henda, une partie des Oulad Dris et les Tormoz.

Sont Baten al-Jemel, c'est-à-dire « ventre de chameau », « composée d'éléments hétéroclites, » les Oulad Yich, les Oulad Rennam, les Reïlan, les Bou Khecib et l'autre partie des Oulad Dris.

Outre leurs points d'eau propres, ils boivent aux puits de Ngaren, In Abalcha, Teneg al-Haye, Iwawaten, Tintakount, Al-Hadjiou, etc., en commun, mais sans contestation, avec les Ahel Sidi Ali, qui sont souvent leurs chapelains, ainsi qu'avec les Kel Antessar de l'Est et les Kounta.

Sauf les Gouanin, qui vivent aux environs de Tombouctou, le gros de la tribu berabich nomadise constamment dans l'Azaouad, suffisamment pourvu d'eau. Elle n'a donc nul besoin de venir au fleuve. Elle échappe par là à notre emprise, d'autant plus qu'elle ne possède guère que des chameaux.

Mais, d'autre part, son ravitaillement s'impose à Tombouctou, et la principale source de ses revenus consiste dans le transport du sel, qui doit forcément aboutir à la capitale de la boucle.

Tel est le double caractère dont il faut tenir compte pour l'administration de cette tribu.

Les Berabich ont pour marque générale de leurs chameaux une sorte de croix de Saint-André ✕, qu'ils appliquent sur le côté droit du cou. Certaines fractions n'en appliquent que la partie supérieure **V**.

I. — Les *Oulad Sliman* sont, comme on l'a vu, de pure origine arabe, et spécialement Rehamna. Ils constituent donc la fraction aristocratique par excellence et comprennent le campement princier.

Outre les Oulad Sliman proprement dits, on distingue dans cette fraction : *a*) une sous-fraction Oulad Saïd qui se rattache à la première migration rehamna. Leur ancêtre éponyme Saïd, était le frère de Chebel, qui est l'ancêtre de Rahmoun et des Rehamna, d'où sortirent les Berabich. Saïd et Chebel étaient les fils de Hamna ould Hassan, et le frère d'Oudeï.

b) Une sous-fraction naharat dont une tente, les Oulad Khalifa, et de pure origine rehamna et dont les autres sont les héritiers des Legradba (Arib).

Un certain nombre de petits campements Oulad Sliman vivent auprès des Gouanin. Ils sont énumérés avec cette fraction.

Le chef des Reteïbat est Sidi Ahmed Ould Mokhtar, qui a succédé à Mohammed Mokhtar, et celui des Naharat, Bou Bakar ould Najim qui a succédé à Baddi Ould Al-Hadj.

Les Oulad Sliman boivent surtout à Teneg al-Haye et Tintehoun. Ils forment un total de 217 personnes.

II. — Les *Oulad Reïlan*, dits aussi *Al-Reïlan*, sont les cousins de la grande tribu de ce nom dans l'Adrar Mauritanien. Les uns et les autres appartiennent à l'ancienne confédération des Beni Chebel, qui, abattus par leurs luttes tant avec les Berbères, premiers occupants du pays, qu'avec leurs frères hassanes des autres invasions, se fractionnèrent dans tout le Sahara occidental. Chebel, frère d'Oudeï et de Delim, est le troisième fils de Hassan. Ses descendants sont donc d'origine arabe.

Les Oulad Reïlan des Berabich sont originaires du Gaerzg Ils se séparèrent de leurs voisins après des guerres in testines et vinrent s'unir aux Khecib Hemâla.

L'ancètre de la deuxième fraction, les Oulad Abd Allak ben Brahim, arriva à son tour et s'incorpora au Romaïrat. C'est alors qu'Ali ben Lamin, chef des Ouled Khecib, se jeta sur les Romeïrat, les razzia de fond en comble et leur tua 15 hommes qui venaient de Tombouctou. Les Oulad Abdallah ben Brahim allèrent en conséquence s'incorporer aux Reilan et aux Ahel Abanni et entrèrent dans le groupe des Ouled Rennam (Ahel Omar). Les Ahel Abanni étaient d'origine Ouled Abd Er-Rahman.

Les Beni Khecib descendent de Saïd Al-Ariah. Leur ancètre Khecib ben Abbad était un chef que le Khalife Mamoun mit à la tête de l'Égypte avec mission de la réduire en servitude. On connaît cet épisode de l'histoire de Mamoun, que la tradition berbouchi relate à sa façon. Khecib administra au contraire le pays avec beaucoup de de justice et défit toutes les troupes que le Khalife fit marcher contre lui pour avoir contrevenu à ses ordres. A la fin pourtant, Mamoun étant venu en personne avec une grande armée, vainquit et fit prisonnier Khecib. Après interrogatoire et sur la réponse de Khecib, qui déclara avoir préféré obéir à Dieu qu'à son Khalife oppresseur, il le fit mettre en croix.

Tandis qu'il subissait ce supplice, un poète arabe vint chanter ses louanges au pied de la croix. Le généreux Khecib l'en récompensa, en lui donnant un rubis qu'il avait dans sa poche. Il l'engagea, pour fuir le châtiment qui l'attendait, à se réfugier chez ses frères Beni Khecib d'Occident, dénommés Oulad Ali ben Talha. « Ce sont, dit-il, des gens courageux et fermes, les seuls Arabes que les Turcs ne purent réduire, malgré leur petit nombre. »

Les Oulad Khecib ont aujourd'hui pour chef Bou Bakar Ould Omar.

Au cours du dix-neuvième siècle, ces fractions se sont séparées des groupements précités pour se constituer comme nous les voyons en l'état actuel.

Parmi ces Oulad Reïlan, il y a un campement, les Kemamna, qui sont des Ouled Rizg, c'est-à-dire aussi des Arabes-Hassanes.

Les Oulad Reïlan ont pour chef général Mohammed ould Ali ould Hamma. Ils boivent à Bou Djebiha. Ils sont 267 âmes·

III. — Chez les *Oulad-Yich* vivent quelques tentes Oulad Ahmed, cousins des Oulad Sliman, et venues avec eux lors de la conquête. Ils sont d'origine rehamna.

La personnalité maraboutique la plus importante est Abdi Ould Omar Mahmadi Cheikh, né vers 1860, à Teneg al-Haye, commerçant peu fortuné, mais assez considéré. Il est d'affiliation qadrïa. Parti en septembre 1915 pour la Mecque, il n'en était pas encore revenu au début de 1917.

Les Oulad Yich ont eu pour chef Al-Khairou ould Al-Menna, et aujourd'hui Arouata. Ils nomadisent d'In Alaye à Ourouzil. Ceux qui sont sous le commandement de Mahmoud O. Dahman sont au nombre de 97. Les Oulad Yich d'Arouata comprennent 35 tentes.

IV. — Chez les *Oulad-Dris* on trouve des campements : Ahel-Bahaïdan, et Ahel Ali Moussa, qui sont de pure origine rehamna. On dit autrefois que ce dernier campement est d'origine arib.

La sous-fraction Arib est, comme son nom l'indique, issue de la tribu Arib du sud marocain.

Les autres sous-fractions Oulad Dris, sauf les Ahel Bella sont d'origine Oulad Rizg, c'est-à-dire issues des premières invasions des Arabes hassanes dans les territoires sahariens. Ce sont les Ahel Hammou Dadda, les Ahel Moussa ben Ali, les Ahel Ammara. Ils n'arrivèrent dans le pays qu'après la constitution des Berabich en tribu. Les Ahel Bella sont les cousins des Oulad Bella, la grande tribu du Hodh, qui à la suite de luttes de toute nature, s'est dispersée dans tout le Sahara et fondue dans plusieurs autres tribus. Ils appartiennent à l'ascendance arabe des Daoud Mohammed.

Les Oulad Dris ont pour chef, depuis la déposition d'Ali Ould Hammoadi, Ali Ould Khattar. Ils nomadisent d'In Koumem à In Bokri. Ils sont 220 âmes.

V. — Les *Oulad-Rennam* descendent de Fateh Allah, qui était le fils d'un frère d'Yich ben Al-Atchan. Au delà, leur ancêtre commun est Rennam, frère de Chebel, de Saïd d'Omran et d'Akema, qui tous fils de Hamma, fils de Hassan, sont compris dans l'ascendance des Berabich.

Les Ahel Moussa Arib, qu'on trouve chez les Oulad Rennam, sont des campements issus de la grande tribu arib-doualat du Sahara marocain.

La fraction Oulad Ahmed, jadis florissante, a disparu et s'est fondue chez les Oulad Rennam. Il ne reste plus qu'une tente, chez qui cette filiation, Oulad Ahmed s'est nettement conservée.

Les Oulad Rennam, dont on trouve des campements du même nom et d'autres, dits Rennanma, dans les oasis sahariennes, ont pour chef Omar Ould Sidi Ould Boudiya. Ils nomadisent vers Bamba. Ils sont 210 âmes.

VI. — Les *Oulad Omran* et Zebirat sont les frères des Oulad Berbouch et sont d'origine rehamna. Rahmoun passe dans la tradition arabo-hassane, tantôt pour le frère, tantôt pour le fils de Mezzoud ould Rizg. C'est ce qui fait que les Oulad Rahmoun sont dits souvent Beni Mezzouq, ou simplement Mezzouq, et c'est pourquoi on voit dans le Tarikh de Oualata que l'askia songaï Al-Hadj put envoyer des contingents mezzouq, joints à des bandes touareg, contre les Arabes-Hassanes qui pillaient Oualata (1583).

Les Mehafidh tiennent leur origine, d'après la tradition, des Arabes de Barca (Cyrénaïque.) Leur ancêtre éponyme, Mahfoudh, était un Arabe de pure origine, et parent de Hassen. Il laissa trois fils : Bou Ali, que fut l'ancêtre de la fraction même des Mehafidh ; Sekran, qui fut l'ancêtre des Sekarna, et Abd Allah qui fut l'ancêtre des Aouissat et de quelques campements, fondus dans les Oulad Yahya ben Othman, de l'Adrar Tmar. Ils furent, ajoute la tradition, les émirs des Berabich, lors de leur arrivée dans le Sahara. On trouve encore des Mehafidh et des Sekarna dans les oasis sahariennes.

Le chef des Oulad Omran est Mohammed Ould Brahim, qui a succédé à Oubba Ahmed ould Hammoadi, qui avait fait le pèlerinage en 1908; celui des Mehafidh est Mokhtar ould Djakani.

Les Oulad Omran nomadisent vers Al-Mouilah, les Mehafidh sont spécialement entre Tombouctou et Goundam. Ils sont 40 tentes.

VII et VIII. — Les *Gouanin* (au sing. *Gounani*) sont une fraction mixte de Berbères et de Chorfa, originaire de la fraction du même nom du Hodh, et par delà, issue des Tagounant de Mauritanie. On remarquera que ce mot est le même, l'un à forme arabe (*Gounani*), l'autre à forme berbère (*Tagounant*). L'ethnique du singulier *Gounani* est le même.

Dans cet ensemble de groupements « gounani », il faut distinguer deux origines distinctes, qui sous le même vocable, ont suivi une marche parallèle que de nombreuses relations matrimoniales sont venues plus d'une fois rapprocher : une origine berbère avec *Gounan*, l'ancêtre éponyme des uns et des autres, une origine arabe avec *Mouloud*, chérif venu d'Orient et dont la descendance s'incorpora à la tribu.

En haut **Trarza**, où se forme le noyau générateur dans le

courant du moyen âge, et où la métropole est restée sous
le nom de Tagounant, sont issues deux colonies, qui ont
émigré vers l'Est. L'une s'est fixée dans le Hodh-Sahel et
constitue la fraction maraboutique autonome des Gouanin,
étudiée ailleurs (1). L'autre a poussé plus loin et est venu
s'installer dans la région de Tombouctou, dans l'Azaouad
méridional.

Alors que le nombre des Chorfa semble prépondérant
chez les Gouanin du Sahel, ce qui les a incités à se déclarer
tribu chérifienne, c'est surtout l'élément berbère qui prédomine chez les Gouanin de Tombouctou. De nombreux vestiges dans leur langue, leurs mœurs et leurs traditions
l'indiquent nettement, et ils ont trouvé évidemment un
point d'appui dans les campements touareg et zenaga, qui
constituaient le bas peuple des Berabich ; mais soumis les
unes et les autres aux invasions du Nord, Rehamna et
autres hassanes, ils ont été fortement arabisés.

Avec le temps, les uns et les autres et d'autres immigrants
encore se sont unis dans la grande confédération et sous le
vocable berabich, mais les Gouanin ont gardé leur personnalité bien accusée.

Les fractions d'origine arabe ne les acceptent pas d'ailleurs sur le pied d'égalité. Ils les désignent sous le nom de
« benda », qui correspond à «holafâ», c'est-à-dire « alliés »,
« nationalisés ». Ils les considèrent comme les compagnons
(açhab), c'est-à-dire les vassaux des Ahel Rehal, et leurs
suivants. Mais c'étaient des Zenaga qui ne payaient pas tribut et qui étaient complètement libres. Il y a peu de temps,
au début du commandement de Sidi Mohammed ould
M'hammed et sous ses auspices, ils ont renouvelé leur pacte
d'union avec les Berabich d'origine arabe. C'est dire que
cette union avait un caractère assez précaire.

(1) Cf. mon ouvrage : *Les Tribus maures du Sahel et du Hodh.*

Ils font remonter leur division à leur ancêtre, non dénommé, qui avait épousé deux femmes : une blanche,
une noire. Chacune d'elles lui donna des enfants. Par la
suite, cette différence de teint se perdit, mais le nom resta.
Des dissentiments étant survenus entre les deux campements fraternels, ils durent se séparer et chacun d'eux évo-
lua de son côté, mais en restant toujours unis par un lien
d'alliance.

La sous-fraction des Ahel Dokhnen est considérée comme
Chorfa.

Ali Ould Abidin est le marabout notoire des Gouanin. Il
est né vers 1878, et campe au nord d'Arnessey. Sa principale occupation est le commerce d'animaux et de guinée
chez les Touareg du Gourma. Il est notamment en excellents termes avec Adeïni, chef des Mididagan, et Bekkaoui,
chef des Irreganaten. En 1916, il écrivait une lettre pres-
sante à Adeïni, pour l'engager à rester en paix, et lui
représenta que, contrairement à ce qu'on avait pu lui dire,
la puissance des Français était intacte. Il paraît jouir d'une
certaine influence et en user favorablement.

Les principaux chefs de campements des Gouanin sont :

Ahmed Ould Haïma, chef de la fraction.	23	tentes
Mohammed Ould Qmeiri.	11	—
Hameïdi Ould Bou Bakar.	19	—
Cheikh Ould Bou Youb	41	—
Abidin Ould Bou Bakar.	6	—
Baddi Ould Dahman	7	—
Alada Ould Ahmadou	24	—
Othman Ould Sidi Ali	47	—
Nadjoum Ould Mohammed Aziza	3	—

Avec les Gouanin vivent un certain nombre d'Oulad
Sliman.

Les chefs de ces campements sont :

Chekha Ould Hamay.	18	tentes
Hambo Ould Mourzouk	7	—
Omar Ould AbdAllah	15	—
Djed Ahdlou Ould Ahmedeïda	41	—
Ben Zeïd Ould Mohammed Ibrahim. . .	20	—
Omar Ould Sidi Ali	5	—
Ali Ould Ahmed ould Hamdi	20	—

Ils nomadisent entre le Niger et Teneg al-Haye.

IX. — Les *Reggan* sont d'origine diverses. Les uns sont originaires d'Araouan et paraissent cousins des habitants de la Zaouïat Reggan, district du Touat. Les autres, tels les Yeddas, descendraient des Ansar. Leur ancêtre éponyme, Yeddas, habitait Tichit. Il vint à Oualata et s'établit finalement chez les Oulad Mohammed du Hodh, où il se maria et fit souche. Quelques-uns de ses descendants vinrent chez les Berabich.

Ils s'agglutinèrent, au dix-neuvième siècle, aux Berabich. Depuis, ils ont demandé à s'en dissocier; mais cette permission leur a été refusée par les Français. Ils ont pour chef Djedd Ahelou ould Ahmedeïda. Les Yeddas ont pour chef Mohammed Bani ould Ahmed. Une grande partie des Reggan, dont leur chef, campe ordinairement avec les Gouanin.

Ils nomadisent de Tombouctou à Bamba, entre le Niger et la Dayat en-Nehar. Ils sont 70 tentes.

X. — Les *Sekakna* sont originaires du Sud-Ouest, et descendent des Larlal ou plus exactement de hassanes Djaafria ou Rizg établis chez les Larlal. Quelques-uns émigrèrent et vinrent soit chez les Kounta, soit chez les Berabich. Ceux des Berabich étaient des zenaga des Ahel Rehal. Ils payaient chaque année une chamelle de tribut à celui qui détenait le tambour du commandement chez les Ahel Rehal.

Il y a deux siècles environ, trois tentes sekakna émigrèrent vers le Nord et s'établirent à Akabli, dans les Oasis sahariennes. Elles ont crû et constituent aujourd'hui une fraction d'une trentaine de tentes, qui nomadisent entre Akabli et l'Ahnet. Les Sekakna du nord ont conservé des relations avec leurs frères du sud, et les caravaniers les emploient volontiers comme guides, des Oasis au Niger.

Les Sekakna des Berabich ont pour chef Bou Bakar ben Omar ben Najim. Ce sont de grands nomades. Leurs terrains de parcours sont autour de Takounant et dans tout l'Azouad. Ils sont 45 tentes.

XI. — Sis à 250 kilomètres au nord de Tombouctou sur un territoire désertique, parcouru par les Berabih, *Araouan* est peuplé de familles inféodées ou apparentées à cette tribu. Ce nom lui viendrait du grand nombre de « cordes » nécessaires pour puiser dans ses multiples points d'eau.

Ce nom d'Araouan est très ancien.

Au début du seizième siècle, nous constatons, avec Léon l'Africain, qu'il existe. Celui-ci qui décrit Tombouctou vers 1507, parle, ainsi qu'on l'a vu plus haut, de la ville d'Araouan. Elle est le grenier des tribus berbères proto-Berabich.

Sa véritable prospérité date de l'arrivée des ancêtres des actuels Berabich, et c'est pourquoi la tradition, arabe cette fois, ou tout au moins arabisée, relate que la ville fut comme fondée dans le cours du seizième siècle, quelques années avant l'arrivée des troupes marocaines du Pacha Djouder (1591) par le marabout Ahmed ag Adda. Mais il ne faut pas oublier que l'emplacement était connu et utilisé bien antérieurement. Les puits d'eau d'Araouan sont d'une telle importance qu'il était impossible que des nomades n'en tirassent pas parti, et nous voyons au surplus dans le *Tarikh es-Soudan* que les Touareg Maqcharen, qui au moyen âge ont la prépondérance politique dans la région, « campent dans la saison d'été sur les bords du Niger » où ils devaient fonder Tombouctou, et « à l'automne, se mettent en route et gagnent Araouan où ils demeurent. C'était leur limite extrême dans la région des hautes terres ». Dès cette date, un village avait pris naissance autour des puits d'Araouan. On peut en fonder la certitude sur deux preuves. C'est d'abord les récits de pérégrinations du chérif Ahmed As-Seqli, que rapporte le Fettach. Arrivant d'Orient à Tombouctou, dans le dernier quart du quinzième siècle, ce chérif passe par Araouan où « il trouve comme imam Ali ben Hamīd et comme cadi Abd El-Ouahhâb ben Abd Allah ». Ces deux personnages lui donnent 1.5oo pièces d'or pour achever sa route. Si cette dernière information est manifestement fausse, on peut retenir qu'à cette date (vers 1480) le village d'Araouan était déjà assez important pour nécessiter la présence d'un cadi et d'un imam.

D'autre part, aujourd'hui encore, on parle tant à Araouan qu'à Bou Djebiha une sorte de dialecte, qui est fortement arabisé, mais dont le fond est songaï. Il appert donc que c'est à cette époque (quinzième siècle) où l'empire des askia est florissant, que le premier village d'Araouan a pris naissance et que c'est par des éléments songaï qu'il a été d'abord peuplé.

Vers 1575 donc, un saint homme des Kel es-Souq, Ahmed ag Adda, abandonnant Es-Souq, définitivement ruinée, vint, après diverses pérégrinations au Touat et sur le Faguibine, se fixer à Araouan.

Le *Tarikh es-Soudan* relate que les contingents chérifiens du pacha Djouder ne passèrent pas à Araouan même, mais à l'est de cette ville (1591). Ils n'hésitèrent pas d'ailleurs à réquisitionner les chameaux qui leur étaient nécessaires. La tradition complète les renseignements du *Tarikh* en ajoutant que Ahmed ag Adda, qui se trouvait alors à Telik, fut arrêté par Djouder, puis relâché.

Ahmed ag Adda s'était bâti une maison; d'autres s'élevèrent autour de la sienne; il construisit alors la mosquée qui aujourd'hui porte son nom. En quelques années et pour les raisons qui attiraient autour de la colonne du moine Paphnuce, de « Thaïs », les foules émerveillées de la Haute-Egypte, une cité s'édifia à l'ombre de la baraka du saint islamique. Une tradition de Kel-Antessar dit que leurs ancêtres Iguellad participèrent avec Ahmed ag Adda à la revivification du Kçar. Ce fut la deuxième Araouan et c'est la seule dont la tradition orale ait conservé le souvenir.

C'est là qu'Ahmed ag Adda donna asile au précurseur de la seconde invasion rehamna Abou Makhlouf, qui, au début du dix-septième siècle vint chercher le calme de l'étude et le recueillement de la prière auprès de ce grand marabout.

Ahmed ag Adda mourut peu après (1615 à 1620), et fut inhumé dans la ville même, où son tombeau est aujourd'hui encore l'objet de la vénération générale.

Sise sur la grande route caravanière du Nord, Araouan a été mêlée, de par sa situation, à un grand nombre des événements de l'histoire de la boucle. En septembre 1631, elle voit passer le pacha de Tombouctou, Ali ben Abd El Qader, qui malgré l'opposition générale, se rend en pèlerinage à la Mecque. C'est d'Araouan que le pacha envoya l'ordre de mettre à mort, à Tombouctou, le caïd Abd Allah ben Abd Er-Rahman Al-Hindi. Quelques semaines elle le revoit passer, mais en fugitif, après qu'il a été victime, près du Touat, de l'agression du cheikh Filali ben Aïssa le Berbouchi.

Au cours des années suivantes on voit des « Kahia », à la tête de petits contingents arma, venir à Araouan soit en mission, soit pour y tenir garnison. Il importait en effet au plus haut point au commerce de Tombouctou de rester

maître de ce point d'eau, qui, au surplus, assurait les communications avec le Maroc.

En fin juillet 1713, le pacha Abd Allah ben Al-Hadj ben
Saïd, l'Omrani, à qui son ethnique permet de supposer une
origine berabich, obtient pour la deuxième fois le commandement de Tombouctou. Recevant peu après la visite
d'Al-Ouafi ben Talibna, petit-fils du Sid Ahmed ag Adda,
il le nomme cadi d'Araouan.

On a vu plus haut le rôle infructueux que joua postérieurement ce cadi dans ces tentatives de réconciliation des
fractions berabich.

Sous le pachalik de Mansour ben Messaoud, soit en 1716-
1719, la plus grande anarchie règne dans la région de
Tombouctou. Elle s'étend jusqu'à Araouan, dit le *Tedzkiret*, et le « Kahia de cette ville fut contraint de remettre
aux esclaves noirs jusqu'à des paquets de poisson sec, redevance qui d'ordinaire était perçue par le chef des émirs,
mais jamais par le pacha lui-même ».

Les exactions de ce chef furent telles d'ailleurs qu'elles
entraînèrent la révolte des chorfa de Tombouctou. Ceux-ci,
assistés des renforts que leur expédièrent leurs frères d'A-
raouan et du Tafilelt, et d'une partie de la garnison révol-
tée, mirent en fuite le pacha qui fut déposé (octobre 1719).

Sous le pachalik d'Ahmed ben Alfa Mansour (1738 une
terrible disette désola le pays. « Elle atteignit son maxi-
mum d'intensité, dit le *Tedzkiret*, dans la ville d'Araouan,
où nombre de personnes, femmes et gens affaiblis, moururent de faim. Au cours de cette disette, on vit une chose
qu'on n'avait jamais vue auparavant et dont personne n'a-
vait entendu parler, sinon à cette époque. C'était que les
vivres étant rares et leur prix excessif, le change de l'or
resta cependant très élevé et que ces deux circonstances se
produisirent en même temps. Jamais personne n'avait été
témoin de pareille chose et ne l'avait non plus entendu
rapporter. D'ordinaire, ce qu'on voyait, c'était que quand

1.

les vivres étaient chers, le taux du change baissait immédiatement. »

En août 1742, meurt à Araouan, le maître et confrère de l'auteur du *Tedzkiret*, le juriste Baba Bakari Sayou, petit-fils de Mamadou Diem, caddi du Macina ou des Macin. On ne dit pas pour quelle cause il se trouvait à Araouan.

En 1765, meurt, au rapport du *Fateh Chakour*, le cadi d'Araouan, Talebna, surnommé Sanbirou (le Grand), fils du cadi Sidi-l-Ouafii précité. Le *Fateh* en fait un éloge pompeux : « le premier des juristes et des grammairiens, l'exemple des savants, océan de connaissances, etc. ». Il composa deux ouvrages de droit. Il vivait dans sa bibliothèque. Un jour que la sœur de sa femme vint l'y trouver pour lui demander du grain à l'effet de faire de la bouillie pour sa femme qui venait d'accoucher, il ne répondit pas. Elle lui renouvela cette demande à plusieurs reprises. A la fin agacée, elle lui dit : Ce n'est pas avec les livres qu'on fait la soupe. » Cette exclamation indignée le tira de sa lecture. Il sortit sur le pas de sa porte et Dieu manifesta son affection pour un serviteur si pieux en faisant passer à point nommé un Berbouchi, qui tendit en cadeau vingt pièces d'or au Cheikh. Celui-ci les remit à sa belle-sœur en lui disant avec condescendance : « Prends cet or et va faire de la soupe à ma femme. Ce n'est pas en effet avec des livres qu'on peut faire de la soupe. » Ses funérailles furent favorisées d'une lumière miraculeuse.

Laing (1826) ne paraît pas avoir vu Araouan, puisqu'il fut blessé au nord de la ville et conduit par ses gens au campement de Sidi Mohammed ould Mokhtar Al-Kabir, le Kounti, qui l'amena, après guérison, à Tombouctou.

René Caillié visita la ville deux ans plus tard (1828).

Barth (1854), contraint à Tombouctou de revenir sur ses pas, ne put traverser le Sahara et voir Araouan.

Lenz enfin y passait en 1880.

Les fractions qui composent la population d'Araouan, les Ahel ou Kel Araouan, comme on les appelle, sont : les Beni Sidi Ahmed ben Çalih, les Beni Ahmed ben Aïd al-Amryin, qui constituent les habitants du Kçar ou des Diar, les Ahel Hissa, les Oulad bou Hounda, les Nouaji, les Ousra et, depuis le début du dix-neuvième siècle, en nombre toujours croissant, les Tadjakant.

Les deux premières fractions, qui comptent parmi les plus anciennes, ont souvent entretenu des guerres intestines. Au début du dix-neuvième siècle même, la lutte avait pris un caractère si aigu que les Beni Sidi Ahmed expulsèrent complètement de la ville et de ses pâturages les Beni Ahmed ben Aïd. L'intervention du Cheikh Sidi-l-Mokhtar Al-Kabir, le Kounti, réussit à grand'peine à rétablir la concorde.

Les Ousra sont des individualités de la tribu du même nom qui nomadise dans l'Aklé, entre le Faguibine et Araouan et dépend aujourd'hui du cercle de Goundam. Elles se sont sédentarisées au cours des âges à Araouan.

Les Tadjakant sont des individualités de Tindouf ou des Tadjakant du Hodh que les nécessités de leur commerce transsaharien ont fixées dans cet important point de passage.

Leur situation en flèche expose les gens d'Araouan à plus de pillages encore que les nomades de l'Azaouad. Grâce aux mesures de protection, ceux-ci ne sont pas toujours rejoints par les rezzou. Il est rare que les troupeaux des Ahel Araouan ne le soient pas.

Entre les nombreux pillages dont ils ont été les victimes, on peut citer celui de fin février 1911, où la plupart de leurs troupeaux (fractions d'Araouan-ville et Ousra) furent enlevés par un fort rezzou Oulad Bou Sba.

Dans l'été 1911, une bande de vingt Regueïbat, sous les ordres d'Omar Ould Bachir, s'installe à Bir Ouman, et pendant plus d'un mois intercepte la route d'Araouan à Taoudéni. Quelques caravaniers, allant aux mines avec des

livres ou en revenant chargés de sel, tombèrent dans leur
embuscade. Ils furent gardés prisonniers jusqu'au 15 août,
puis renvoyés sur des animaux fourbus, laissant 90 chameaux entre les mains des pillards.

Aujourd'hui Araouan est bien déchu par suite de la disparition du trafic régulier entre les deux rives du Sahara.
Il reste néanmoins un gîte d'étape de première utilité et un
entrepôt très important sur la route des azalaï de Taoudeni
et sur la ligne caravanière du sud marocain.

La population qui était évaluée, en dehors des captifs,
à 700 âmes au début de notre occupation, ne paraît pas
comprendre aujourd'hui, tout compté, plus de 500 personnes. Il y a 180 à 200 maisons environ. Aucune enceinte n'enserre la ville, qui comme Tombouctou, jaillit
du sable.

Quelques lettrés de renom, et notamment les Ahel Habib, enseignent, outre le texte coranique, les éléments des
sciences islamiques.

Le chef de la ville est le vieil Arousa, dont on a vu plus
haut la notice.

Araouan a été occupé temporairement, à plusieurs reprises, par nos troupes, quand les nécessités de la police
saharienne l'exigeaient.

XII. — *Bou Djebiha*, colonie d'Araouan, est un petit centre
situé à 180 kilomètres de Tombouctou, un peu à l'est de
la route qui conduit de cette ville à Araouan. Beaucoup de
caravanes d'ailleurs n'hésitent pas à allonger quelque peu
leur chemin pour passer par Bou Djebiha.

Le village a été fondé, dit la tradition, au temps du
commandement de Mohammed ben Rehal, Cheikh des
Berabich, avec son autorisation, soit vers le milieu du
dix-huitième siècle. Les premiers habitants furent des Kel es-
Souq et des Kel Araouan que conduisait Taleb Sidi Ahmed,
élève à Araouan des descendants de Sidi Ahmed ag Adda.

Son mariage avec une jeune fille berbouchia déplut à ses maîtres, et il dut se séparer d'eux, emmenant ses amis et télamides.

Il s'installa aux puits, alors déserts et non dénommés, sis à 100 kilomètres au sud-est d'Araouan. En l'honneur du nouvel occupant qui, à cause de son grand et lumineux front, portait le surnom de Bou Djebiha « l'homme au front », ils reçurent désormais l'appellation de Bir Bou Djebiha.

Bou Djebiha, qui comprenait jadis une centaine de maisons de banco et une petite mosquée, tombe aujourd'hui en ruines.

Sa population, ramassis de Kel es-Souq, de Kel Araouan, de Berabich, de haratines, de captifs, ne dépasse guère une cinquantaine d'âmes et tient dans 15 ou 20 maisons qui ne sont pas encore écroulées.

Jadis lieu d'échange du sel contre le grain et les vêtements du Niger, Bou Djebiha n'est aujourd'hui qu'un petit entrepôt où les dernières transactions se meurent.

Il subsistera pourtant, même réduit à une simple expression encore, à cause de ses nombreux et importants points d'eau.

Le commandement du village est exercé par Mohammed ben Abd Allah, le Souqi.

.·.

On ne peut plus clore une étude sur les Berabich, sans dire un mot de *Taoudéni* qui est sous leur entière dépendance.

Taoudéni est née des entreprises marocaines contre Teghazza. Jusqu'à la fin du seizième siècle, c'est Teghazza en effet qui est le centre de l'exploitation saline à l'usage des populations soudanaises.

Déjà sous le régime de l'askia Ishâq, rapporte le *Tarikh*

es-Soudan, les mines de Teghazza avaient fait envie à Moulay Ahmed le Grand, sultan du Maroc. Mais l'ordre de les lui livrer, qu'il envoya à l'askia, ne lui valut que des représailles et un pillage méthodique de la région de Darat.

Son successeur, Moulay Ahmed le Dzehebi, eut plus d'adresse et se fit céder les mines pour un an, moyennant un fort cadeau à l'askia Daoud (vers 1878).

De ce point, il put se procurer facilement les premiers renseignements, nécessaires à l'expédition qu'il projetait sur Tombouctou et qui, après deux ou trois tentatives, devait se réaliser.

En 1585, les Marocains ayant occupé Teghazza, l'autorité songaï de la boucle défendit les azalaï sur cette ville. On chercha alors du sel un peu partout et on en trouva à deux jours au sud de Teghazza : à Taoudeni.

On s'y installa aussitôt.

Taoudéni est sis dans un des pays les plus effroyablement désolés de la terre. Il n'y a pas un brin de végétation, ni de bois à plus de 150 kilomètres à la ronde ; l'eau est extrêmement rare dans la région et ne se rencontre qu'aux puits même de Taoudéni, où d'ailleurs, si elle est abondante, elle est fort mauvaise. On ne brûle que les crottes de chameau séchées, laissées sur place par les chameaux des azalaï. C'est le seul et indispensable moyen de chauffage et de cuisson des aliments. Sise dans une dépression à 50 mètres à peine au-dessus du niveau de la mer, Taoudéni est des points les plus chauds du globe. Pendant neuf mois de l'année, la température est absolument insupportable.

L'agglomération comprend deux petits kçour d'une vingtaine de maisons, dits Smaïdi. Les mineurs vivent dans les mines mêmes : Agorgat, etc., sises à 3 ou 4 kilomètres de là. Ils s'y abritent dans des cases faites avec des barres de sel même, suivant une coutume que signalait déjà Hérodote, il y a trente siècles.

Les propriétaires des mines sont absolument à la merci des Berabich et autres transporteurs de sel. Ceux-ci passent des contrats pour le transport de la mine aux villes du fleuve Tombouctou, Rergo, Bamba, et sont payés en nature. Leur salaire est ordinairement de 5 barres de sel sur 6 transportées, et va quelquefois jusqu'à 13 barres de sel sur 14 transportées. Il reste peu de chose au propriétaire. Il est vrai que les risques sont grands et que chaque année un certain nombre de chameaux sont fournis par les caravanes, et un bien plus grand nombre encore enlevés par les rezzous. Or les risques sont naturellement à la charge du transporteur. Et d'ailleurs la situation économique générale n'en souffre pas ; il importe peu que ce soient les transporteurs ou les propriétaires qui mettent le sel sur le marché.

Taoudéni au contraire souffre de cet état de choses. En effet l'équivalent en vivres et vêtements de cette unique barre de sel, sur 6 à 14 enlevées, est fort peu de chose. Si l'on en retranche encore le gain que prend pour lui le propriétaire, qui ne réside pas à la mine, il ne reste plus rien, et c'est cette quantité infime de nourriture qu'à l'aller les caravanes berabich portent aux travailleurs de Taoudéni.

Quant à la viande, soit fraîche soit boucanée, elle est à peu près invisible ; la chose est difficilement remédiable, pour la viande sur pied, puisqu'on ne peut pas entretenir de troupeaux vivants, mais il serait facile d'approvisionner d'une façon régulière la ville en viande de bœuf, de girafe ou de chameau boucanée.

En résumé, les gens de Taoudéni sont toujours à la veille de mourir de faim, et les rares denrées qu'on trouve sur le marché sont hors de prix. Chaque année, on a à signaler la mort d'inanition ou de misère physiologique de plusieurs individus. En certaines années, où l'insécurité publique avait empêché le départ des azalaï, les habitants de Taoudéni n'ont pu être sauvés qu'à la dernière extrémité.

Voici un résumé de la mercuriale sur le marché de
Taoudéni en temps normal :

```
5 francs valent.  . . . . . . . . . . .    4 ou 6 barres de sel
1 pièce de guinée.  . . . . . . . . . .    4 ou 6    —
Un moudd de 3 kilog. de riz.  . . . . . .    2    —
Un kilo de sucre.  . . . . . . . . . .   10    —
Deux litres de beurre .  . . . . . . . .    4 ou 8    —
Un mouton  . . . . . . . . . . . . .    8    —
Un bourriquot . . . . . . . . . . . .   30 ou 32    —
Un bœuf séché ou la même quantité de
    girafe. . . . . . . . . . . . . .   12    —
```

La meilleure solution serait évidemment que les propriétaires ou les exploitants des mines transportent eux-
mêmes leur sel, au moins partiellement. Ils ravitailleraient
ainsi facilement et abondamment leurs ouvriers : malheureusement ils n'ont pas de chameaux, et au surplus le
nomadisme caravanier n'est pas leur fait.

Il ressort de là que les travailleurs du sel, fort mal en-
tretenus, surtout ceux des Tadjakant, ne restent là que
par force et en leur qualité de captifs.

L'application de nos règlements sur la liberté individuelle entraînerait l'évacuation immédiate de la ville, et la
ruine du commerce du sel, qui est la principale denrée du
trafic de la boucle, et qui au surplus est indispensable aux
populations blanches ou noires.

La population varie suivant les époques, entre 125 et
200 personnes. Plus nombreuse avant l'arrivée de l'azalaï,
elle diminue après leur départ.

En voici le recensement en fin décembre 1912.

A l'arrivée de l'azalaï :

```
Hommes. . . . . . . .  103, dont 65 ouvriers mineurs
Femmes. . . . . . .   39       —
Garçons . . . . . .    9       —
Filles. . . . . . . .   19       —
          Total. . . .  170
```

Au départ de l'azalaï :

Hommes	70,	dont 5o ouvriers mineurs
Femmes	37	—
Garçons.	8	—
Filles.	19	—
	134	

L'ouvrier extrait environ 3 barres tous les deux jours.

Il y a deux azalaï par an : celui d'hiver : décembre-janvier ; celui d'été : mai-juin. Chaque azalaï enlève une moyenne de 3o.ooo barres.

Taoudéni, souvent visité par nos détachements de méharistes ou par l'administrateur de Tombouctou, qui accompagne généralement les azalaï, a été occupé en 1912-1913 par un petit détachement de tirailleurs, sous les ordres d'un sous-officier. Il a dû être évacué par suite de souffrances matérielles et morales vraiment trop grandes que la garnison eut à supporter, et qui entraînèrent un énorme déchet.

Depuis l'occupation française, les anciennes salines de Teguidda et Ntekoun recommencent à être exploitées.

LES IGUELLAD

Sous le nom d'Iguellad on désigne une confédération d'origine arabo-berbère, actuellement targuisée, et qui semi-nomadise dans la région de Tombouctou, dans un cercle de 15o kilomètres de rayon autour de la ville.

Il s'est produit dans cette partie du Sahara un phénomène ethnique exactement contraire à ce qui se passait dans le Sahara occidental. Là les Arabes hassanes ont soumis les populations berbères, et leur ont interdit l'usage des armes. Réduites au chapelet et au kalam, ces populations sont devenues les représentants des sciences arabes et de la civilisation islamique. Ici au contraire, les Touareg sont restés les maîtres politiques du pays. Si les fractions arabes, arrivées dans le pays depuis deux ou trois siècles, ayant déjà une unité constituée et connaissant l'usage des armes à feu (Berabich, puis Kounta), ont pu garder leur individualité, tout en se soumettant d'ailleurs, au moins partiellement, à la suprématie politique des Touareg, les fractions d'une plus lointaine origine arabe, ou prétendue telle, ou en tout cas arabo-berbère, qui se sont constituées sur place avec le temps, ont peu à peu perdu le caractère oriental de leurs ancêtres. Elles ont notamment perdu l'usage de la langue arabe, abandonné la culture des sciences islamiques, et ont emprunté en très grande partie à leurs maîtres touareg, leurs mœurs, leurs traditions, leur langue, leurs coutumes sociales et juridiques.

Il ne leur est resté que des vestiges de cette tradition de leurs origines arabes : à savoir, d'abord le souvenir historique de cette filiation, ensuite une certaine considération pour l'étude, la science et la prière, qui fait que plusieurs d'entre eux ont pu passer et passent pour des arabisants, des juristes et des marabouts éminents ; enfin la réputation auprès de leurs voisins d'être des tolba, ce qui leur vaut de fournir quelquefois des chapelains aux Kel Tademekket, et notamment aux Tenguérédiet, et d'être, en cas de besoin, leurs médecins spirituels et leurs fabricants d'amulettes.

Sous d'autres cieux, on trouve des *marches territoriales*, lieux de transition sis entre deux grands peuples, où deux civilisations et deux races se compénètrent et se fondent partiellement.

Ici, dans ce cadre saharien, sans valeur économique, et où la terre ne compte pas, tout tourne autour de la personne. La *marche* est devenue « personnelle ». Il n'y a pas de pays de transition ; il y a des tribus de transition, des collectivités d'origine arabe, où se sont fondus de forts éléments touareg et qui ont mêlé dans leur sein avec cette double ascendance, les caractères des deux races, les traditions et les données des deux histoires, les mœurs des deux civilisations.

Les Kounta ont trouvé un mot pour désigner ces fractions berbérisées sous la forme touareg : ils les appellent « Iguellad », qui est la déformation arabe des Iguelliden, fractions sises à l'est de l'Adrar des Iforas, et qui ont subi aussi ces transformations ethniques, bien plus accusées d'ailleurs, car elles n'eurent pas le contact de tribus maures pour les aider à conserver, dans une certaine mesure, leurs souvenirs arabes.

Ces Iguellad, marabouts et imprégnés d'arabe et d'Islam, mènent d'autre part, pour tout le reste, une vie privée et sociale identique à celle des Touareg et ne parlent que le tamacheq. Ils se sont glissés, en trois tribus constituées et

autonomes, de la « Tète de l'eau » du Faguibine aux mares
du Gourma, à cheval sur le Niger, entre les Arabes (Kounta,
Bérabich et Tormoz) et les Touareg Kel Tadmekket (Tenguérédief, Irreganaten, Igouadaren). Ce sont les Kel Antessar, les Kel Haoussa et les Cheurfig.

CHAPITRE PREMIER

LES KEL ANTESSAR

I. — Traditions historiques.

Il est et restera sans doute impossible de déterminer l'origine exacte des Kel Antessar. Il suffit donc de s'en tenir, sans critique et sur le terrain purement documentaire, à leurs traditions.

Les Kel Antessar (au sing. *Ansri*) semblent, comme le nom l'indique, les descendants des auxiliaires du Prophète. La tradition islamique a conservé le nom d'un certain nombre de ces amis dévoués de Mohammed, guerriers et marabouts, compagnons fidèles de sa fortune, et la prospérité les a honorés de tout temps sous le nom de « Açhàb » ou de « Ansar ». Antessar est la déformation tamacheq de Ansar.

Les Kel Antessar prétendent descendre d'un de ces partisans, non dénommé d'ailleurs. Leur ancêtre, dit Yaqoub Al-Ansari — et c'est probablement ce nom qui a provoqué la confusion — aurait quitté l'Orient avec Zin al-Abidin, fils de Hosseïn, fils d'Ali, après la défaite des Hachemites par les Ommeïades. Ils s'établirent à Fez et Merrakech. Yaqoub engendra Boubakar, qui engendra Assalih, qui engendra Lemtoun, qui engendra Ishaq (ou Issabakh), qui engendra Abdou Manafia, qui engendra Al-Mouzaffir, dit aussi Al-Mouzaf.

Al-Mouzaffir quitta Fez et se rendit dans le Ahaggar, chez les Touareg Idnan, qui étaient alors les maîtres du pays. C'est de cette époque que doit dater le début de la berbé-risation de la tribu. A la suite de dissensions intestines entre les Idnan, Al-Mouzaffir dut descendre vers le fleuve qu'il atteignit à Iguitichan, entre Bamba et Bourem. Les habitants de ce pays, dit la tradition, étaient alors des Chorfa, qui vivaient en paix sous la domination songaï. Le chef des Kel Antessar mourut là, et fut enterré à Afeïtao, un peu à l'ouest de Rergo.

Son fils, Al-Mouzammil, est mêlé à tout cet exode et d'aucuns le lui attribuent même. On lui donne aussi Afeïtao comme tombeau.

Il laissait un fils, *Infa*, qui devint chef, non seulement des Kel Antessar, mais encore de tous les Chorfa et noirs de la région.

Jusqu'ici, nous sommes évidemment dans le domaine de la légende. Avec Infa qui est l'ancêtre de la tribu, venu le premier dans la région de Tombouctou, nous entrons dans l'histoire : Tous les indigènes de la tribu, d'extraction pure, se rattachent par des traditions très nettes et très sûres à cet Infa ; de plus, la vie et l'œuvre de ce dernier sont à peu près connues, s'étant déroulées sur place.

Il est donc clair que c'est à Infa seul qu'est due cette tradition de l'origine ansarienne et qu'en arrivant dans le pays, il s'est attribué la filiation qu'il a voulue.

Au surplus, d'Infa aux personnalités actuelles sept à huit générations se sont écoulées, ce qui fait entrer cet in-dividu dans le cadre du seizième siècle. Or, au-dessus d'Infa, on n'a conservé le nom que de neuf générations, ce qui est évidemment insuffisant pour les dix siècles qui le séparent de son ancêtre réel ou imaginaire, Yaqoub.

Il y a donc, pour le moins, erreur ou insuffisance de documentation dans la tradition.

Infa, personnage historique, arrive de l'Est, de la région de Bamba ou à peu près, et s'installe dans l'Atlaq, région sise au nord de Tombouctou, dans la deuxième moitié du seizième siècle. Une autre tradition (Mohammed N'Gouna) dit qu'il arriva sur place par le pays des Azdjer (Azguer). Les deux peuvent peut-être se concilier. Son nom serait la déformation, probablement fantaisiste, du mot arabe « ianfaa » *id est :* « il est utile ». Infa est sans famille. Il n'est accompagné que d'un individu, « Annafa », dont les descendants sont fondus aujourd'hui parmi les Kel Techreïr, fraction de la tribu.

L'Atlaq est à ce moment désert. Infa est séduit par les pâturages, et projette d'y rester : il creuse des puits, achète un taureau et épouse une femme, non déterminée, mais qui est, d'après la tradition, targuïa, et même idnanïa, spécifient quelques-uns. Les Idnan sont, en effet, à ce moment la tribu dominante de la région.

Ce fait explique fort bien la targuisation des enfants, c'est-à-dire leur oubli de la langue arabe, leur port du costume local, leur adoption des mœurs et coutumes de leurs oncles maternels. Il ne faut pas oublier qu'Infa est tombé dans une société matriarcale, où les enfants sont considérés comme appartenant à l'oncle maternel, au moins autant qu'au père. Quant à la légende qui relate qu'une belle captive ansrïa fut faite prisonnière un jour par des Touareg ; qu'épousée par un noble de cette tribu, elle mit au monde un fils ; que ce fils élevé parmi ses frères berbères devint un vrai Targui ; que devenu grand, il revint dans sa tribu maternelle et sut par ses brillantes qualités en conquérir le commandement, et qu'alors il imposa mi par force, mi par persuasion, la langue et les mœurs de son père, elle paraît n'avoir pour but que de ménager l'amour-propre des Kel Antessar.

C'est encore le lieu de signaler cette légende répandue dans le Sahara targui, que la première des révélations divines, celle qu'Allah fit au nabi Moïse, a été faite en langue tamacheq. Il s'est établi ainsi, à la faveur des origines juives de certaines tentes des tribus touareg, une curieuse confusion entre les langues hébraïques et tamacheq. Les tolba Kel Antessar tirent parti de cette légende pour remarquer que le tamacheq est en somme une langue sacrée.

D'autres causes et notamment des alliances politiques et matrimoniales des gens d'Infa avec les fractions touareg voisines : Imaqcharen et Imedrirsen accentuèrent encore cette berbérisation. Les Imaqcharen qui ont été mêlés pendant plusieurs siècles à l'histoire de Tombouctou, et dont les divers *Tarikh* soudanais relatent les faits et gestes, ont aujourd'hui disparu comme fraction autonome, mais une partie d'entre eux s'est fondue dans les Kel Antessar : il en est de même pour les Imedrirsen, dont quelques-uns se sont agrégés aux Inataben Alfaw, les autres aux Arma de Tombouctou, les derniers enfin aux populations noires riveraines du fleuve.

Infa fut enterré à In Gouzma, dirent les uns, à Araouan disent les autres, et comme de nombreuses tombes vinrent se joindre par la suite à la sienne, le point est devenu un vaste cimetière, abandonné d'ailleurs aujourd'hui. Il laissait un fils, *Mohammed*, qui n'a laissé d'autres traces que celle d'avoir été enterré à In Teliq et d'avoir eu de nombreux enfants dont la tradition a retenu trois noms : Qoutoubo, dont descendent les Kel Antessar, Marma et Bella, dont la postérité s'achemina en partie vers le fleuve, et par des alliances avec les populations locales a donné naissance à certains campements Kel Haoussa et Cheurfig. On verra dans la notice consacrée à ces tribus, que cette tradition s'est conservée aussi chez leurs membres, et c'est ce qui explique les tendances que de temps en temps on remarque chez certaines fractions à vouloir retourner s'agréger chez « leurs frères Antessar ».

I.

Mohammed Qoutoubo ag Mohammed ag Infa succéda à son père, au début du dix-septième siècle, comme chef des petits campements Antessar, nomadisant encore à cette date dans l'Atlaq.

Sous son commandement, de nombreux puits sont creusés : In Téliq, Al-Maamour, Tazleft, etc. Les caravanes apprennent le chemin de l'Atlaq ; les gens s'enrichissent.

C'est à ce moment aussi que les premiers Chorfa arrivent d'Orient et viennent s'agréger à la tribu. On cite en premier lieu, Choaïb, l'ancêtre des Icherifen, et un peu plus tard un autre Chérif, l'ancêtre des Kel Ouorozil.

Qoutoubo fut, comme son nom (pôle d'Islam) l'indique, un grand marabout et un saint. C'est lui qui donna sa constitution à la tribu naissante, en lui défendant de porter les armes, et en la vouant à l'élève des troupeaux, à la culture, quand la chose se pourrait, au commerce, à l'étude, à la prière.

Ces lois ont été conservées jusqu'au début du dix-neuvième siècle, et les Kel Antessar ne sont jamais entrés en lutte avec leurs suzerains touareg. A partir de 1750, quand se feront sentir les déprédations des premières invasions kounta, les Kel Antessar vont se muer en guerriers et les chasser du pays. Par la suite, ils continuèrent à guerroyer contre d'autres tribus arabes ou foulbé, mais la coutume de ne pas s'attaquer à l'Adjam (élément touareg) sera respectée. Réciproquement les Tenguérédief, Irréganaten, etc., ne marcheront pas contre les Tolba Kel Antessar.

Mohammed Qoutoubo fut le premier propagateur de l'Islam dans la région et convertit beaucoup de Touareg, encore infidèles. Son nom est resté grand, car il jeta dans le pays les semences de la civilisation musulmane et du progrès économique. Il mourut vers le milieu du dix-septième siècle, et fut enterré à N'Gouzma (nord-ouest de Bamba).

Il a laissé de nombreux enfants, dont la tradition a retenu

quatre noms : Mohammed Imellen, qu'on verra ci-après, Mdaïa, Abbana Zohra et Hadj Bella.

Mdaïa est le père d'une nombreuse progéniture dont la majeure partie se trouve actuellement chez les Kel Antessar de l'Est. Les autres sont dans le groupement de l'Ouest.

Abbana Zohra a laissé la réputation d'un saint homme. Il avait su imposer son prestige de telle façon que les Touareg eux-mêmes venaient lui offrir des cadeaux et lui payer une dîme religieuse. Cette tradition s'est conservée, et l'on voit encore parfois quelques tentes tenguérédief offrir des cadeaux aux descendants d'Abbana. Sa progéniture est partagée aujourd'hui entre les deux groupements Kel Antessar.

Hadj Bella fut aussi un saint homme. Il mourut à son retour du pèlerinage, dans une oasis non déterminée du Nord lybien, vers Koufra, semble-t-il. Il a laissé de nombreux enfants, dont les descendants sont aujourd'hui chez les Kel Antessar de l'Est. C'est parmi sa postérité que s'est constituée par la suite la tente du commandement de ce groupement.

Mohammed Imellen, fils aîné de Qoutoubo, succéda à son père à la tête de la tribu Kel Antessar, vers le milieu du dix-septième siècle. Ce fut un grand savant. Comme il est l'ancêtre de toutes les fractions de pure origine du groupe l'Ouest, on le désigne aussi sous le nom d'« Abbana » (« notre père)».

Il vécut aussi dans l'Atlaq ou région des puits. et mourut à un âge fort avancé, 100 ans, dit la tradition (vers 1708). Il fut enterré à Tadrart (colline N.-N.-E. de Tombouctou) près d'un puits qui lui appartenait et sur un petit monticule qui, avec le temps, est devenu aussi un cimetière. Il laissa six fils : Hammada, dont suit la notice ; Mohammed Ahmed, Mohammed Ali, Mohammed Çalih, Mohammed Mostafa, et In Tachreït.

Mohammed Ahmed fut un grand savant ; sa postérité a suivi la tradition et a fourni la plupart des cadis de la tribu au seizième siècle. Son petit-fils Hamma Taher, qui vient de mourir, en 1912, a laissé une réputation considérable. A la fois savant, honnête et désintéressé, il fut un cadi réputé, et à la mort de d'Al-Mahdi, père du chef actuel de la tribu, lui succéda, dans l'estime populaire, comme cadi supérieur ou arbitre des cadis de fractions. Il tenait dans l'Ataram, près de Toukabongo, une école coranique florissante, fréquentée par les enfants iguellad et touareg. Il y professa même quelque peu le droit et la grammaire. Il est décédé, sans postérité directe, laissant deux frères : Alaloué, son aîné, et Mohammadoun, son cadet, qui ont hérité de sa succession spirituelle.

Mohammed Ali, Mohammed Çalih, et Mohammed Mostafa ont laissé une postérité nombreuse qui se trouve chez les Kel Antessar de l'Ouest. Mohammed Ali est le père de ce Mohammed Mokhtar dont le Cheikh Kounti, Sidi-l-Mokhtar Al-Kabir, eut un moment l'intention de se servir pour faire concurrence à l'autorité de Hammada, puis de ses fils Doua-Doua et Houalan (fin du dix-huitième siècle).

In Tachraït le dernier des fils de Mohammed Imellen, est l'ancêtre des Kel Bankor (Ouest).

Hammada ag Mohammed Imellen est né vers 1690, et est mort vers 1775. Il a été enterré près du puits d'Aïbadan, au nord de Bamba.

Il vécut aussi dans la région des puits, mais se rapprocha du fleuve, et étala ses campements du Farach à Bankor et à Ras el-Ma. Il s'y acquit la réputation d'un savant et d'un cadi. Cette réputation était sans doute relative, un marabout pouvant passer pour un grand lettré chez les Iguellad, sans l'être pour cela d'une façon absolue. Le *Kitab al-Taraïf* rapporte qu'à la suite de dissensions entre télamides et fidèles du Cheikh des Kel Antessar et de Sidi-l-Mokhtar Al-

Kabir : celui-ci fut convoqué à une joute intellectuelle et littéraire, comme la coutume en existe encore au Sahara. Les Kel Antessar comptaient assister à la défaite écrasante du Kounti. Sidi-l-Mokhtar ne se déroba point et se présenta au palabre. Il interpella à plusieurs reprises Hammada qui ne répondit point, et baissa la tête. Un des assistants l'excusa alors, et Sidi-l-Mokhtar se retira avec les honneurs de la lutte.

Le fait n'est pas impossible, car l'élément kounta, complètement arabisé, est bien plus instruit que l'élément iguellad, et de plus, la personnalité de Sidi-l-Mokhtar Al-Kabir, étudiée ailleurs, domine ses contemporains de cent coudées. Il ne faut pas oublier toutefois que le *Kitab al-Taraïf* a été rédigé par son fils ou d'après son fils, Sidi Mohammed, et qu'à ce titre il doit être partial.

C'est à ce moment que, descendant de plus en plus vers le Sud, les Kel Antessar se fixent sur la rive nord du Faguibine, et entreprennent leurs premiers travaux agricoles.

Hammada a laissé une dizaine de fils, qui sont les ancêtres des campements actuels, et dont la vie sera mieux connue, car elle se déroule en plein dix-neuvième siècle.

Ses enfants sont Eddi, Attahil, Bettiti, Doua-Doua et Houalan, dont on verra pour ces deux derniers la notice ci-après, Haïda, Mohammed Ahmed, Mohammed Mokhtar, et Saï.

Eddi (déformation de Ed-din la religion) et Attahil étaient jumeaux, et même frère siamois, puisqu'il fallut les sectionner chirurgicalement; leurs enfants sont dispersés dans les deux groupes de la tribu.

Bettiti, de son vrai nom Mohammed Mouloud, a eu une vingtaine de fils dont la moitié a fait souche chez les Kel Antessar de l'Est, et l'autre dans la fraction Kel Farach, du groupe de l'Ouest.

Habda a laissé six enfants : Ahmed Mamma, Mohammed

Hamed, Mettahil, Ezzeki et Banza, dont la postérité est
dispersée dans les deux groupes.

Mohammed Ahmed fut, comme son oncle, dont on lui
donna le nom, un grand savant. Sa postérité est dispersée
dans les deux groupements Kel Antessar.

Mohammed Mokhtar et Saï, derniers fils de Hammada,
ont des enfants dont la postérité se trouve dispersée dans
les deux groupements de la tribu.

Doua-Doua, appelé ainsi à cause de ses bégaiements enfan-
tins, mais qui de son vrai nom s'appelait Mohammed Allamin, et *Houalan* prirent ensemble le commandement de la
tribu, à la mort de leur père, Hammada (vers 1760).

Ce cas de dualité princière va se retrouver plusieurs fois
par la suite, et à ce titre mérite d'être signalé. Doua-Doua
aura la direction des rezzous et des affaires de guerre. Houalan, pieux et savant, conservera la direction des affaires inté-
rieures.

C'est qu'en effet, à ce moment se pose une question de
vie ou de mort pour la tribu.

Les premières invasions kounta viennent de se produire
sur la fin du régime de Hammada. Les escarmouches ont
déjà ensanglanté la dune.

D'autre part, les Maures de l'Ouest : Mechdouf et Oulad
Allouch; ceux de l'Est : les Berabich, mécontents de voir
ces nouveaux venus envahir leurs terrains de parcours,
essaient de les expulser avec l'aide des Peul.

Il faut donc organiser une résistance efficace aux Maures
guerriers, et à peine installé se défendre contre les empiète-
ments des Kounta.

Doua-Doua fut l'homme de la situation. Sous ses ordres,
cette tribu de tolba fait donc son apprentissage des armes,
déclare la guerre aux Kounta, à qui elle avait fait tout
d'abord un excellent accueil, mais qui en avaient abusé en
pillant les campements et en accaparant les puits, et les

rejette vers le Nord et Nord-Est, vers l'Azouad notamment.

Les Kel Antessar eurent la bonne fortune de trouver l'homme de guerre, que nécessitaient les circonstances, en la personne de Doua-Doua. Tout son règne est rempli de ses exploits guerriers contre les Kounta, dont les migrations arrivent sans cesse du Hodh : le combat de Timessoukaten notamment, près de Mbouna, sur les bords du Faguibine, est resté célèbre ; les Kounta y furent décimés ; puis contre les Berabich, Mechdouf, Oulad Allouch et Peul, qui furent expulsés du Faguibine. Il eut la satisfaction à sa mort (vers 1812) de voir ce danger maure définitivement écarté de sa tribu. Il fut enterré à In Kounder, à l'O.-N.-O. de Bamba.

Son frère et collègue au pouvoir, Houalan, expirait peu après (vers 1815) laissant une centaine d'enfants aujourd'hui dispersés chez les Kel Antessar de l'Est, mais surtout de l'Ouest. Il fut enterré à Farach.

Mohammed Ahmed, l'aîné des fils de Houalan, et *Mohammed Ali* l'aîné des fils de Doua-Doua, succédèrent à peu près ensemble à leurs frères respectifs, et continuèrent la dualité du commandement.

Ils firent la guerre aux Peul du Macina, qui venaient razzier sur le territoire de la tribu, et lui avaient même imposé un tribut annuel de deux chevaux. Ils poussèrent leurs pointes contre Chékou Hamadou, jusqu'aux portes mêmes de Hamdallaye, sa capitale. Le frère cadet de Mohammed Ahmed, In Rallala, fut le meilleur chef guerrier de son temps.

La mort inopinée de Mohammed Ahmed, au moment où dans une course à chameaux il venait de prendre une pincée de tabac à priser, laissa croire qu'il avait été empoisonné (vers 1835).

Son frère, In Rallala, lui succéda et continua de régner

avec Mohammed Ali. Ils guerroyèrent contre les Allouch pillards, et les contraignirent à rester chez eux.

Ils moururent tous deux, à la même époque (vers 1848) et furent enterrés au Daouna. Ils eurent comme successeurs Mohammed Çalih et N'Gouna.

In Rallala laissait cinq fils dont le plus notoire est Ousman, taleb errant qu'on retrouve dans toutes les tribus du Hodh et du Nord de Tombouctou, et à qui cette vie de vagabondage mystique a fait attribuer à tort ou à raison les plus noirs desseins contre notre domination. Il est en tout cas certain qu'en 1906, il se rendait à Oualata dans le but de rejoindre les fils de Ma Al-Aïnin au Tagant. Ayant appris en cours de route leur défaite, il rentra sur le territoire de Goundam. Peu après, il se mettait en route pour la Mecque, mais il s'arrêtait presque aussitôt sur les instances d'At-Taher ag Al-Mahdi, qui voulait le réconcilier avec le chef de la tribu, Allouda, et qui s'y employa en vain. Enfin, en 1916, lors des incidents des Touareg de la boucle, il s'en fut chez les Igouadaren, et revint précipitamment quand il vit que ceux-ci étaient battus. Il vit actuellement fort tranquille dans son campement, avec ses quatre frères.

Mohammed Çalih ag Hamma Moustafa ag Doua-Doua, neveu de Mohammed Ali, et *N'Gouna*, fils de Mohammed Ahmed, poursuivent pour la troisième fois l'expérience de la dualité du commandement chez les Kel Antessar.

Ils guerroyèrent contre les Kounta, qui longeaient leur territoire pour aller s'attaquer contre les Foutanké d'A-Hadj Omar, de Ahmadou Chékou et de Tidiani, et par contre-coup contre les Peul du Macina qui étaient leurs alliés. Aux Kounta de l'Aribinda ils infligèrent la sanglante défaite de Kourzediaye (vers 1874) qui ruina pour plusieurs années la tribu.

Mohammed Çalih mourut sans enfants vers 1874, et fut

enterré aux Daouna. N'Gouna resta seul chef des Kel Antessar, jusqu'à sa mort (1898).

Avec lui, nous entrons dans la période actuelle et c'est
pourquoi la notice qui le concerne sera incluse au chapitre
suivant.

Il semble ressortir des traditions locales que le commandement fut toujours respecté dans la tribu : il y eut naturellement de nombreuses luttes intestines, mais on ne vit
pas ces multiples inter-assassinats de frères et de cousins
pour se prendre le pouvoir.

La dévolution du pouvoir politique se faisait à la fois par
la désignation du chef précédent et par l'élection de la
djemaa. L'hérédité était de principe, mais ce n'était pas l'hérédité individuelle : c'était dans une famille que se trans-
mettait le pouvoir, et il était dévolu à la personne la plus
digne, indépendamment de la priorité, de la naissance et de
l'ordre des branches.

Un tambour monstre était l'indice du commandement
et seul le chef de la tribu avait le droit de le faire battre.
Quand le chef mourait, son fils devait le porter au chef
élu. N'Gouna avait en dernier lieu un tobol original. Oelui
dont il avait hérité étant en mauvais état, il résolut de
s'en procurer un aux dépens des Kounta ses ennemis. Il
marcha donc contre un campement où il y avait un tambour
de première dimension et l'enleva dans le pillage. Son fils
Mohammed N'Gouna l'a brisé en 1898, à la mort de son
père, pour n'avoir pas à le remettre au successeur. Allouda.

II. — Les personnalités actuelles.

A. — *Les enfants de Mohammed Ahmed ag Houalan.*

Mohammed Ahmed ag Houalan ag Hammada, dont on
a vu antérieurement la notice, a eu une quinzaine de fils,

qui pour la plupart ont fait souche et dont la postérité
constitue, à l'heure actuelle, les campemements aristocratiques des Kel Antessar.

À ce titre, chacun d'eux — ou à peu près — mérite une
mention spéciale, qui sera plus ou moins longue, suivant
le rôle qu'il a joué personnellement ou que ses enfants ont
joué.

1° *Çalih*, né vers 1800. Il est mort vers 1835, au cours
d'une lutte singulière contre un lion. La bête et l'homme
restèrent sur le carreau. Il ne laissait pas d'enfants;

2° *Taïfour*, né vers 1800, est mort vers 1880, laissant
plusieurs enfants dont la postérité est aujourd'hui dispersée dans les divers campements des Kel Antessar de
l'Ouest;

3° *Mohammed Ouafi*, né vers 1800, est mort vers 1850,
laissant deux fils : At-Taher, encore vivant, et Andïa, décédé
vers 1896. Leur postérité est dispersée dans les campements
des Kel Antessar;

4° *Ohékhoutou*, de son vrai nom Mohammed At-Tahar,
est né vers 1805. Il est mort vers 1865, laissant deux fils :
Allamin, encore vivant, Choaïb, mort dans une rixe en 1916.
Leurs campements s'élèvent chez les Kel Inteberimt;

5° *Oumellah*, de son vrai nom Mohammed Al-Mahdi,
est né en 1820. Il est mort vers 1910, ayant toujours vécu
en mauvaises relations avec les Kel Antessar de l'Est et particulièrement avec Hakouya. Il a laissé un fils, Mohammed
Mouloud, dont le campement est joint à celui de Mohammed
N'Gouna.

6° *N'Gouna*, né vers 1830, s'appelait de son vrai nom
Mohammed Ali. Il fut ainsi appelé parce que, tout petit et
sautant sur les genoux de sa négresse qui chantait, il demandait toujours : « Qu'est-ce qu'elle a dit » (n'gouma).

Il fit de très bonnes études islamiques, puis dès son ado-
lescence commença à guerroyer contre les Allouch, les
Mechdouf, les Boradda, les Kounta, les Berabich. Par la

suite, il tourna ses armes contre les Bambara de Diouri et les Foutanké de Tidiani.

Il fut désigné comme Cheikh de la tribu par In Rallala son oncle paternel, l'année même de la naissance de son fils (Mohammed N'Gouna), c'est-à-dire vers 1865.

Pendant vingt ans, il guerroya contre les Kounta du Gourma, entravant les opérations militaires d'Abidin, fils du Cheikh Bekkaï, contre les Foutanké de Tidiani.

En 1885, Caron signale que N'Gouna, tout chef des tolba qu'il est, vient de contracter alliance avec Liouarlich, chef des Tenguérédief, qui vient de battre Abidin, et par ses manœuvres empêche celui-ci de marcher sur Tombouctou.

Caron eut d'ailleurs à souffrir de l'opposition de N'Gouna qui, allié aux Touareg, l'empêcha d'accomplir sa mission et d'entrer à Tombouctou. Il manifesta même l'intention de lui faire un mauvais sort, mais ne put s'emparer de l'officier, qui était sur ses gardes.

C'est N'Gouna que les Français trouvèrent à la tête des Kel Antessar, lors de l'occupation de Tombouctou (fin 1893). La tribu nomadisait alors du Faguibine à Bamba, c'est-à-dire englobait la capitale dans ses terrains de parcours. Aussi le conflit devait-il se produire, dès le premier jour.

N'Gouna réunit ses hommes et rejoint à la hâte le camp Tenguérédief qui, en leur qualité de guerriers suzerains, prenaient la direction de la résistance. Le palabre s'éternisa; N'Gouna voulait immédiatement attaquer Boiteux; l'avis contraire prévalut. A l'annonce de la colonne Bonnier, les contingents noirs peul et Kel Antessar se dispersèrent, et la gloire de Takoubao revient — ou à peu près — aux seuls Tenguérédief.

Leur audace accrue devait expier durement, dès les mois suivants, ce premier succès.

Les Kel Antessar au contraire menèrent la lutte plus longtemps. Se refusant à tout combat de ligne, ils inaugurèrent une lutte de coups de main et de razzia, portant

d'ailleurs leurs efforts beaucoup plus sur les villages soumis
que contre nos troupes. N'Gouna résumait lui-même sa
méthode dans la réponse qu'il fit au chef des Akotaf qui
venait lui réclamer des captifs et des troupeaux enlevés :
« Je ne puis pas prendre Tombouctou ni Goundam, car
les Français sont plus forts que moi, mais j'attaquerai
ceux qui sont avec eux. » On saisit fort bien, à ce moment,
dans les conciliabules de N'Gouna avec les chefs des tribus
voisines son désir de placer la résistance sur le terrain
religieux et de faire une véritable guerre sainte à l'infidèle.

Cette lutte se poursuit deux ans : battus une première
fois à Sakénébaga (mai 1894) où le capitaine Bigaut razzie
un de leurs campements, une seconde fois à Tatiga, à la
pointe du Fati (juin 1894) par le capitaine Géraud, qui
reprend les gens et troupeaux d'Ougonkoré et tue une trentaine de guerriers, les Kel Antessar ne tardent pas à
prendre leur revanche. Ils dévastent l'Ataram, pillent les
villages de Bitagongo, Tonkobongo, Nbouna, enlèvent les
gens, razzient les troupeaux.

L'histoire de cette période troublée a été écrite par
M. Lattapy dans la monographie du cercle de Goundam.
Elle est résumée ci-dessous, d'après cet administrateur, et
quelquefois complétée ou rectifiée.

Dongoï est attaqué en fin mars 1894, le chef du village,
Amar Abokar, est tué avec une quinzaine d'hommes, et
plus de cinquante femmes et enfants sont emmenés en
captivité, puis les pillards s'enhardissent : ils enlèvent deux
cents bœufs appartenant au troupeau du poste. Le lieutenant Frantz les poursuit, les rejoint à Karao-Kamba et
leur reprend leur butin après les avoir châtiés (avril 1894).
Ils devaient d'ailleurs revenir et attaquer le quartier ouest
de la ville (décembre 1894).

Le 8 juin, un parti des Kel Antessar tombe sur Ougoukoré,
dont il enlève le troupeau. Avertis à temps, les capitaines

Bigaut et Gérard leur coupent la route du retour et, au combat du Fati, leur causent de sérieuses pertes et reprennent le troupeau.

La terreur règne dans tout le cercle. Sur toutes les routes, le long des rivières, aux environs des villages, rôdent par petits groupes les cavaliers de N'Gouna. Marchands venant de Tombouctou, Somonon de Dangoï et de Gallaga, bergers des villages et même des tribus touareg soumises, cultivateurs dans les champs, il ne se passe de jour où quelques personnes ne soient enlevées — et ce qui augmente encore l'affollement, c'est le sort réservé aux prisonniers. N'Gouna qui craint de les voir s'échapper, s'il les garde dans le pays, les envoie à Bassikounou, chez les commerçants maures où les attend la pire servitude.

Le résultat ne se fait pas attendre : les affaires sont arrêtées ; on cultive juste ce qu'il faut pour ne pas mourir de faim, et aux environs immédiats des villages seulement. Beaucoup de gens immigrent dans la boucle du Niger. Le village trop isolé de Fatakara, pillé en 1894 et constamment inquiété, est évacué en masse — la situation des commandants français devient cruelle.

Obligés, malgré les demandes incessantes, à s'en tenir à la défensive passive et à restreindre leurs opérations à des poursuites dans un rayon de quelques kilomètres, ils voient le cercle se dépeupler de jour en jour et s'appauvrir par suite des prises et surtout du chômage.

Les habitants des villages demandent des armes qu'on ne possède pas et une protection plus efficace qu'il est interdit de leur accorder. Ils en arrivent à regretter la domination si lourde des Tenguérédief et ne s'en cachent pas d'ailleurs. A la réunion des chefs convoqués à Goundan en prévision de l'arrivée du gouverneur Grodet, l'émir de Dongoï déclare « qu'ils auraient été heureux de voir Chebboun réoccuper leur pays » (26 mars 1895).

Tandis que le prestige des Français décline, celui de

N'Gouna augmente à proportion. Dans le cercle de Goundan seulement, ses prises dépassent 100.000 francs : c'est un chef puissamment riche et tout le monde lui répète qu'il est un grand guerrier.

La fraction pacifique des marabouts Kel Antessar d'Allouda l'a, il est vrai, abandonné, mais le reste de la confédération des Iguellad est pour lui. De plus, il reçoit des alliés du dehors. Le Cheikh Ould Sidi Ould Hennoun lui envoie à plusieurs reprises des contingents allouch. Les Mechdouf eux-mêmes et les Tormoz lui amènent des bandes de pillards. Il est à remarquer d'ailleurs que pendant ce temps Mechdouf et Allouch nous faisaient chez eux les plus vives protestations d'amitié.

L'audace de N'Gouna s'accroît, et il couronne la série de ses exploits par une razzia plus importante encore que les précédentes.

Les gens de Douékiré, déjà fort éprouvés en juin 1895 par les pillages de Djeddou, chef des Allouch, avaient envoyé leurs femmes à Bani, où elles leur semblaient en sûreté.

Le 15 juillet, N'Gouna fit attaquer ce dernier village. Le fils du chef de Douékiré qui s'y trouvait fut tué, 60 femmes de Douékiré et 10 de Bani furent emmenées et vendues à Bassikounou. Tout fut pillé. Mais au moment même où N'Gouna triomphait, où l'on pouvait craindre que les populations désespérées, fissent défection, de nouvelles instructions étaient données, suivies d'une offensive de nos troupes.

Bientôt il fut facile de voir combien peu de chose était cette puissance de N'Gouna, faite surtout de l'excès de notre patience. La période d'inaction forcée avait été mise à profit par les chefs français pour compléter leurs renseignements ; on commençait à connaître le pays, on savait les points faibles de ces tribus nomades qui tout d'abord paraissent insaisissables, alors que, pendant toute une saison, elles sont à la merci de quiconque peut les chasser des pâturages et empêcher leur ravitaillement en grains et surtout en eau.

Le 1er août 1895, une petite reconnaissance commandée par le capitaine Florentin partait de Goundam, visitait le village de Douékiré encore sous le coup de l'affaire de Bani, puis, contrairement à tous les précédents, tournant brusquement au nord, se dirigeait sur Farach et Ememella.

Prévenus par les Imededren soumis, les Kel Antessar abandonnèrent leur campement en toute hâte, mais une partie des Maures, confiants dans leurs fusils doubles, osa s'approcher jusqu'à 600 mètres de nos tirailleurs ; quelques salves suffirent à les disperser. Au retour de la reconnaissance, les Iguellad, réunis à ce contingent maure, tentèrent de renouveler pour leur propre compte la surprise de Takoubao. Vers la fin de la nuit, ils réussirent à la faveur d'un terrain très boisé à s'approcher, sans avoir été vus, du campement français, et se précipitèrent à l'assaut avec une furie remarquable. Mais cet élan fut arrêté par la double haie d'épines que nos troupes avaient pris l'habitude d'établir autour de leurs bivouacs. En un clin d'œil, les tirailleurs furent debout et leurs feux de salve eurent bientôt balayé le terrain.

L'affaire, très courte, avait été très meurtrière. Huit tirailleurs avaient été atteints par les javelots touareg. En revanche, de nombreux cadavres d'Iguellad restaient sur le terrain et tout porte à croire que l'ennemi eut un nombre plus considérable de blessés. La colonne rentra à Goundam avec de gros troupeaux Kel Antessar.

Ce combat de Farach, très honorable pour les tirailleurs, et surtout le fait que nos troupes s'étaient, pour la première fois, avancées jusqu'à Ememella, inquiétèrent fort tous les individus qui ne s'étaient fait pillards que parce qu'ils se croyaient sûrs de l'impunité. Pendant toute la saison sèche, les opérations furent très actives. Au moment de la récolte un détachement pourvu de pirogues alla occuper l'île de Taguilem ; par de fréquents débarquements sur la

côte nord du Faguibine, il se rendit fort gênant pour les
Iguellad et les Maures de N'Gouna, obligés en cette saison
de venir aux abreuvoirs soit d'Ememella soit de Tahakimt.
A ce point de Tahakimt, le campement de N'Gouna fut un
jour surpris par le peloton de spahis Imbert et dut fuir,
abandonnant ses tentes, ses vivres, ses tapis et tous ses
livres.

D'autres reconnaissances, accompagnées de détachements
de cavaliers, parcoururent à diverses reprises la rive nord
du Faguibine, traitant toute cette contrée en ennemie, brû-
lant les campements, enlevant les troupeaux et s'emparant
de nombreux captifs. Pendant ce temps une colonne, sous
les ordres du commandant Réjou, procédait sans difficulté
à l'occupation de Sumpi.

N'Gouna devait avoir un dernier succès. Il pillait, au
début d'octobre 1895, un campement de nomades soumis
à Tazaïert, et dans sa fuite tuait le lieutenant de spahis
Bérard, qui lui donnait la chasse.

Ces diverses opérations, rapidement menées, achevèrent
de déconcerter les Iguellad et les Maures Oulad Allouch,
les premiers spécialement atteints par les reconnaissances
du Faguibine, les seconds par l'établissement d'un poste à
Sumpi.

En décembre 1895, les résultats de la nouvelle politique
étaient déjà sensibles. Beaucoup de chefs Kel Antessar se
rendirent à Tombouctou pour y faire leur soumission.
N'Gouna furieux, malade, suivi seulement de quelques
fractions d'Iguellad plus fidèles ou plus compromises, et de
pillards Allouch et Tormoz, s'était retiré dans le Nord et
avait cessé d'inquiéter les villages, protégés d'ailleurs par
l'inondation.

Lorsque s'ouvrit l'année 1896, la situation au point de
vue militaire était excellente, mais les esprits n'étaient pas
encore rassurés. Craignant toujours d'être pris pour des
rebelles, les nomades soumis s'enfuyaient du plus loin

qu'ils apercevaient nos reconnaissances. Quant aux sédentaires, ils doutaient toujours de la durée de la paix.

Chebboun, qui n'avait jamais consenti à venir dans un poste, était-il réellement soumis ? N'Gouna ne reprendrait-il pas les hostilités au moment de la révolte ? le cas échéant, protégerait-on les villages de la même activité que dans les derniers mois ?

Puis, comme il arrive après les périodes de troubles, la sécurité sur les routes n'était pas encore complète pour les isolés ; d'autre part, se croyant à l'abri de toute répression, parce qu'ils habitaient le territoire d'Aguibou, les Bella et les Peul de la rive droite ne se faisaient pas faute de piller le le long du fleuve, et même de le traverser.

Le voyage du colonel gouverneur de Trentinian dans la région (février 1896) contribua dans une large mesure, à ramener la confiance. D'abord, Chebboun surmontant les craintes que nos adversaires lui avaient inspirées vint rendre visite au gouverneur à Goundam. C'était de sa part un acte de soumission et aux yeux du public un gage de paix.

Le sort de N'Gouna fut réglé également : un délai lui fut accordé, passé lequel il devait être déclaré rebelle. Enfin la création du poste de Ras el-Ma (mai 1896) fut décidée. Ce poste tout en surveillant la rive du Faguibine, devait rendre désormais impossibles les incursions des pillards dans le triangle Ras el-Ma-Goundam-Sumpi ; peu après, un arrêté fut promulgué concernant la répression du vol à main armée. Tout individu convaincu de brigandage devait être sur-le-champ passé par les armes, et comme la piraterie régnait encore sur les bords du Niger, on rendit responsables les villages et les campements des crimes commis dans leur voisinage. L'application énergique de ces mesures donna de bons résultats, et, dès le mois de juillet 1896, les isolés purent circuler sans danger sur toutes les routes du cercle.

A partir de cette date (1er janvier 1897) le pays a joui d'une parfaite tranquillité.

Le parti proprement maraboutique des Kel Antessar, commandé par Alouda, et qui, depuis quelque temps déjà, avait refusé de suivre le chef général de la tribu, et fait sa soumission personnelle, se vit allouer comme terrain de parcours la zone Faguibine-Tombouctou.

Quant à N'Gouna, il s'était retiré sur le Haoussa de l'Est, et, assisté de ses derniers fidèles, soutint quelque temps encore la lutte. Il finit par trouver la mort en 1898, dans des circonstances restées obscures.

La version officielle est que, fait prisonnier les armes à la main, il fut simplement fusillé par application des mesures en vigueur.

Son fils Mohammed N'Gouna dit, et cette version est admise par la tradition locale, même française, que N'Gouna, fatigué de cette vie errante, abandonné par les siens, fortement poussé par Allouda et At-Taher, venait faire sa soumission, quand il rencontra, le 7 novembre 1898, une compagnie de tirailleurs sénégalais en tournée de police. On lui intima l'ordre de faire demi-tour et de se rendre à Tombouctou, auprès du commandant de région. C'est ce qu'aurait voulu faire N'Gouna. Mais impressionnés par les cavalcades et mouvements de fantasia de son escorte, les tirailleurs qui craignaient à juste titre ces charges fougueuses qui leur avaient fait subir plusieurs échecs, ouvrirent le feu ; N'Gouna tomba frappé à mort. Son fils Mohammed, qui était présent, ajoute que l'officier français le fit aussitôt appeler et lui exprima tous ses regrets de cet accident malheureux, dû à la nervosité de la troupe.

N'Gouna laissait deux fils : Mohammed et Hammeta. Celui-ci est né vers 1896. Sa tente est plantée dans le campement de son frère aîné. Il poursuit ses études arabes.

Mohammed N'Gouna, né vers 1865, a succédé à son père

N'Gouna comme chef du campement. Il l'avait accompagné dans ses courses contre les Français et leurs administrés, et en 1898, le jour même de sa mort malheureuse, fit sa soumission officielle.

Il se retira dans ses campements et encore trop jeune pour donner carrière à ses ambitions, ne fit aucune opposition à son oncle Allouda, nommé chef de tribu. Il rendit d'ailleurs des services distingués dans des contre-rezzous contre les Oulad Yahïa ben Othman, de l'Adrar, et les Regueïbat.

Il accompagna plusieurs des colonnes françaises opérant contre les Touareg de la boucle ou contre les Arabes du Nord. Il était notamment aux côtés du commandant Laverdure, au combat de Baney (1908).

D'humeur indépendante, et avec l'âge ne voulant pas sans doute avoir à subir les ordres des nouveaux chefs Kel Antessar, Mohammed N'Gouna a vécu une partie de son existence en dehors de sa tribu. Son campement est resté pendant de nombreuses années au bord du Faguibine et même plus haut, sur le territoire berabich, avec lesquels il entretenait d'excellentes relations.

Mohammed N'Gouna avait espéré que ses services lui vaudraient un jour l'héritage paternel. La nomination d'At-Taher d'abord comme coadjuteur d'Allouda, puis, à la mort de celui-ci, comme chef tributaire des Kel Antessar, le remplit de dépit et à dater de ce moment, il ne cessa de se compromettre par son opposition. Il faut ajouter qu'il avait voué une haine égale à Allouda et à At-Taher, qu'il accuse d'avoir attiré son père dans un guet-apens pour le faire tuer par les Français. De 1911 à 1914, il donna asile, sans que le fait pût d'ailleurs être prouvé nettement, à des dissidents ou même à des fractions de rezzou, dans son campement du Nord, où il aurait dû normalement être razzié et où jamais le moindre incident ne se produisit, alors que ses voisins étaient mis en coupe réglée.

On finit, par mesure de prudence, par lui envoyer l'ordre de transférer son campement dans l'île de Binga, sur le Gourma.

En octobre 1915, le bruit court qu'il reçoit fréquemment des envoyés Igouadaren et Kel Gossi, tribus touareg de la boucle en pleine révolte. On dit même que sa fuite chez ces derniers est préparée. L'Administrateur se décide alors à le rapprocher de lui, et à l'installer à Goundam même. Il apprend a ce moment-là que Mohammed venait de quitter ses campements et se dirigeait vers la mare de Gossi. Des gardes, lancés à sa poursuite, le rejoignirent à une journée de marche dans l'intérieur. Ramené à Goundam et gardé à vue, il ne tarda pas à se livrer à de nouvelles intrigues et on apprit qu'il avait à nouveau préparé sa fuite, chez les Oullimiden cette fois, et que des relais de chevaux et de chameaux étaient prévus entre Goundam et Gao.

Traduit devant le tribunal de cercle, le 22 décembre 1915, Mohammed N'Gouna fut condamné à trois mois de prison et à un an d'interdiction de séjour. Cette interdiction de séjour a été commué en un an de résidence obligatoire à Ségou. Devenu libre en mars 1917, et comprenant l'intérêt qui lui était démontré de ne pas rentrer à Goundam avant la fin de la guerre, Mohammed N'Gouna suivit à Dakar le chef du Service des affaires musulmanes et y était l'objet d'une politique d'apprivoisement, qui semblait donner les meilleurs résultats, quand il mourut subitement à l'hôpital indigène, le 21 juin 1917.

Mohammed N'Gouna, monogame comme tous les Iguellad, a épousé Zeïnabo, la sœur de son rival heureux, At-Taher. Ils ont eu plusieurs enfants : Mohammed Mouloud, né vers 1898 ; Mahmoud né vers 1900 ; Hamma né vers 1914.

Il a laissé trois filles : Fatimata, épouse de son cousin Abou Horirata Ould Mohammed Ali Ould In Rallala ; Oumm al-Baraka, épouse de Mohammed Ali précité ; Mariama, encore enfant.

Doué d'une belle prestance de noble Targui, intelligent, brave et franc, très ambitieux, Mohammed N'Gouna, quoique fort infatué de ses origines et de sa personne, était un homme sympathique. Il parlait l'arabe comme un véritable Maure ; et l'écrivait et le lisait suffisamment. Il parlait en outre le songaï, comme tous les Touareg et Iguellad.

Il a eu la malechance de ne pas hériter du commandement de son père, soit que celui-ci ait laissé de trop mauvais souvenirs, soit que la vie et l'humeur vagabonde de Mohammed lui-même en aient été cause, soit enfin que nos tergiversations politiques nous aient empêché de faire une juste pression dans le choix du chef des Kel Antessar. Toujours est-il qu'il a paru agité, inquiet, accessible aux mauvaises influences du dehors. Il méritait peut-être mieux que son sort et mieux que sa réputation.

VII. — *Allouda* déformation française de son surnom Loudar ; de son vrai nom, Mohammed Mouloud, septième fils de Mohammed Ahmed, était né vers 1850. Sa mère était Zeïnabo, fille de Hamma.

Il eut une jeunesse studieuse et tourna vite au marabout, ce qui ne l'empêcha pas d'ailleurs de prendre une part assez active aux courses de ses frères.

En août 1887, il ne craignait pas de monter à bord de la canonnière de Caron et de lui faire un accueil cordial. Il est vrai que ses amabilités restèrent sans conclusion pratique puisque, par l'hostilité de son frère N'Gouna et des Tenguérédief, la mission ne put entrer à Tombouctou, mais ce premier contact devait néanmoins avoir des conséquences heureuses par la suite et poser Allouda en chef du parti de la paix.

En 1894, Allouda se range sous les ordres de son frère N'Gouna, chef de la tribu, et nous combat. Il se signale, particulièrement à l'attaque de Goundam. Il se lassa vite de cette vie de brigandage à main armée, et prenant la di-

rection du parti proprement dit maraboutique, offrit sa soumission aux Français, en mai 1894, ce qui lui valut, un jour
de surprise, une volée de coups de bâton de N'Gouna.

Les instructions ministérielles qui, au début de 1895,
interdisent toute action militaire, ramènent l'insécurité générale. Ne se sentant plus protégé, Allouda nous abandonne
dans l'été 1895, et rejoint son frère.

La reprise des opérations de police rejette N'Gouna, chez
les Allouch et ramène Allouda et les siens 1896. Pour le
séparer de N'Gouna, qui restait en dissidence, on le can-
tonna avec ses gens dans les terrains de parcours qui
s'étendent du Faguibine à Tombouctou.

Il fut reconnu, à cette date, comme délégué de la tribu,
mais sans nomination positive, car on espérait toujours la
soumission de N'Gouna. A la mort de celui-ci 1898), la
tribu l'élut chef général des Kel Antessar, encore qu'elle
vécût alors fractionnée, en deux groupes nomadisant sépa-
rément et ostensiblement l'une à l'ouest l'autre à l'est de
Tombouctou ; il est vrai qu'il laissait les gens de l'Est sous
le commandement d'un chef de leur choix, Ibrahim ag
Allaye. C'est de cette époque que date la séparation des Kel
Antessar. Elle est allée s'accentuant par la suite.

A ce moment et jusqu'à la fin, Allouda remplit en même
temps que ses attributions politiques un rôle de cadi et
d'arbitre judiciaire. Il était là tout à fait dans le rôle qui lui
convenait. Homme d'étude et de prière, d'un caractère fort
peu énergique, aussi peu guerrier que possible, il a paru
peu taillé pour jouer un rôle administratif, et exigeant
une activité nomade et militaire. Il sut néanmoins assurer,
pendant plusieurs années, la police du Faguibine, contre
les déprédations des Ahel Sidi (Mechdouf) au détriment des
petites fractions.

En 1905, lors de la division politique des Kel Antessar
en les deux groupes de l'Est et de l'Ouest, de la reconnais-

sance officielle et administrative par le colonel Dagneaud
de ces deux groupes, et de la délimitation de leurs terrains
de parcours. Allouda conserva le commandement général
de la tribu : mais ce commandement fut de plus en plus no-
minal.

Le 3o mai 1908. une décision du Commandant de Région procède au partage des terrains du Faguibine, entre
Kel Antessar d'Allouda et habitants de Bitagongo.

En 1912, un troisième acte intervient pour consacrer la
séparation des Kel Antessar de l'Ouest et de l'Est. Un conflit s'étant élevé au sujet de la délimitation des terrains de
parcours, les Kel Antessar de l'Ouest, représentés par Mohammed N'Gouna, fondé des pouvoirs d'Allouda, furent définitivement envoyés en possession des terrains du Faguibine
— Nord (Bankor Djimbango — Bana — Affella).

Allouda conserva toujours à notre égard une attitude correcte, encore qu'en 1906-1907 il ait été, comme on l'a su
par la suite, en correspondance avec Moulay Dris, le neveu du Sultan, venu dans l'Adrar pour seconder diploma-
tiquement la résistance d'Ahmed ould Aïda et de ses alliés.
Tous les chefs Maures, Touareg et Iguellad, de la région en
firent d'ailleurs autant, et ce fut beaucoup plus une dé-
marche de courtoisie à l'égard du souverain du Maroc qu'un
geste de solidarité effective.

Vis-à-vis des Kounta, Allouda garda toujours l'animo-
sité des Kel Antessar, ennemis politiques et rivaux religieux. Les succès des Kounta contre les Oullimiden l'inquiétèrent à plusieurs reprises, et il partagea alors l'émotion
des chefs touareg. Il avait voué une haine particulière à
Hammoadi qu'il qualifiait de « politicien retors », encore
qu'il le vénérât comme marabout.

Allouda, affaibli par l'âge et les maladies, se faisait sup-
pléer depuis un certain temps par son fils Ouanta, par son
neveu Mohammed N'Gouna, et surtout par son cousin At-

taher, qui avait fini pas être son khalifa officiel. Il finit par
s'éteindre, le 15 juillet 1914.

Ses relations avec les Kel Antessar de l'Est furent toujours
bonnes. Il entretenait au contraire des rapports fort tendus
avec ses voisins tant Touareg (Tenguérédief) que Maures
(Allouch).

Allouda était fort instruit et a laissé la réputation d'un
marabout saint et lettré. Son influence religieuse, à défaut
de son autorité politique, fut toujours grande. Son attitude
fut loyaliste, ou tout au moins correcte, dès le premier
jour, et le resta.

Il a laissé deux fils : Ouanta, qu'on va voir ci-après et
Iouck, de son vrai nom Mohammed Ahmed, né vers 1910.

Ouanta, de son vrai nom Mohammed, fils d'Allouda, est
né vers 1868. Sa mère est Fatimat ment Mohammed Ould
Sidi Aguina Ould Doua-Doua.

C'est une lettré remarquable, possédant fort bien l'arabe
et les sciences islamiques, parlant, outre cette langue, le
tamacheq, le songaï et le foul-foulbé.

Il a servi quelque peu de khalifa à son père, pendant la
durée du commandement de celui-ci, et particulièrement
dans les derniers temps, alors qu'Allouda était très affaibli.

A la mort de son père, Ouanta se mit sur les rangs des
candidats à sa succession. Le choix de la djemaa s'était
porté sur At-Taher, malgré la résistance de Ouanta, celui-ci
se retira dans ses campements. Il y a vécu tranquille, en
dehors de toute agitation.

Ouanta a épousé sa cousine Fatimatou ment Lellou ; ils
ont deux fils : Mohammed Mouloud dit Akassam, c'est-à-
dire « le tout petit », né vers 1909, Mohammed At-Taher,
vers 1910.

5 *Mohammed Mokhtar*, né vers 1825, a été tué vers 1860,
non loin de Oualata, au cours d'un combat contre les Allouch. Il n'a pas laissé d'enfants.

9° *Oubba*, né vers 1830, est mort de maladie vers 1890, laissant trois enfants : Al-Ouali, né vers 1878, qui a épousé Fatimata Zahra, fille d'Allouda ; Sakhi, né vers 1880 ; Ahmad, né vers 1890. Leurs tentes sont généralement plantées dans le campement de Abou Bakarin.

10° *Abou Bakarin*, né vers 1850, vit encore. Il a quatre fils : Illaïaye, de son vrai nom Mohammed Allamin, né vers 1878 ; Mohammed Çalih, né vers 1880, Houtfa, de son vrai nom Mohammed Mostafa, né vers 1882 ; Dazza, de son vrai nom Mohammed Ali, né vers 1885. Ils forment un campement indépendant.

11° *Tourneï*, né vers 1830, a été tué vers 1855 dans un combat contre les Mechdouf. Il a laissé un fils, Allad, né vers 1855, et qui possède son campement indépendant.

B. — *Les enfants de Habda*

Habda ag Hamada ag Mohammed Imellen ag Qoutoubo ag Infa a vécu au dix-huitième siècle et est mort au dix-neuvième siècle. Sa vie ne présente aucun fait saillant. Il ne mérite d'être signalé que parce qu'il est l'ancêtre du grand cadi que fut Al-Mahdi et surtout du fils de ce dernier, At-Taher, qui est chef actuel des Kel Antessar de l'Ouest.

Habda eut six enfants : Ahmed Mamma, Mohammed, Hamed, Mettahil (déformation tamacheq de Mohammed Taher), Ezzeki et Banga.

Ce fut le second, Mohammed, qui donna naissance, entre autres enfants, à Al-Mahdi.

Al-Mahdi ag Mohammed ag Habda, né vers 1810, était le propre cousin, issu de germain, des personnalités qui viennent d'être passées en revue. Le commandement de la

tribu ayant été maintenu dans la descendance des branches
aînées, celles de Doua Doua et de Houalan, Al-Mahdi et
les siens, branche cadette, ne semblaient pas appelés au
pouvoir. Aussi Al-Mahdi se voua-t-il à une carrière maraboutique. Sa science juridique, sa piété et son renom de
sainteté le firent choisir de bonne heure comme cadi des
Kel Antessar. Il a exercé ces fonctions pendant près d'un
demi-siècle. Il fut de plus un thaumaturge éminent : ses
amulettes, incantations, exorcisme sont restés célèbres
et il a, paraît-il, accompli dans ce domaine des faits tout à
fait surprenants.

Il est mort, peu après notre arrivée dans le pays, vers la
fin de 1894. Son grand âge ne lui permit pas de faire figure
dans le mouvement de réaction qui se dessina contre nous.
Il passe au contraire pour avoir prêché la paix et conseillé
l'entente avec les Français.

Il a laissé quatre fils : Mohammed l'aîné, né vers 1860,
qui prit part aux événements de 1894, remplaça quelque
temps son père comme cadi et est mort en 1908; At-Taher,
dont on trouvera ci-après la notice: Mohammed Ali; et
enfin Ahmad qui est mort en 1912 et avait rendu comme
agent de renseignements des services signalés à la région
de Tombouctou. Les enfants de Mohammed et d'Ahmad,
ainsi que Mohammed Ali et ses propres enfants vivent tous
dans le campement d'Attaher.

Al-Mahdi a laissé en outre plusieurs filles, dont l'une a
épousé Mohammed N'Gouna et l'autre Allouda, le précédent
chef des Kel Antessar.

At-Taher, ag Al-Mahdi est né vers 1868. Lors de l'arrivée
des Français, il ne prit qu'une part mitigée au mouvement
de révolte, se soumit des premiers à la suite d'Allouda et
marcha, dès cette heure, avec nous. On se servit de lui pour
faire pression sur N'Gouna en vue d'obtenir sa soumission :
la famille de N'Gouna lui reprocha par la suite ses démar-

ches occultes et quand N'Gouna eut été fusillé — volontairement ou par erreur — elle l'accusa d'avoir trempé dans cette exécution, et même de l'avoir provoquée par ses conseils perfides.

Pendant de nombreuses années, At-Taher, cadet lui-même d'une branche cadette, ne pensa pas à jouer un rôle politique. Il vécut, pasteur riche et indépendant, dans ses campements.

La mort de son frère aîné Mohammed (1908) le consacra d'abord chef de famille.

En 1912-1913, lors de nos premières difficultés avec Allouda vieillissant, il commença à s'entremettre et par sa souplesse et son doigté sut arranger bien des choses. Il sut faire rentrer l'impôt, exécuter les réquisitions en temps voulu, appliquer avec bonheur les décisions de justice, défendre avec succès les campements contre des attaques de rezzous. Il se créa ainsi une grande popularité dans sa tribu et sut se faire apprécier par l'autorité française.

Aussi à la mort d'Allouda (15 juillet 1914), fut-il élu sans difficultés chef de la tribu par la djemaa des chefs de fraction et notables, et reconnu aussitôt par le Gouverneur du Haut-Sénégal et Niger (23 août). Seuls ses compétiteurs lui firent-ils opposition à ce moment : Ouanta, fils d'Allouda ; Mohammed Ali ag In Rallala ; Mohammed N'Gouna ; Mohammed Mouloud ; Abou Bakarin. Et encore, à l'exception de Abou Bakarin dont le fils Illeyaye fit montre d'une violente hostilité, les autres candidats se retirèrent-ils sans peine, quand le succès d'At-Taher se fut affirmé.

Depuis cette date, seul Mohammed N'Gouna et Ouanta lui ont fait quelque opposition, sans succès d'ailleurs.

Dès sa nomination, At-Taher s'est posé en chef de race. Il a pris vigoureusement en main la protection extérieure de sa tribu, et on peut assurer que de 1914 à 1917 aucun rezzou n'a franchi la ligne Faguibine-Tombouctou. Des contre-rezzous nombreux et bien conduits par At-Taher lui-même ou par son neveu Mohammed El-Hadi ag Mohammed Allamin en sont sortis au contraire, ont tué des hommes aux Regueïbat ou Beraber, leur ont enlevé des troupeaux et exercé, au profit de toute la région, une police efficace.

L'administration intérieure d'At-Taher est non moins digne d'éloges et donne satisfaction à tous points de vue : l'impôt est payé, dès les premiers mois de l'exercice, et s'est accru dans des proportions considérables, le recrutement s'exerce sans aucune intervention ; les réquisitions, arrestations, etc., sont exécutées sur simple ordre.

A toutes ces preuves on ajoutera la contre-preuve. Le dévoûment d'At-Taher s'est affirmé lors de l'effervescence de la boucle en 1915-1916. Il a résisté à toutes les sollicitations des Touareg révoltés et a par son attitude loyaliste maintenu dans le devoir son voisin Chebboun, chef des Tenguérédief, que seule la crainte du gendarme At-Taher, prêt à tomber sur sa tribu, a empêché de passer sur le Gourma. Il a rallié à sa fidélité les groupes iguellad ou maures qui, dans l'ambiance douteuse, cherchaient un peu leur voie et a constitué ainsi du cercle de Gourdam un bloc loyaliste, localisant au Hodh et à la boucle la révolte des Ahel Sidi et des Touareg, et empêchant le mouvement insurrectionnel de s'étendre de la Mauritanie à l'Azbin.

Au début de 1914 encore, At-Taher donnait une nouvelle preuve de dévoûment, en offrant de collaborer avec ses partisans à l'opération de police dirigée contre le marabout agitateur, Mohammed Ahmed, le vieux Chérif des Kel es-Souq. Il est regrettable que ces propositions n'aient pas été retenues : le succès de l'opération eût été plus complet et le marabout certainement arrêté.

At-Taher a trois fils : Mohammed, né en 1904 ; Ahmadi Ali, né en 1905 ; Ahmed Mokhtar, né en 1911 et plusieurs filles, dont deux sont mariées à des notables Kel Antessar, et les autres sont encore en bas âge.

Ses premières femmes, mères de ses enfants, sont mortes

ou répudiées. Il a aujourd'hui pour épouse Khadidja ment Mohammed Ali, l'Ansri, qui ne lui a pas encore donné d'enfants.

At-Taher est le type du grand, vigoureux et beau Targui. D'une magnifique prestance, d'une dignité souveraine, il fait le plus bel effet. Intelligent, ouvert, sympathique, c'est de plus un assez bon lettré arabe, encore qu'il soit beaucoup plus guerrier que taleb. S'il est naturellement en butte à la haine des candidats évincés et de leurs partisans, il semble avoir aujourd'hui rallié à sa personne la grande majorité des Kel Antessar.

C. — *Les enfants de Hellaye.*

C'est Hellaye qui est le père de la dynastie actuelle des Kel Antessar de l'Est. Hellaye ag Ousman ag Al Hadj Bella ag Mohammed Qoutouba ag Infa est mort, vers le milieu du dix-neuvième siècle, laissant de nombreux enfants, dont pour le moins une quinzaine de fils, dont la postérité se trouve actuellement chez les Kel Antessar de l'Est. C'est vraisemblablement un de ses fils qui fit, en 1854, un peu à l'est de Bergo, à Barth et aux Kounta qui l'accompagnaient, le cordial accueil dont ce voyageur le félicite.

Brahim ag Hellaye, son fils aîné survivant, était la personnalité la plus marquante des Kel Antessar qui nomadisaient à l'est de Tombouctou quand les Français occupèrent la ville. Né vers 1810, il se recommandait par son grand âge, sa sagesse et ses vertus religieuses. Chef des Kel Tadiant, l'une des grosses fractions de ce groupement, il était en outre le cadi supérieur de l'ensemble. C'est pourquoi, lors de la soumission des Kel Antessar, le chef de la tribu, Allouda, le choisit-il comme son représentant (1895-1903). Avec le temps, les deux groupements tendent vers la séparation et leur autonomie réciproque, Brahim devient le chef effectif des Kel Antessar de l'Est.

En 1899, à la suite de symptômes d'effervescence dans la tribu, le capitaine Quérette y vient faire une reconnaissance de police, et Brahim ag Hellaye et deux notables, rendus responsables : Hakouya et Ahmed Mokhtar ag Mellou ag Handa-Handa sont condamnés à payer collectivement un impôt de guerre de 16 chameaux (Décision Klobb. Cet impôt est payé aussitôt partie à Bamba, partie à Coppolani, lors de son passage chez les Kel Antessar. C'est à cette date (février 1899) que les Kel Antessar de l'Est sont considérés comme ayant fait leur soumission effective.

Presque centenaire, à peu près aveugle, Brahim, à partir de 1900, n'aspire plus qu'au repos. Sans enfants, il passe d'abord le commandement de sa fraction, les Kel Tadiant, à son neveu Ahmed Tal, puis le prend comme Khalifa dans le commandement de la tribu.

Il meurt enfin vers 1906, ayant, fidèle à la tradition de la tribu, vécu en bons termes avec les Touareg Iguadaren et Imededren et lutté toute sa vie contre les Kounta. Intelligent et instruit, Brahim était trop âgé pour s'adapter au nouveau régime, et quoique généralement correct, ne fut pas sans faire montre parfois à notre égard d'une sourde hostilité.

Ahmed Tal ag Saddiq ag Hellaye, dit Amettal, et de son vrai nom Mohammed Al-Mokhtar, est le neveu de Brahim. Il hérita du commandement de la tribu à la mort de son oncle qui ne laissait pas d'enfants (1906).

Né vers 1870, fils unique de Saddiq qui avait été tué vers 1865, dans un combat contre les Kounta, Ahmed Tal a pris part aux événements de guerre et d'intrigues de 1894 à 1897. Depuis sa soumission, il nous a toujours montré du dévouement, et Coppolani le nommait même, en mai 1899, chef des Kel Antessar de l'Est. Cette décision ne fut pas

maintenue. Il a pris part à diverses colonnes de police, et
dans la campagne de 1908, qui a abouti à la défaite des
Touareg de la boucle, à Baney, il n'a pas hésité à nous
fournir des animaux de convoi et des guides sûrs et à
prendre place aux côtés du commandant Laverdure. Nos
ennemis de ce jour-là étaient pourtant des amis lointains
des Kel Antessar.

Son attitude a paru moins nette en 1916, lors des événements qui ont agité à nouveau les Touareg de la boucle. Il
a été représenté comme ayant pris une part active aux
pourparlers qui précédèrent la révolte. Il aurait vu Bakkaoui,
chef des Irreganaten; Ifesten, chef des Kel Temoulaït; Sakkaoui, et Saïd, chef des Igouadaren, et les aurait engagés à
profiter de la guerre européenne et de nos embarras locaux,
pour reprendre leur liberté et la suprématie politique dans
le Gourma. Il aurait réconcilié, à la faveur de ces prédications de guerre sainte, Sakkaoui et Sakib, qu'une question
de bella divisait et allait mettre aux mains. Rentré chez
lui, il aurait continué cette fâcheuse propagande auprès de
ses chefs de fractions et les aurait engagés à se tenir prêts
à guerroyer, dès que les Touareg se seraient mis en branle.
Entre temps, il dissimulait soigneusement à l'autorité française qu'un de ses proches parents était en dissidence chez
les Oullimiden. Seule, la défaite des Oullimiden et des Kel
Gossi aurait calmé — pour lui comme pour les Touareg —
ces projets de révolte.

Ahmed Tal, mis au courant de ces faits, a vigoureusement protesté, ce qui ne prouve rien d'ailleurs. Quoi qu'il
en soit, c'est un homme intelligent, actif, très ouvert, bon
arabisant, et qui a le bon esprit de faire un excellent
ménage avec tous les chefs de fractions susceptibles de lui
tenir tête et notamment avec Al-Khader, qui fut son concur-
rent au commandement du groupement et resta longtemps
sa rival.

Ahmed Tal entretient d'excellentes relations avec Cheb-

boun, l'aménokal des Tenguérédief, et des rapports très
tendus avec ses voisins Kounta, il est constamment en
contestation avec eux, et spécialement avec les Regagda au
sujet des puits, construits, dit-il, par ses ancêtres Infa et
leurs successeurs, réfectionnés par son grand-père Hellaye et
dont les Kounta revendiquent la propriété. Il est très considéré par toutes les tribus touareg soit de la boucle, soit de
l'Est.

Ahmed Tal a plusieurs enfants, encore en bas âge.

Un de ses neveux, *Mohammed Allamin*, dit Bar Kan-
diaye, mérite de retenir l'attention. Né vers 1885 et fils de
Sidi Mohammed qui a épousé Fatimata, sœur d'Amettal,
c'est un jeune ambitieux qui s'agite beaucoup et n'a pas
grande influence. En 1914, il se rendit chez Firhoun, où il
passa trois mois, en compagnie des enfants de Firhoun.
Le chef des Oullimiden l'ayant fait reconduire au fleuve
en compagnie d'un de ces forgerons, ils rencontrèrent en
route un agent de renseignements du poste de Ménaka
nommé Hadonga, qui lui reprocha d'avoir mal parlé de
lui à Firhoun et le frappa. Firhoun l'ayant appris, se mit
à la poursuite d'Hadonga et le malmena fort à son tour.
Celui-ci, en entrant à Ménaka, raconta pour se venger que
Barkandiaye avait poussé Firhoun à la révolte. Cependant
le jeune homme, au lieu de rentrer directement chez lui,
était allé chez Sénécérès, chef des Kel Gossi, puis chez El-
Khader, cousin d'El-Bakaoui, chef des Irreganaten, dont
il convoitait la fille. Le cercle de Gao le faisant chercher
sur la foi des renseignements fournis par Hadonga, il fut
arrêté au campement d'Amettal, en juin 1915. Gardé en
prison pendant plusieurs mois à Tombouctou, puis conduit
à Gao, il fut relâché à la fin de 1915, aucune charge n'ayant
pu être relevée contre lui. Depuis cette date, il a été successivement employé comme agent de renseignements par les
commandants de cercles de Tombouctou et de Bamba.

Mais son esprit d'intrigue est tel qu'il en arrive à être plus nuisible qu'utile. Il n'est pris au sérieux par personne, mais très connu chez les Touareg, très au courant de leurs histoires, il peut créer un courant d'opinion et à ce titre, mérite d'être surveillé à vue.

Mohammed Ali ag Qassim ag Hellaye est le cousin germain d'Ahmed Tal. Il est né vers 1865 et a pris part à tous les événements auxquels sa fraction a été mêlée de 1894 à 1898. A partir de cette date, il évolue dans l'entourage du vieux Cheikh Brahim, son oncle, et quand Coppolani passa en mission en 1900, il se posa, en l'absence d'Ahmed Tal, comme l'héritier désigné par ses qualités personnelles et par sa parenté au commandement des Kel Antessar. Il put ainsi arracher à Coppolani une promesse ferme de nomination.

Par la suite et après le retour d'Ahmed Tal, cette promesse fut annulée.

Assez intelligent, mais brouillon et maladroit, Mohammed Ali a besoin d'être surveillé. Il entretient d'excellentes relations avec les Igouadaren et Kel Brom, fraction d'origine Tadmekket, domiciliée chez les Irreganaten ; mais son influence est à peu près nulle.

III. — LA TRIBU EN 1917.

Les Kel Antessar vivent à l'heure actuelle partagés en deux groupements : le groupement de l'Ouest (Kel Antessar Guebliïn) qui, sous le commandement d'At-Taherag Al-Mahdi nomadise des Daouna et du Faguibine aux approches de Tombouctou ; et le groupement de l'Est (Kel Antessar Tellïin) qui, sous l'autorité d'Ahmed Tal, nomadise au nord du fleuve des environs de Tombouctou au nord de Rergo.

Cette séparation est purement géographique et ne remonte qu'à la mort de N'Gouna (1897). Encore n'était-elle pas aussi accentuée à cette date, puisque l'unité politique subsista encore un certain temps sous le tobol d'Allouda. Aujourd'hui les deux groupements vivent complètement autonomes, possèdent, comme on l'a vu, leurs pâturages distincts : et l'un, celui de l'Ouest, dépend du cercle de Goundam, tandis que l'autre relève du cercle de Tombouctou.

Mais, au point de vue de leur origine, rien ne les distingue les uns des autres : les fractions, sous-fractions, campements et même familles se sont partagés au gré de leurs ambitions, de leurs rivalités, de leurs affections, des circonstances du moment, les mêmes noms d'unités se retrouvent à peu d'exceptions près des deux côtés.

La hiérarchisation sociale est exactement la même aussi. On distingue dans l'un comme dans l'autre groupement trois catégories d'individus : 1° les nobles (tolba) ; 2° les serfs ou serviteurs (bella) ; 3° les habitants des Débé et des anciens villages concessionnaires de Faguibine.

A. — *Les Kel Antessar de l'Ouest.*

Pour suivre ce développement fractionnaire de la tribu, on pourra se reporter au tableau qui suit le présent paragraphe et auquel ressortissent les chiffres romains mis entre parenthèses.

1° L'élément noble de la tribu n'est pas tout entier de pure origine ansrïa. Sur les dix-huit fractions qui la composent, il n'y a que trois fractions qui aient cette origine : a) Les *Kel Antessar proprement dits* (I) qui comprennent les six campements aristocratiques, énumérés plus bas, et dont la population totale forme environ le tiers de l'élément libre. Ils nomadisent en saison froide sur le Farach et au nord du Faguibine ; en saison chaude, au sud du Télé, à Bankor et dans le Massera ; en hivernage, à Emmenella, Bankor et le nord du Massera. Il n'y a pas de chef de fraction. Chaque campement a son chef personnel ; *b)* Les *Kel Bankor* (IX), ainsi nommés parce qu'ils habitent, en tout temps, la région de Bankor, près du Faguibine. Leur ancêtre est In Tachraït, l'un des fils de Qoutoubo ; il sépara sa tente de celle du frère aîné, et sa descendance a constitué un petit campement, indépendant de la souche familiale. Il a pour chef Mohammedan ; *c)* une partie des *Kel Intiberimt* (XIII). Cette fraction est très mêlée : on y trouve des tentes issues des origines les plus diverses : les unes sont Kel Antessar pures et descendant d'un fils d'Infa ; les autres sont d'origine targui ; d'autres enfin, telles les Kel Tinakaouat et les Kel Horma sont d'origine chérifienne. Ils ont pour chef Billah Çalih et nomadisent sur le Horo, le Sumpi et vers Niafunké. Les Kel Inteberimt ne sont pas tous aujourd'hui chez les Kel Antessar. Il y en a tout au plus la moitié ; l'autre moitié, s'étant réfugiée en 1894 sur le Gourma, et prise dans l'orbite des Tenguérédief, demanda l'aman avec Chebboun. Elle fut comprise dans cet acte de soumission, tandis que le reste de la fraction continuait la lutte jusqu'à la mort de N'Gouna. Par la suite le chef des Kel Antessar, Allouda d'abord, puis At-Taher, ont demandé que ces transfuges leur revinssent, mais comme ceux-ci ne le souhaitent pas, au moins pour l'instant, et que Chebboun défend vigoureusement leur droit, le Gouverneur du Soudan a décidé, à plusieurs reprises, qu'ils continueraient à faire administrativement partie des Tenguérédief.

Les quinze autres fractions ont des origines diverses. La plupart se prétendent Chorfa et sont issues de descendants du Prophète, venus, au cours des âges, planter leur tente auprès de la tribu maraboutique des Kel Antessar. Ce sont les Chorfa (II) ou Icherifen, qui ne portent pas de nom

spécial, et descendent d'un nommé Choaïb, venu de
l'Orient, vers le début du dix-septième siècle, et qui s'installa
aux puits de l'Atlaq, au nord de Tombouctou, aux côtés de
Qoutoubo, alors chef des Kel Antessar. Par la suite, ses
descendants suivirent la migration de la tribu et descendi-
rent sur le Faguibine; ils ont pour chef Chérif Oûsman
et nomadisent en saison froide à Tahakint; en saison
chaude à Alfaw; en hivernage dans le Fatakara. Les *Kel
Tedjebes* (III) qui ont pour chef Issa et nomadisent en
saison froide à Toukabongo et en saison chaude, à l'ouest
du Télé; les *Kel Ouoroҕil* (VII) qui ont pour chefs Oussa,
Alaloué et Assalikh et nomadisent en saison froide et en
hivernage aux Daouna, en saison chaude au Télé; les *Kel
Reҕҕaf* (VIII) qui ont pour chef Ouanaïta Mohammed Al-
Mokh-tar, et nomadisent de Kissou-Koreï au Faguibine; les
Kel Doukouré (XIV) qui ont pour chef Hamma Abd Allahi
et nomadisent en saison froide sur le lac Koro, en saison
chaude à Ras el-Ma et en hivernage aux Daouna; les *Kel
Intadiaïl* (XV) qui ont pour chef Hamdil ou Mohammed
Ahmed, et nomadisent du Horo aux Daouna, les *Kel Tim-
boukri* (XVI) qui ont pour chef Ierkaï Talfi ag Mohamma-
doun et nomadisent du sud du Faguibine des Daouna; les
Aboukakh (XVII) qui ont pour chef Minama ag Mahmoud
et nomadisent du sud du Faguibine au sud des Daouna,
toutes ces fractions, dis-je, descendent d'un groupe de frères
arrivés ensemble et dont l'aîné et chef se nommait Mana.
Ils épousèrent des femmes Ansrïat, et chaque petit campement se creusa, dans le territoire de la tribu, au nord de
Tombouctou, un puits qui porta son nom et existe encore
Ces campements chorfa ont toujours vécu en fort bons
termes avec l'élément ansri pur, et lui sont restés soumis.

Les autres fractions Kel Antessar sont des « repentis »
(*tiab*), c'est-à-dire descendent d'individus qui, lassés de la
vie de guerrier et de brigand qui est exclusive ici de vie

islamique, ou simplement attirés par le désir de l'étude ou de la prière, sont venus racheter le passé et refaire leur vie dans la tribu lettrée et maraboutique des Kel Antessar. Ils s'y sont mariés et leurs descendants ont fait souche de tolba. Les uns sont d'origine arabe. A citer les *Inataben*, soit Alfaw (IV), soit Haribongo (XI, ainsi nommé d'après leur zone d'habitat, Alfaw étant la région sise près de Goundam, Haribongo correspondant exactement au Ras el-Ma (extrémité de l'eau) du Faguibine. Les Inataben descendent de Kounta et de Berabich, mais on y trouve aussi quelques fils de Noirs et de Touareg. Ils se sont souvent plaints d'être l'objet de mauvais traitements de la part des chefs Kel Antessar, et en 1900 à 1912, ont demandé à plusieurs reprises à être détachés du commandement d'Allouda, « dussent-ils payer un impôt double ». Il est vrai qu'ils faisaient montre d'un certain esprit d'indépendance vis-à-vis des chefs. En revanche, ils nous ont toujours témoigné une grande fidélité, encore qu'on ait pu trouver chez eux, en 1916, les débris du rezzou que venait de disperser le capitaine Marquenet.

Leurs chefs sont : pour les Alfaw, Mohammed Manouna, et pour les Haribongo, Touta Moumaye; leurs marabouts sont Mohammed Abdou et Touta.

Mohammed Manouma, né vers 1875, a pris son commandement en fin 1899. Fortement combattu au début par les riches Inataben qui jusque-là avaient toute l'influence, sous l'autorité lointaine d'Allouda, son autorité resta longtemps chancelante. Il finit avec le temps par s'imposer, en s'appuyant surtout sur les autorités de Ras el-Ma et de Goundam. Il a toujours fait preuve de beaucoup de dévouement, prenant une certaine part aux contre-rezzous, participant avec zèle aux ravitaillements de troupes. Mohammed Manouma a été révoqué, en juin 1916, pour acte délictueux, et a été remplacé par Mahaman Arsalakh. Il reprendra tôt ou tard son commandement.

Touta Moumaye a succédé à Illigaï à la tête des Inataban Haribongo, vers 1913. C'est un homme sympathique et dévoué, mais sans grande envergure ni autorité.

Mohammed Abdou est plus un thaumaturge qu'un lettré. Il n'a que peu d'élèves et d'une façon intermittente. Il ne paraît pas savoir autre chose que le Coran et encore péniblement. Il est réputé pour la faculté miraculeuse qu'il possède de pouvoir se rendre à la Mecque quand il le veut. Une boucle lumineuse apparaît, qui vient se placer sur son front. Le saint s'endort et se trouve aussitôt transporté aux lieux saints. Ses dévotions finies, il revient à sa tente, avant l'aube, par les mêmes moyens.

Touta Ould Achnek, dit Touta le Ouali, est mort vers 1908, à un âge avancé. C'était surtout un fabricant d'amulettes. Il a été remplacé par son fils Bachirou.

Les Inataban Alfaw nomadisent en saison froide et chaude au sud du Faguibine, en hivernage sur les Daouna; les Haribongo nomadisent en saison froide et en hivernage sur les Daouna; en saison chaude au sud du Fati.

A citer encore les *Idekakamen* (X) dont le chef est Mohammed ag Mohammed Dafan et qui nomadisent en tout temps autour de Bankor, et les *Kel Tintouhoun* (XII) descendants de Gouanin, venus du Nord-Est, et dont quelques-uns restés en route chez les Berabich, ont donné naissance dans cette tribu à une fraction du même nom.

Le Marabout Ahmed, des Idekakamen, est une des personnalités marquantes des Kel Antessar. Il a fait le pèlerinage de la Mecque, de 1911 à 1915, par le fleuve jusqu'à Gao, puis Menaka, Agadès, Kano, le Bornou, le Baghirmi, le Ouadaï, le Sila, le Darfour, Khartoum et Souakin. Il est revenu par l'Égypte du Nord, la Tripolitaine et l'Adrar des Iforas. Il se tient fort tranquille et ne semble pas avoir retiré un grand prestige de ce pénible exercice.

Les Kel Tintouhoun ont pour chef At-Taher et nomadi-

sent en saison froide et chaude sur le Télé et en hivernage
sur les Daouna.

Les dernières fractions sont d'origine targuia : les
Idnan (V), l'un des débris de cette puissante tribu qui do-
mina jadis cette partie du Sahara, et qui, à la suite de
guerres intestines et extérieures, se désagrégea et se dispersa chez les Iforas de l'Adrar, chez les Hoggar, chez les
Oullimiden, et chez les Touareg de la boucle, où on les
retrouve aujourd'hui. Les Idnan des Kel Antessar, dont le
chef est Bachir, nomadisent au sud du Faguibine et des
Daouna. Les Kel *Techreïr* (VI), mot qui signifie « tributaires » et correspond à « zenaga » ou « lahma » des Maures.
Ils ont deux filiations chronologiquement distinctes : la
première est celle d'un En-Nafa, venu planter sa tente chez
Qoutoubo, et dont l'origine resta inconnue; l'autre, relevant d'un individu venu plusieurs générations après, au
temps de Mohammed Ahmed, soit au début du dix-neuvième siècle, qui s'appelait N'Gabouden et appartenait aux
Kel Oulli : ils ont pour chef Ahmadou Mostafa et nomadisent en saison froide dans le Killi, en saison chaude à
Alfaw, en hivernage au sud-ouest du Télé. Il a quelques
campements Techreir, chez les Tenguérédief. Ils sont
dans le même cas que les Kel Intiberimt, signalés plus
haut. Les Kel *Inokounder* (XVIII) dont le chef se détacha
de la tribu, déjà constitué et nomadisant au nord-est de
Tombouctou, où elle est toujours, voisinant avec les Ahel
Sidi Ali, et vint faire pénitence chez les Kel Antessar. Son
chef est aujourd'hui Hadini Al-Hadi, et ses terrains de
parcours se trouvent au sud du Faguibine et sur les Daouna.
Peu après notre arrivée, et lors des intrigues du début, défense lui avait été faite de passer sur les Haoussa.
Cette défense a été levée par la suite. Plusieurs tentes se
prétendent chorfa, issues de la tribu chérif des Oulad
Moussan (Maroc). Le nom de la tribu provient du puits
saharien d'In Kounder qu'ils ont creusé, et auprès duquel,

au début de leur histoire, ils avaient l'habitude de cam
per.

Ces fractions nobles sont toutes fondues aujourd'hui et amalgamées dans la tribu Kel Antessar. Celles qui sont d'une filiation étrangère se sont en quelque sorte nationalisées. Ce sont elles toutes qui, sans distinction d'origine, constituent actuellement la tribu Kel Antessar, telle qu'elle se considère elle-même et telle qu'elle est admise dans le corps social des tribus du Sahara central.

2° A côté de cet élément libre, qui constitue environ la moitié de la tribu, il y a la catégorie des serfs, mi-captifs de la veille, mi-serviteurs, les bella. Ils sont constitués en 18 fractions, qui portent exactement les mêmes noms que celles des fractions suzeraines, et vivent tantôt à côté d'elles groupées en gros campements, tantôt disséminées auprès des tentes de leurs suzerains personnels, ou dispersées et indépendantes dans la brousse.

Les bella constituent le tiers environ de la population totale des Kel Antessar.

Il ne saurait être question de rechercher les origines des bella : elles sont indéterminables et au surplus sans intérêt. Fils des captifs et serviteurs, tirés de tous les coins du Soudan, les bella d'aujourd'hui ignorent tout de leur famille et de leur race au delà d'une génération.

Ils parlent le tamacheq comme leurs maîtres, et le songaï qui est la langue générale du pays.

3° Il reste enfin à signaler un élément socialement égal au bella, et qui souvent en est issu. Ce sont les habitants des Débé et des anciens villages concessionnaires du Faguibine.

On entend par Débé ou Débéré (Adabaye en Mauritanie), les villages de culture constitués par les vassaux agraires des nomades. Le système de l'achour qu'avait utilisé la poste de Ras el-Ma pour percevoir son impôt en nature sur les récoltes a été remplacé par une taxe de capitation, et les partages de terre se sont régularisés avec le temps.

A partir de 1912, chaque village (Débé), qui acceptait le principe, était recensé à part, tout en restant sous l'autorité des Kel Antessar, et chaque individu recevait sa part de mesures de terre : il payait 2 francs d'impôt.

Par la suite, le Faguibine s'est considérablement desséché : les cultures étant devenues impossibles, l'impôt a été supprimé et les bella ont été reversés dans leurs tribus d'origine.

Avec les années pluvieuses et les fortes crues, le même phénomène recommencera.

Les Kel Antessar de l'Ouest ont un marabout officiel, une sorte de cadi, chargé de trancher leurs contestations à l'intérieur de la tribu. Jusqu'à 1912, ce fut Hamma Taher vu plus haut. De 1912 à 1914, la charge fut remplie par Ousman ag Rallala. A celui-ci a succédé par la désignation d'At-Taher et sur ratification de la Djema réunie à Toukabongo en novembre 1916, Mohammed Al-Mokhtar ag Hammada ag Hatilissi. Né vers 1851 il se rattache par son père à la fraction Idnan et par sa mère, fille de Mohammed Moustafa ag Mohammed Ahmed ag Imellen, aux Kel Antessar même. C'est un marabout très instruit et très vénéré, qui ne s'est jamais mêlé aux intrigues politiques. Il est vieux et fatigué.

Ci-après est donné le tableau de fractionnement des Kel Antessar de l'Ouest avec les chiffres des imposés et des non imposés.

Il ressortit à l'année 1917.

		NOBLES		BELLA	
		Imposés.	Non-imposés.	Imposés.	Non-imposés.
I. Kel Antessar proprement dits.	Campement Ouanta . .	468	51	214	19
	— Bou Bakarine. . .	123	12	34	5
	— Hamat Taher. . .	256	30	98	15
	— Al Assan	196	11	56	10
	— (Moham^d N'Gouna) (Moham^d Mouloud)	270	15	65	7
	— At-Taher ag Al-Mahdi.	418	45	439	38
	— Hamad ag Ali . .	108	5	51	4
II.	Chorfa	183	11	125	12
III.	Kel Tédjebes	71	7	51	4
IV.	Inataben Alfaw	497	54	554	35
V.	Idnan.	90	5	64	7
VI.	Kel Tachreïr	334	26	84	17
VII.	Kel Ouorozil	674	50	754	48
VIII.	Kel Rezzaf	839	113	189	25
IX.	Bankor	70	13	11	2
X.	Idekakamen	115	15	132	7
XI.	Inataben Hanibongo. . . .	100	25	156	22
XII.	Kel Tintouhoun	128	23	85	9
XIII.	Kel Intaborimt	524	57	579	61
XIV.	Kel Doukouné.	148	32	181	34
XV.	Kel Intadiaït	242	20	267	26
XVI.	Kel Timboukri.	94	9	100	11
XVII.	Kel Aboukahk.	21	3	28	4
XVIII.	Kel Inokounder	92	8	87	9
Total.		6.127	640	4.210	427

Si à ces chiffres, on joint ceux des Débé, qui sont de 1.115 imposés, de 3o3 non imposés, et ceux des bella des anciens villages concessionnaires du Faguibine qui sont de 454 imposés et de 99 non imposés, on obtient pour l'ensemble de la tribu un total de 11.906 imposés et de 1.469 non imposés, soit un total de 13.375 personnes.

Ces 13.375 âmes se décomposent, à un autre point de vue, en 3.899 hommes, 2.555 femmes, 2.475 garçons, 1.979 filles, 718 vieillards et 751 enfants de moins de 8 ans.

Le recensement des animaux des Kel Antessar de l'Ouest a donné pour 1917 : 103 chevaux, 29.800 bœufs, 2.521 ânes, et 72.515 têtes de petit bétail.

Les Kel Antessar ont pour marque générale de leurs chameaux une sorte d'N majuscule, soit normale N, soit renversée.

B. — *Les Kel Antessar de l'Est.*

Les Kel Antessar de l'Est (Telliïn), moins nombreux que leurs frères de l'Ouest, se subdivisent en les fractions suivantes :

I. Kel Antessar proprement dits.
  { Kel Hamed Tal.
  { Kel Handa Henda.
  { Kel Inkommen.

II. Kel In Torchawen.
III. Kel Inabalahen.
IV. Kel Inettoleq.
V. Kel Inagouzem ou Kel Ingouzmi
VI. Kel Imaqcharen.
VII. Kel Rizzan.
VIII. Kel Aïbadan.
IX. Kel Indiaren.

Ils nomadisent sur la rive gauche du fleuve aux abords de Boya et Rhéro et, vers le nord, autour des puits In Ouchef, Atleh, In Killa Téchek, etc.

Sous le nom de Kel Antessar proprement dits (1) sont compris les campements qui sont de pure origine ansrïa. Ce sont les tentes aristocratiques du groupement. En dehors du chef Ahmed Tal, les personnalités importantes, chefs de campements, sont : *a*) Boukhari ag Handa Handa, chef des Kel Handa Handa, qui vient de mourir en 1914. Il avait prit part à tous les rezzous dirigés contre nous par

N'Gouna, mais, depuis 1898, avait toujours témoigné une attitude loyaliste. Son influence était d'ailleurs minime. Il a laissé de nombreux enfants : Bout, né vers 1875, qui l'a remplacé à la tête des Kel Handa Handa, Had Ali, etc.

b) Al-Khader ag Mohammed Mokhtar ag Hamma Mostafa ag Doua Doua. Né vers 1808, et ayant participé à toutes les intrigues du règne de N'Gouna, d'Allouda, et de Brahim ag Hallaye, Al-Khader se croyait, en sa qualité de descendant de Doua Doua et de cousin des chefs des Kel Antessar de l'Ouest, appelé à prendre le commandement du groupement de l'Est. La nomination d'Ahmed Tal l'a déçu, et il lui a fait pendant plusieurs années une certaine opposition. Aujourd'hui et sous l'influence de causes inconnues, ils paraissent s'être réconciliés, et continuant la pratique de la dualité de commandement, en honneur depuis un siècle chez les Kel Antessar, commandent ensemble et d'un commun accord le groupement. L'autorité française qui ne demande qu'à voir les gens administrés dans les meilleures conditions, n'intervient pas. D'ailleurs Al-Khader n'apparaît jamais en nom propre.

Al-Khader est le chef de la sous-fraction des Kel Doua Doua.

c) Hakouya ag Mohammed Ali ag Doua Doua, né vers 1850, est mort depuis quelques années déjà (1908), mais il doit être signalé ici, à cause de sa participation aux luttes du début et de la considération dont jouit sa tente à l'heure actuelle. Il avait pris part aux rezzous de N'Gouna, demandé l'aman en 1896, et après s'être installé près de Ras el-Ma, était parti en dissidence en 1897. Finalement, il avait fait une soumission effective en 1898. D'un caractère peu énergique, Hakouya paraît avoir été, à ce moment, sous la domination de N'Gouna. Par la suite, grâce à ses qualités personnelles de franchise, d'attirance sympathique et de belle faconde, il était devenu l'homme le plus en vue des Kel Antessar de l'Est. Il était au surplus petit-fils de Doua Doua.

A ces divers titres, on le considérait un peu comme l'égal du chef de groupement.

Il n'a laissé que des enfants en bas âge.

Les autres fractions du groupement ne sont pas de pure origine ansrïa.

Les cinq premières : Kel In Torchawen (II), Kel Inabalahen (III), Kel Inetteleq (IV), Kel Ingouzmi (V), Kel Imaqcharen (VI) sont de filiation targuia. On retrouve dans les Kel Imaqcharen les descendants affaiblis de la tribu, qui fleurissait au nord de Tombouctou, il y a trois siècles, quand Infa arriva dans l'Atleq. A signaler comme seules personnalités notoires le notable Aouchrou et surtout Houz-Katen, Cheikh des Kel Ingouzma, et encore l'est-il moins par ses qualités personnelles que comme fils de Tahar Fnès, qui avait pris part aux luttes de N Gouna, s'était soumis en 1896, avait pris la fuite et finalement avait redemandé l'aman en 1899.

Les Kel Rizzaf (VII) frères de la fraction du même nom qui se trouve dans le groupement de l'ouest et les Kel Aïbadan (VIII), sont des Chorfa. Ceux-ci descendent d'un nommé Kouye, qui vint d'Orient s'établir dans le pays, il y a un siècle et demi.

Les Kel Indiaren enfin (IX) sont un campement d'origine idnane, qui est venu s'agglomérer depuis plusieurs générations avec les Kel Antessar.

En dehors des personnalités déjà signalées, il y a peu de marabouts chez les Kel Antessar de l'Est. Il y a tout juste lieu de signaler deux petits maîtres d'école: Aghati ag Mohammed Allamin, né vers 1860, et Mohammed Aïssou, né vers 1880, qui ne paraissent pas jouir d'une grande influence.

Les Kel Antessar de l'Est nomadisent et boivent à l'est de Tombouctou : à Remaïert, In Saïk, N'garen, N'Gouzma,

Inahaleha, Iouaouaten, In Techrin, In Eccherrea, Tin
Taseleft, In Baksa, Ameïhor, Aroug, In Afes, Marzafal,
Irakchiouen, Mediagalet, In Djiba, In Fezouan, In Sey,
Immimelach, In Tourdya, In Allek, Atlek, Teguezzal, In
Tazodh, Mamour, Anoucheguerim, Tintetas, Inasdeken,
In Ouchef, Tinoudeïka, In Killa, Tin Akaouat, In Koumen,
etc. Beaucoup de ces puits leur sont communs avec les Ahel
Sidi Ali, les Kounta et les Berabich.

Depuis plus d'un siècle, un conflit aigu règne entre les
Regagda (Kounta) et les Kel Antessar de l'Est au sujet de
la propriété et de l'usage d'un certain nombre de ces puits,
et notamment ceux de In Milach, Rezag, Mahmoud, In
Fezouan, In Efis, Abelbot, Erakchiouak, Mbaksa, Tin
Temourin, In Garren, Oudeïka, In Akoual, Eroug.

Les titres de Kel Antessar paraissent plus sérieux. Ils ont,
en effet, des papiers constatant que leurs ancêtres, sans avoir
creusé eux-mêmes ces puits, œuvre probable de sédentaires
disparus, les ont nettoyés et remis en usage. D'ailleurs la
tradition orale des Kel Antessar est, comme on l'a vu plus
haut, très affirmative en ce qui concerne la revivification de
l'Azaouad par Infa et ses successeurs.

Les Regagda ne contestent pas ces faits, mais prétendent
que les puits sont la propriété des Arabes, parce qu'ils
furent creusés par les soldats marocains de Djouder et de
ses successeurs, à la fin du seizième et au début du dix-
septième siècle. Cette thèse est des plus douteuses ; le seul
fait que les noms des puits sont à peu près tous tamacheq,
au lieu d'être arabes, suffirait à la faire rejeter.

Pratiquement et par la médiation des autorités de Tombouctou, un certain accord s'est établi ces dernières années.

Les Regagda se sont vus affecter les puits que les Kel
Antessar ne fréquentaient plus, c'est-à-dire In Fezouan, In
Efis, Abelbot, Erakchiouak, In Milach Ormaïort, Mahmoud
Regagda, Rezaf, Eroug.

Quant aux autres, dont les Kel Antessar se refusent formellement à faire abanaon, ils ont été partagés de la façon suivante:

Chaque puits possède au-dessus de l'orifice un certain nombre de fourches inclinées, où l'on assujettit la poulie.

Ce nombre est partagé entre Kel Antessar et Regagda au prorata des effectifs utilisant les puits. La répartition en a été faite par des officiers en tournée et établie dans des procès-verbaux rédigés en français et en arabe.

Cette possession indivise de puits ne va pas sans inconvénients. Après chaque hivernage, il faut réparer les puits, qui généralement ont été abandonnés pour les mares voisines. Aucune tribu ne veut travailler pour sa voisine. Il a fallu établir un tour de service, et mettre pendant un an, à tour de rôle l'entretien du puits à la charge de chaque tribu. Mais le règlement n'est pas observé et les difficultés subsistent.

Outre la marque générale des Kel Antessar N, le groupement de l'Est possède une marque particulière pour ses troupeaux.

En marge des Kel Antessar de l'Est et targuisés comme eux, vivent autour de Tombouctou trois petites fractions autonomes d'une centaine de tentes. Les Ahel Sidi Ali, les Kel, Ino-Kounder, les Kel Incheria.

Les *Ahel Sidi Ali* sont des Chorfa. Trop faibles pour avoir une vie politique dépendante, ils se contentent d'une certaine autonomie et ont marché tantôt avec les Kounta, dont le grand apôtre, Sidi-l-Mokhtar Al-Kabir, fut l'élève et disciple de leur ancêtre Ali ben Nadjib; tantôt avec les Berabich, tantôt avec les Kel Antessar.

Lors de l'occupation française, leur chef était Mohammed Ahmed Ould Al-Boukhari, né 186o, et qui avait fait le pèlerinage de la Mecque vers 189o. Il était le conseiller et le secrétaire de Sidi Mohammed Ould M'hammed, chef des

Berabich, et campait ordinairement avec lui. Il le suivit dans sa dissidence en 1899 et se fixa dans le Maïder. Il a rompu toutes relations avec sa tribu. Celle-ci, qui avait fait sa soumission, le 11 mars 1894, resta fidèle à sa parole, sur ses terrains de parcours.

Intelligent et lettré, Mohammed Ahmed Ould Bokhari entretenait d'excellentes relations avec les Kel Antessar, les Kounta et les Touareg de la boucle.

Il fut remplacé, lors de sa fuite, par Mohammed Ould Abd Allah personnage des plus dévoués, mais sans grande valeur ni influence. Il se récusa d'ailleurs, dès le jour de sa nomination, et finit par obtenir son remplacement en 1902.

Vieux et fatigué, il a terminé ses jours vers 1908.

Mohammed Mbarek Hekenbati lui succéda en 1092, et se montra également fort correct.

Aujourd'hui le chef de cette petite tribu est Seddiq Ould Mohammed Ould Boukhari, né vers 1860, fort dévoué, et qui professe à la Médersa de Tombouctou un cours de tamacheq. Il réside à Tombouctou même et a été étudié avec les notables de cette ville, dans mon mémoire sur le région de Tombouctou (1).

Les *Kel Incheria* sont aussi des Chorfa Iguellad. Ils sont parents des Ahel Sidi Ali et sont arrivés avec eux, il y a trois siècles environ, sous la conduite d'Aïta Ould Brahim Ould Mahmoud. Ils s'installèrent un peu au nord de l'Adrar des Iforas, où Sidi Aïta est enterré, mais, après un siècle de vie commune, les deux fractions sa séparèrent. Les Ahel Sidi Ali vinrent dans le pays des puits (*bel al-hassian*) et l'Azaouad ; les Kel Inchéria se rapprochèrent du fleuve et nomadisent aujourd'hui encore entre Tombouctou et Goun-

____

(1) Sur l'ancêtre éponyme de cette petite tribu, Ali Ould Najib, on pourra consulter mon travail sur les Kounta de l'Est. (Chap. V., « La Voie kounta ».)

dam, en relations suivies avec les Kel Antessar et utilisant souvent leurs terrains de parcours. Dès le premier jour d'ailleurs, ils s'étaient mis sous la protection d'Allouda.

Ils comprennent 8o tentes environ.

Leur chef est Imellen ag Doudou.

Ils ont fait leur soumission en même temps que les Ahel Sidi Ali, c'est-à-dire au premier jour de l'occupation de Tombouctou, et ont gardé depuis une attitude correcte.

Les *Kel Inokounder* tirent leur nom du puits d'In Kounder, à 75 kilomètres nord-est de Tintouhoun, qu'ils creusèrent à leur arrivée dans le pays. Après de nombreux démêlés avec les Askia Songaï, leur chef Faïtawa dut, pour avoir la jouissance du fleuve, abandonner les armes. Cette situation s'est accentuée avec le temps et les Kel Inokounder sont devenus une vrai tribu de tolba.

Ils comprennent une centaine de tentes environ, et sont sous le commandement de Mohammed Djeddou.

Ils nomadisent entre Tombouctou et Goundam ; une partie d'entre eux s'est détachée de la tribu pour aller s'affilier, comme on l'a vu, aux Kel Antessar de l'Ouest.

Les Kel Inokounder possèdent de nombreux troupeaux et lougans. Leurs bella de Tombouctou approvisionnent la ville en bois, charbons, matériaux de construction, etc.

Ils ont fait leur soumission avec les Kel Incheria le 18 avril 1894 et depuis cette date ont gardé une attitude correcte.

Les Kel Inokounder se posent en marabouts depuis longtemps, mais leur orthodoxie a plus d'une fois été attaquée. Cheikh Sidi-l-Mokhtar Al-Kabir (1811) racontait l'histoire de ce « saint » inokounder qui prétendait avoir traversé à cheval les cieux, avoir vu Allah reposant sur son trône, s'être assis à côté de lui, et, après une conversation de quelque durée, lui avoir imposé silence. Le Cheikh, terrifié d'un pareil blasphème, maudit l'imposteur, et regretta de ne pas

I.

avoir ses chameaux sous la main pour s'éloigner d'un campement, où il s'attendait à voir tomber la foudre divine.

Barth campa chez les Kel Inokounder, le 20 avril 1854, et y fut reçu « de la manière la plus hospitalière ». Il est vrai qu'il était accompagné du Cheikh Bekkaï. Il remarqua que ces Touareg étaient « tous tolba ou lettrés et savaient lire le Koran ».

CHAPITRE II

I. — ILLIGAÏ OULA.

Illigaï Oula, chef des Kel Haoussa, est né vers 1830. Ce vieillard, aujourd'hui impotent, et dont on craint tous les jours la mort, est la plus grande figure religieuse de la région de Goundam. Fort instruit, très pieux, jouissant d'un prestige considérable, il est l'exemple le plus caractéristique du marabout gouvernant sa tribu par la seule force de l'autorité religieuse, et la gouvernant admirablement.

De pure lignée Kel Haoussa, Illigaï se rattache par son ancètre maternelle aux Kel Antessar. En effet, une des filles de Mohammed ag Infa, nommée Timmama, épousa l'homme qui devait être l'ancêtre des Kel Haoussa : Aloula Mohammed. Leurs enfants, les premiers, se détachèrent de leurs oncles maternels, dans le courant du dix-septième siècle, et émigrèrent vers la région des lacs, où ils sont toujours.

Aloula Mohammed eut pour fils et successeur Mohammed Al-Faqih, à qui succéda son fils Ahmed. Celui-ci eut pour fils et successeur Ikawelli. Avec Ikawelli vont naître

les deux branches de la dynastie princière des Kel Haoussa.
Ikawelli a deux fils, Al Soula et Bak, abréviation de Bakari.

Les chefs de la tribu seront pris désormais dans cette
dynastie, mais indifféremment dans la lignée d'Al-Oula ou
dans celle de Bak. Le choix de la Djemaa se portait évidemment sur celui qui était le plus capable, ou le plus
riche, ou le plus actif ou le plus intrigant.

Cette dévolution du pouvoir qui s'effectue par le choix
de la Djemaa, s'opérant dans une famille héréditaire sans
distinction de branches et sans primogéniture, est la règle
presque générale pour toutes les tribus maures et iguellad
du Sahara soudanais.

D'autre part, à la même époque, un nouveau contingent
Kel Antessar venait renforcer la tribu. Deux des fils de
Mohammed ag Infa : Mamma et Bella, avaient laissé chez
les Kel Antessar une nombreuse postérité qui s'était mul-
tipliée à côté de celle de leur aîné, Qoutoubo, où se fixait
le commandement. Une partie de cette descendance de
Mamma et de Bella émigra, vers le début du dix-huitième
siècle, de l'Azaouad, où les Kel Antessar nomadisaient
encore, et vint s'agglutiner aux Kel Haoussa et au Cheurfig.

A signaler enfin, pour mémoire, une autre tradition qui
rattacherait certains Kel Haoussa au lointain Bou Bakar,
le fils de Yaqoub Al-Ansari, ancêtre légendaire des Kel
Antessar.

Al-Oula, chef de la branche aînée, a eu successivement
pour descendants, chefs de leur génération, son fils Akha,
puis Oula, fils d'Akha, puis Saïd Al-Faqih et Illigaï, tous
deux fils d'Oula.

De même, Bak a pour successeurs son fils Henan, puis
Abba, fils d'Henan, puis Mamelli, Mohammed Mamma et
Al-Follelli, tous trois fils d'Abba.

Oula vécut dans la première moitié du dix-neuvième
siècle. Ce fut un grand marabout qui, uniquement adonné
à la vie contemplative, refusa le commandement quand le

choix de la djemaa se fut porté sur lui. Il fut alors remplacé
par son cousin Al-Follelli et le choix en fut confirmé par le
souverain peul du Macina, dont les Kel Haoussa dépen-
daient alors politiquement.

A la mort d'Al-Follelli (vers 1875), le commandement
revint dans la branche aînée, en la personne de Saïd Al-
Faqih, fils aîné d'Oula.

Celui-ci fut tué par méprise en 1895, au moment où il
venait réclamer ses troupeaux à un détachement de police
qui venait de les razzier.

Comme il ne laissait pas d'enfants, il fut remplacé par son
frère Illigaï, chef actuellement en fonctions.

Les Kel Haoussa ont fait leur soumission dès la première
heure, en 1894. Depuis, leur attitude a été parfaitement
correcte. Il faut même signaler, à la louange d'Illigaï, qu'à
diverses reprises son intervention (1895-1906-1915-1916) a
calmé les populations qu'agitait une certain effervescence.
Il n'a d'ailleurs pris part à aucun événement important.

Au point de vue religieux, Illigaï est le moqaddem de
tous les Qadrïa de la région. Il a distribué l'ouird à de multiples personnalités et a formé de nombreux marabouts,
petits maîtres d'école locaux.

Il a reçu son initiation et ses pouvoirs du Cheikh Sidi-l-
Mokhtar († 1878), fils aîné du Cheikh Bekkaï le Kounti
(† 1865). Il se rattache donc directement et de la façon la
plus pure à la lignée des grands Qadrïa Kounta.

Il a conservé d'ailleurs avec eux les meilleures relations;
il leur envoie régulièrement, chaque année, la plus grande
partie des zakat qu'il reçoit, et héberge avec plaisir tous les
missionnaires kounta qui viennent le voir.

Il entretient aussi d'excellents rapports avec ses cousins
Kel Antessar, Cheurfig et Kel Inokounder. De nombreux
liens matrimoniaux unissent d'ailleurs les uns et les autres.

Illigaï est riche en troupeaux et en graines. S'il reçoit de
nombreux cadeaux, il les dépense largement dans l'exercice

de la charité publique. Il n'a jamais été l'objet d'une plainte ni même d'un jugement malveillant dans ce domaine.

Il possède une abondante bibliothèque, uniquement composée d'ailleurs d'ouvrages islamiques.

Illigaï a pour fils unique et successeur désigné *Sidi-l-Mokhtar*, ainsi nommé par piété en l'honneur des Cheikh Kounta. Sidi-l-Mokhtar est né vers 1865 : vu le grand âge et la faiblesse de son père, c'est lui qui administre pratiquement la tribu.

Sans jouir du grand prestige et de la haute science paternelle, Sidi-l-Mokhtar est un marabout cultivé et estimé. Il parle difficilement l'arabe littéraire et pas du tout le hassanïa, sa langue maternelle étant le tamacheq et aussi en quelque sorte le songaï. L'autorité française lui reconnaît à son égard une attitude loyaliste et sympathique.

Il a trois enfants : Mohammed, né vers 1900, et Bou Bakar né vers 1902, encore étudiants tous deux, et Aïssata, mariée à un notable Kel Haoussa.

II. — FRACTIONNEMENT DES KEL HAOUSSA.

Les Kel Haoussa, qu'on appelle quelquefois aussi Kel Aouza, parce que telle est la prononciation des Touareg, comprennent 9 fractions proprement Kel Haoussa, une dixième, les Cheurfig de Gallaga, d'incorporation récente, et enfin 3 villages de bella.

Chacune de ses dix fractions comprend un groupement de notables ou libres, et un groupement de bella, du même nom.

Tableau du fractionnement des Kel Haoussa

Kel Haoussa.

	Libres		Bella	
	Imposés	Non imposés	Imposés	Non imposés
I. Kel Haoussa proprement dits	437	27	939	43
II. Kel Gamart	229	13	463	32
III. Kel Taharoudian	59	4	134	9
IV. Kel Taborak	100	6	200	13
V. Guillaï	29	4	54	6
VI. Kel Tintouhoun	162	12	165	14
VII. Kel Tadak	88	5	192	11
VIII. Kel Indiabi	93	5	232	13
IX. Kel Tabakat	230	22	529	26
X. Cheurfig de Gallaga.....	44	6	238	19
Kaneï................	»	»	305	31
Hangaber	»	»	571	104
Débé Faguibine	»	»	81	11
	1.490	104	4.103	332

Soit un total pour la tribu des Kel Haoussa de 4.103 im·
posés et de 436 non-imposés. Sur cet ensemble de 4.539 personnes recensées, on compte 1.630 hommes, 1.811 femmes,
1.212 jeunes gens, 940 jeunes filles, 244 enfants, 192 vieillards.

I. — Les *Kel Haoussa* proprement dits ont Illigaï Oula
pour chef de fraction. Ils nomadisent pendant la saison
froide à Hango Ber, pendant la saison chaude, dans le
Katawa du Kissou, et en hivernage du lac Fati à Goundam.

II. — Les *Kel Gamart* marchent avec les Kel Tabakat,
mais sans se mélanger à eux. Ils s'échelonnent le long du
Niger, des lacs au fleuve, sur la rive Gourma. Ils restent en
communication entre eux. Ils ont pour chef Allaou-Kanio-
Iwatyi.

III. — Les *Kel Taharoudian* marchent avec Illigaï et nomadisent pendant la saison froide à Djin-Djin ; en saison

chaude au lac Télé ; en hivernage à Hango-Ber. Ils ont pour chef At-Taher Hamed.

IV. — Les *Kel Taborak* nomadisent en saison froide et chaude à Niambourgou et en hivernage dans l'ouest du lac Télé. Ils ont pour chef At-Taher Hamed. Ils tirent leur nom, dit At-Taher, des « taborak » ou épineux (*Balanites ægyptiaca*) où la fraction avait l'habitude de camper. Le cadi donne une autre explication. Leur ancètre qui était des Kel Antessar, se sépara de ses frères, à la suite d'une querelle au sujet d'un puits « Borak ». Sidi Mokhtar, chef des Kel Haoussa, en donne une troisième : Le nom de la fraction lui vient de l'île de Taborak, entre Bamba et Gao, où elle allait jadis pâturer. On n'a que l'embarras du choix.

V. — Les *Guillaï* nomadisent en saison froide dans le Kissou (Bani), en saison chaude à Arham, en hivernage dans le Gourma. Ils ont pour chef Hammada Mahaman. Leur nom est une déformation locale d'Iguellad.

VI. — Les *Kel Tintouhoun* nomadisent en saisons froide et chaude dans les monts de Boukoré, et en hivernage à Toumbaïa. Ils ont pour chef Hattouta.

VII. — Les *Kel Tadak* nomadisent perpétuellement sur le Gourma. Ils ont pour chef Mohammadoun Modetto. Leur nom signifie « les gens de la petite montagne de pierres ».

VIII. — Les *Kel Indiabi* nomadisent en toute saison sur le Gourma et ont pour chef Mamili.

IX. — Les *Kel Tabakat* nomadisent à côté des Kel Gamart, à Douékiré et sur le Gourma. Ils ont pour chef Mahaman Ahman.

Le cheptel des Kel Haoussa comprend 151 chevaux, 28.606 bovins, 584 ânes, 11.395 têtes de petit bétail et une centaine de chameaux.

Ils marquent leur bétail du signe N, qui est également le signe des Kel Antessar.

CHAPITRE III

LES CHEURFIG

I. — Mohammed Kanna.

Mohammed Kanna est le chef des Cheurfig (au sing. Cheur-figui).

Cette tribu, comme son nom à peine targuisé l'indique, est d'origine chérifienne. Plusieurs familles ont conservé l'arbre généalogique qui les relie à Ali, gendre du Prophète, mais il est facile de voir (cf. l'exemple en annexe) qu'un grand nombre de générations manquent, et, de plus, que les noms ont une consonance berbère, si accusée, qu'il est permis d'avoir les doutes les plus sérieux sur la pureté de ces origines.

Il y a un siècle environ, deux petits groupements cheurfig se séparèrent de la branche principale et restèrent sur le Gourma : l'un se fixa définitivement à la terre et avec ses bella peupla les villages aujourd'hui riches et laborieux de Koro-Teïba, Awaki, Milala-Dougourodji, Céba, Gaber, Aïna. L'autre conserva sa vie nomade et vécut ordinairement dans le sillage des Irreganaten de Bekkaoui ou des Kounta d'Alouata. On les a vus aussi dans l'île de Binga marabouts enseignants, faiseurs de gris-gris, jeteurs de sorts ; ils exploitaient surtout la crédulité religieuse et s'étaient taillé ainsi une belle part d'influence. C'est à cette fraction, dont Hammadoun Hamma Ali est le chef, qu'appartenaient les marabouts qui jetèrent le trouble, il y a quelques années, parmi les Cheurfig de Goundam, comme on le verra plus loin.

Par un phénomène curieux, les Cheurfig n'ont pas su ou pas pu choisir parmi eux leur tente de commandement. Depuis la constitution de la tribu, on constate en effet que c'est une famille Kel Antessar qui dirige leurs destinées.

Cette famille, dont Mohammed Kanna est aujourd'hui le représentant, se rattache à Mohammed ag Infa, l'ancêtre des Kel Antessar et Kel Haoussa, par son fils Mamma.

A Mamma succédèrent de génération en génération d'abord Abou Bakar, son fils aîné, puis Oumarou, fils d'Abou Bakar, puis à la fin du dix-huitième siècle, Al-Kali Oumarou, fils d'Oumarou.

Al-Kali Oumarou eut trois fils, Oudé, Kanna et Billah.

A. — *Oudé Al-Kali* succède à son père dans le commandement des Cheurfig. Il mourut vers 1875, laissant trois fils dont les campements forment une des branches de la maison princière des Cheurfig : Balla, Abd Allahi et Mohammed At-Taher.

Balla fut d'abord le chef de la tribu et mourut en 1895.

Son frère Abd Allahi Oudé, né vers 1857, qui n'avait eu jusque-là qu'une situation effacée, lui succéda. Il s'était distingué, en 1893, en se rendant avec empressement à l'appel du chef des Tenguérédief, Mohammed ag Ouab, à Tombouctou, pour s'opposer au débarquement du lieutenant de vaisseau Boiteux. Malgré ce geste de début, il fut par la suite un auxiliaire dévoué et fidèle, et contribua beaucoup à rétablir la sécurité dans le pays en faisant arrêter des Kel Ingouzma, bandits de grand chemin.

Marabout éclairé et pieux, il a laissé une excellente réputation dans le pays.

Il est mort en mai 1904, et a été remplacé par son cousin Mohammed Kanna.

Le troisième fils d'Oudé, Mohammed At-Taher, était mort précédemment en 1901.

B. — *Kanna*, deuxième fils d'Al Kali Oumarou, a exercé pendant quelque temps le commandement des Cheurfig. Il est mort vers 1875.

Son fils Mohammed Kanna, né vers 1860, est actuellement le chef des Cheurfig. Il a pris ce commandement en 1904, à la mort de son cousin Abdoullahi Oudé, représentant la branche aînée. Sa mère Fatimata est une femme des Tenguérédief. C'est là un exemple qu'on voit souvent : Cheurfig et Kel Haoussa, marabouts des guerriers touareg Tenguérédief, épousent des filles de cette tribu, et c'est ce qui explique d'une part la targuisation de plus en plus complète des Cheurfig, d'autre part, les excellentes relations qu'ils entretiennent avec les tribus touareg de la région.

La tente du commandement cheurfig unit ainsi tous les sangs touareg et iguellad du pays de Goundam.

Mohammed Kanna est un chef correct et un homme sympathique. On n'a qu'à se louer de ses services. Au point de vue religieux, il jouit d'une certaine considération, mais il est à peu près illettré. Il déclare lui-même n'être jamais allé à l'école et n'avoir jamais appris le Coran. Il ne parle pas l'arabe, bien entendu, mais seulement le tamacheq et le songaï.

C. — *Billah*, troisième fils d'Al-Kali Oumaraou, est mort vers 1870. Ses trois fils : Abd Er-Rahman, Hannama et Hammala Oula sont morts aussi, mais leurs campements subsistent dans la tribu cheurfig.

II. — Fractionnement des Cheurfig

	Libres		Libres	
	Imposés	Exemptés	Imposés	Exemptés
I. Inataban.............	161	11	579	75
II. Kel Iwatta...........	178	8	145	11
III. Fati Koï.............	65	8	134	10
IV. Kel Hadeïda	54	5	124	8
V. Dabaroukoï..........	104	6	134	7
VI. Kel Aragoungou......	78	9	222	19
VII. Bella des Débé.......	»	»	355	62
VIII. Bella du Faguibine....	»	»	291	38
Total......	641	47	1.984	229

Soit un total pour la tribu de 2.624 imposés et 276 exemptés, dans l'ensemble 2.908 personnes, libres et bella compris.

Les Cheurfig, quoique tribu maraboutique, ne pratiquent qu'avec tiédeur les rites religieux. Ils se disent affiliés au Qadérisme, encore qu'ils n'en exécutent pas le dikr. C'est Illigaï Oula, des Kel Haoussa, et Mohammed Mao, des Cheurfig même, qui jouissent de la plus grande autorité religieuse. En dehors du chef et de ses cousins, c'est Abdallahi ben Mohammed ben Hamlali qui est le principal notable de la tribu.

Politiquement, la tribu marche à la suite de Kel Antessar.

I. — Les *Inataban* sont sous les ordres directs de Mohammed Kanna. Ils nomadisent, en saison froide, du Faguibine aux Daouna, en saison chaude, aux bords du Télé; en hivernage à l'ouest des Daouna. Ils cultivent à Hangaber et Alfaw (Tounïa). C'est la fraction la plus religieuse de la tribu.

II. — Les *Kel Iwatta* ont pour chef Mohammed ag Cheikh. Ils nomadisent en saison froide au Faguibine; en saison chaude, vers les Daouna ; en hivernage, des Daouna à Ras el-Ma.

III. — Les *Fati Kof* ont pour chef Al-Mostafa ou Ammantafa Mohammed. Ils nomadisent en saison froide au Fati ; en saison chaude dans le Killi ; en hivernage aux bords des lacs Télé et Horo.

Ils ont des lougans au Fati (Daratié), où seul pousse le mil local, et à Tendia.

IV. — Les *Kel Hadeïda* ont pour chef Moustafa. Ils nomadisent en saison froide à Harigongou ; en saison chaude sur le Télé ; en hivernage sur les Daouna. Ils ont leurs lougans à Tissimellel, près de Ras el-Ma.

V. — Les *Djabaroukoï* ont pour chef Mohammedou Mohammed. Ils nomadisent en toute saison du lac Fati au lac Koro. Ils ont des lougans à Tondigani, où un village est constitué par leurs captifs, et à Tendia, où ils louent des terres au chef du Fatakara.

VI. — Les *Kel Aragoungou* ont pour chef Abdoulaye Mahaman, vieil homme ouvert et sympathique. Chef des villages de culture du Faguibine, c'est lui qui s'occupe de la séparation des terres entre les bella. La fraction nomadise d'Aragoungou aux Daouna. Elle cultive à Aragoungou même (Gousao).

VII. — La tribu possède de nombreux débé ou villages de culture à Tarkassosso, Fatembelé, Etawel, Soudoubé, Ibagao, Dendéguéré, Diguihoundou, et surtout à Alfaw. Ces débé sont peuplés par leurs bella, captifs et vassaux agraires, fils de captifs. Les uns sont sédentaires sur les bords du fleuve et des lacs, et c'est le plus grand nombre, les autres sont quelque peu nomades.

VIII. — Sur les bords du Faguibine se trouve centralisé un grand nombre de débé des Cheurfig, constitués en fraction autonome.

Les Cheurfig ont un cheptel de 80 chevaux, 7.600 bovins, 60 ânes, et 6.750 têtes petit bétail.

CHAPITRE IV

L'ISLAM DANS LA VIE DES IGUELLAD

La *piété* n'est pas chose rare chez les Iguellad, encore qu'on s'attendrait à la voir plus répar_ue dans des fractions qui passent pour maraboutiques et tiennent beaucoup à cette qualité. On rencontre beaucoup de gens qui font la prière régulièrement et égrènent leur chapelet. La différence y est fort sensible avec ce qui se passse chez les Touareg voisins. Les prières portent en la langue courante tamacheq, qui est celle des Iguellad, les noms suivants :

> Prière de l'aurore, tifaout.
> — du Midi, tizzar.
> — de la mi-soirée, tzkast.
> — du crépuscule, allemouz.
> — de la nuit, tisodoucin.

Comme chez les nomades, il n'y a pas de mosquée bâtie : la mosquée (*Tameʒʒid*, corruption de l'arabe *mesdjid*) consiste en un simple rectangle de sable, entouré de branches ou de pierres. Quand un campement se déplace, il édifie instantanément sa mosquée. Si son séjour doit être de quelque durée, on élève quelquefois une case rustique en paille de graminée morkba. L'imam seul y prendra place, avec quelquefois deux ou trois lettrés ; les autres fidèles se tiennent devant la porte. Cette case sert d'asile de nuit aux voyageurs, aux pèlerins, et aux étudiants, quand il fait froid.

La tamezzid est assez fréquentée, le vendredi à la prière du midi, et les autres jours, à la prière du crépuscule.

Les femmes n'y viennent jamais. Elles sont invitées à prier chez elles, quand elles entendent l'appel du muezzin.

Il n'y a pas de désignation officielle d'imam. C'es le taleb le plus instruit du campement qui exerce, *voce populi*, cette fonction.

A la différence de leurs voisins maures et noirs, les Iguellad cultivent peu l'affilation religieuse. Chez les Kel Antessar notamment, il n'y a pour ainsi dire pas de confrérie et pas d'ouird. Il semble bien qu'il y ait là un phénomène de réaction politique contre leurs ennemis, tant Kounta, lanceurs et propagateurs de l'ouird qadria, que contre les Foutanké, représentants officiels de l'ouird tidjani, les deux seuls connus en Afrique Occidentale.

Chez les Kel Haoussa au contraire, nous avons vu le Qaderisme fleurir à la Zaouïa d'Illigaï Oula, disciple des Kounta.

L'usage de la langue arabe y est jusqu'à un certain point répandu ; quelques *écoles coraniques* (taraboucht) apprennent à un petit nombre d'enfants les rudiments de la lecture et de l'écriture. Ces écoles sont plus nombreuses chez les Kel Haoussa et Cheurfig que chez les Kel Antessar.

Le maître reçoit, pour sa rétribution, un ou deux bœufs, peu après l'entrée de l'enfant à l'école, et un mouton, quelquefois même un bœuf, après chaque hizb.

Chez les Kel Antessar, les écoles les plus réputées sont celles de Hamma Taher, que dirige son fils depuis sa mort. Elle a une quinzaine d'élèves ; celle de Saïakh, né vers 1880 ;

celle de Ahmadou Mohammadou né vers 1840; celle de
Mohammadou Diakaraouin, né vers 1838 ; celle de Kardidi,
né vers 1878; celle de Tarha At-Taher, né vers 1873, et
celle de Mohammadou ag Mohammed, né vers 1875. Elles ne
comprennent guère que de 4 à 8 élèves, et dérivent toutes
plus ou moins de l'enseignement de Hamma Taher, ou de
son père Taher.

Chez les Haoussa : l'école d'Illigaï Oula, la plus florissante avec ses trente élèves ; celle de Rouïssoun, né vers
1880, qui a une douzaine d'élèves. La bibliothèque comprend
une cinquantaine d'ouvrages. Celle de Mahammar Ali, né
vers 1882, qui a huit élèves. Les autres maraboutaillons Kel
Haouassa, tels Mohammed Ahmed, Wandaï Hamma, Hattouta, Iderahi. Aïssa Al-Bakhi, Mohammed Moustaf, Kos-
samou, Sidi-l-Mokhtar, et enfin à Gallaga, Cheurfig, Illa-
hada, n'ont que deux à quatre élèves et aucune science ni
importance. Tous ces marabouts appartiennent à l'obédience qadrïa, et relèvent de près ou de loin d'Illigaï.

Chez les Cheurfig, l'école de Mohammed Mao, qui est
la plus florissante avec sa douzaine d'élèves. Ce vieux marabout infirme est l'élève et le disciple qadri de Mama Mamelli, Cheikh de renom des Touareg Idnan. Il est moqaddem qadri et relève naturellement des Kounta. Les deux
autres marabouts réputés des Cheurfig sont Al-Hassan Dala,
né vers 1870, et Mohammed ag Cheikh, né vers 1880, tous
deux élèves de Mohammed Mao.

On compte tout au plus trois ou quatre écoles, pouvant
être qualifiées de « supérieures » : celle d'Illigaï Oula et de
Rouïssoum (Kel Haoussa); celle de Mamadou Mao (Cheurfig); celle de Hamma Taher (Ker Antessar). Les deux ou
trois étudiants y vivent avec leur maître, travaillent et mangent
avec lui, lui servent de moniteurs pour son école coranique,
et à temps perdu, le soir surtout, entendent de sa bouche
une pieuse lecture, accompagnée de quelques commentaires
quand sa science le lui permet.

Les plus lettrés de la tribu se livrent en outre, chez eux, à quelques études personnelles de droit et de grammaire.

Ils se rassemblent quelquefois le vendredi, après la prière de la mi-soirée en « tiberdiant », c'est-à-dire réunions pieuses et académiques où un marabout lit et commente un passage du Coran, de la Tradition ou des *Dalaïl*.

Il n'y a pas d'autre bâtiment scolaire évidemment que la tente, ou plus simplement encore un carré sablonneux, *sub jove* devant la tente.

En somme, si un certain nombre d'Iguellad parlent l'arabe, ce n'est pas pour l'avoir appris à l'école, c'est par leurs relations avec leurs voisins maures : Tormoz, Deïlouba, Ousra, Oulad Allouch, Berabich, Kounta, qu'ils ont acquis le vocabulaire de hassanïa, toujours restreint, qu'ils possèdent.

Barth remarquait déjà en 1854 « qu'ils étaient quelque peu lettrés et savaient le Coran ; que quelques-uns d'entre eux écrivaient même un peu l'arabe, mais qu'aucun ne s'était élevé aux conditions d'un vrai savant, comme on l'entend dans leurs pays ».

Il n'y a que fort peu de bibliothèques arabes réputées. On cite celle des Illigaï Oula, des Kel Haoussa, qui comporte une cinquantaine de volumes. Les autres marabouts ont tout au plus une dizaine d'ouvrages.

L'aumône (tam macedek, de l'arabe cedaqa) et le *jeûne* sont assez bien observés. Ce sont même, semble-t-il, les deux seules manifestations vraiment apparentes de la piété des Iguellad. On donne 1 mouton pour 5 chameaux ; 1 bœuf de deux ans pour 30 bœufs ; 1 génisse de deux à trois ans pour 40 vaches, le dixième de la récolte de mil.

Les Iguellad n'ont aucune idée du *pèlerinage* ni de la *guerre sainte*.

1.

Les fêtes relig··· ses sont célébrées. ce sont :

> Aramat. fête du mouton.
> Tisendar, fête de la rupture du jeûne.
> Achoura, achoura.
> Maouloud. maouloud.

Les deux premières reçoivent un particulier éclat du fait des réjouissances publiques. des chœurs de femmes. des prières publiques à la mosquée et des courses de chevaux.

La *justice* courante est rendue dans chaque fraction, par un marabout qui porte le nom de cadi. et qui est censé représenter le tribunal de village. investi des pouvoirs de conciliation pour le règlement de tous les litiges dont les parties le saisissent.

Certains de ces cadis ont eu. au cours des siècles passés, une grande réputation de science et d'intégrité. Il y a peu de temps encore février 1908) un cadi des Kel Antessar était choisi par les deux tribus arabes Ousra et Fman (Allouch) pour trancher une contestation surgie à propos d'un vol de chameaux.

La justice du cadi était rendue généralement en plein air et devant la djemaa. Quelquefois il restait sous sa tente, ouverte à tous d'ailleurs, ou allait s'asseoir à proximité de la mosquée. Elle était gratuite en principe, mais, en dehors des audiences, le cadi pouvait et peut recevoir de épices.

Actuellement, au-dessus des cadis, le véritable tribunal de droit commun est pour les Kel Antessar de l'Ouest, le Kel Haoussa et les Cheurfig, le tribunal de subdivision d· Goundam que préside l'adjoint au commandant du cercle et qu'assistent deux assesseurs iguellad, Sidi-l-Mokh..r, fils d'Illigaï Oula, chef des Kel Haoussa, et At-Taher, chef des Kel Antessar ; et pour les Kel Antessar de l'Est : le tribunal de subdivision de Tombouctou, que préside l'adjoint au commandant de cercle, et qu'assistent deux assesseurs iguellad.

Le droit appliqué par les tribunaux est le droit musulman ordinaire, sous sa forme malékite, souvent modifiée par des coutumes locales.

La *famille* est ici, comme chez les Touareg du Sud, et à la différence des Touareg du Nord, nettement patriarcale. L'autorité du *paterfamilias* est très réputée.

La naissance du garçon comme de la fille est du plus heureux augure. Un captif ou un membre de la famille vient devant la tente aussitôt après la délivrance, et clame par trois fois à tous les habitants du campement l'heureux événement.

La circoncision est pratiquée de 6 à 8 ans ; elle ne donne lieu à aucune fête spéciale. L'excision est inconnue.

Le mariage n'est généralement pas accompagné d'une intervention islamique. Toutefois, il arrive qu'un marabout aille de lui-même réciter une prière pour les conjoints à la mosquée, et dans ce cas, on lui fait un petit cadeau.

Le droit de la femme sur son patrimoine est absolu ; pratiquement elle le laisse entre les mains de son mari. La polygamie et le concubinage sont admis, mais d'une pratique peu courante. Suivant en cela comme dans le reste la coutume targui, les Iguellad sont pour la plupart monogames. Aussi l'adultère y est-il peu fréquent ; et tous les hommes étant mariés, la prostitution à peu près nulle. En revanche, et naturellement, les familles sont moins nombreuses, et les *patresfamilias* moins prolifiques.

Dans certaines familles plus islamisées, on tend à exiger des femmes le port du voile. C'est ce qu'on rencontre assez souvent chez les Cheurfig et Kel Haoussa, et quelquefois chez les Kel Antessar.

D'une façon générale, la femme Iguellad, comme les femmes targui, partage la vie tant publique que privée de son mari : les divorces, encore nombreux, y sont toutefois plus rares que chez les Maures.

Les *funérailles* ont lieu immédiatement après le décès et conformément à la coutume islamique. On ne porte pas le corps à la mosquée. Mais le marabout récite une prière au moment de l'ensevelissement. Il est de coutume de grouper ensemble les tombes des membres d'une famille.

Malgré que les Iguellad soient des nomades, à petite échelle, il est vrai, mais en perpétuelle transhumance, ils se sont, depuis notre occupation, résolument mis à la culture des terrains d'inondation des rives du Faguibine. Auparavant, seuls les Inataban, les Kel Touboukri, les Kel Ouorozil et les Kel Aboukakh envoyaient leurs bella y constituer des debé ou hameaux temporaires de cultivateurs : ces débé étaient ceux de Guiguinaïorote, Kel Touboukri-Débé, Kel Ouorozil-Débé, et Gaoudel-Débé. Ils ont continué depuis ce temps. En 1898, Kel Antessar et autres Iguellad payaient un impôt de 3.000 kilogrammes de grains, en 1899, de 5.425 kilogrammes de mil et de 4.875 de riz; en 1.900, de 7.000 kilogrammes de mil et de 3.000 de riz; en 1911, rien par suite de la récolte déficitaire.

En 1905, on voit Allouda commencer à prendre en main cette affaire de cultures, au nom de sa tribu, et solliciter une réglementation et des terrains. Les cultures prennent une telle extension que le commandant de la région de Tombouctou doit, par une décision du 30 mai 1908, procéder à une délimitation entre la zone réservée à la tribu, et celle affectée aux gens de Bitagongo.

Ces cultures se sont encore développées; et en 1913, il reçoit pour sa tribu la plus grande partie de la rive nord du Faguibine. Il en fait lui-même la répartition intérieure, en y comprenant les autres Iguellad, et des Maures Tormoz. Ces cultivateurs riverains doivent fournir la ration au goum Kel Antessar qui, d'octobre à mars, monte la garde en fortin de Taguillem, et les protège.

Il ne faudrait pas croire que ces cultures sont le fait des

hommes libres. C'est aux seuls affranchis (Ikhaoualen) et captifs (Bella) que revient le soin dégradant du travail de la terre. Mais les maîtres réclament toujours beaucoup de terrains pour y installer leurs gens et avoir ainsi une part de récolte plus abondante.

L'autorité est détenue dans la tribu par un chef, élu par l'assemblée des notables et hommes libres, les « imijaren », et qui porte le nom d'aménokal.

Il est représenté dans chaque fraction par le Kalahan-aménokal qui est le personnage le plus en vue du groupe.

Le pouvoir de l'aménokal est absolu en principe, mais pratiquement, dans ces sociétés démocratiques berbères, il doit prendre pour chaque affaire importante l'avis de sa djemaa et des marabouts.

Au-dessous des imijaren, se classent la foule des hommes libres, les Ilellân, puis les forgerons ou Inhaten, parmi lesquels se recrutent, comme chez les Maures, les vizirs, conseillers, courriers et interprètes, puis les Ikhaoualen ou affranchis, et enfin les bella, dits aussi Iklan, et qui sont les captifs d'hier, les « serviteurs » d'aujourd'hui.

Les marabouts jouissent d'une grosse influence. A l'exemple des prêtres de la cité antique, ils consultent le sort pour savoir si l'événement sera favorable. La guerre, notamment, n'est entreprise qu'autant que leur réponse est favorable. On rapporte qu'en fin 1893, quand on apprit l'occupation de Tombouctou par les Français, une émotion considérable secoua la tribu, et tandis que tous préparaient leurs armes, les chefs vinrent consulter Taher, la personnalité religieuse la plus marquante des Kel Antessar dans le deuxième moitié du dix-neuvième siècle. Celui-ci, après réflexion, répondit : « Si vous êtes vainqueurs dès la première rencontre, vous le serez toujours et la suprématie vous restera. Sinon ils vous vaincront toujours et deviendront les maîtres du pays. C'est ce qui expliquerait, au dire de

Chebboun et d'At-Taher, la fougue impétueuse que les Touareg et Iguellad montrèrent à Takoubao pour assurer l'avenir, et la mollesse dont ils firent preuve à Diré, où ils furent décimés, parce qu'ils escomptaient une victoire facile. L'explication est ingénieuse, mais n'est pas à l'honneur du marabout.

Les Kel Haoussa et les Cheurfig sont beaucoup plus marabouts que les Kel Antessar. Il n'est pas permis chez eux de porter les armes. Ils se rapprochent donc des tribus zouaïa maures.

Ils sont également beaucoup plus sensibles aux influences religieuses. Au début de 1912, des instructions très sévères arrivèrent des Cheurfig du Gourma, filiale de ceux du Haoussa, ainsi qu'il a été expliqué plus haut. On ordonnait aux vrais fidèles de vivre isolés dans la brousse, d'enfermer les femmes, de supprimer les litham pour les hommes, de laisser pousser les cheveux et d'expulser des campements tout passager et tout étranger.

En même temps, il était prescrit de s'écarter d'Illigaï Oula, qui avait cessé d'être un vrai et pur musulman, parce qu'il s'était compromis par des relations amicales avec les infidèles, qu'il leur avait fourni des animaux de boucherie et qu'il avait laissé recenser la tribu. On ne lui devait plus l'obéissance.

Une quinzaine de chefs de tente suivirent à la lettre ces prescriptions et se retirèrent dans la brousse. En même temps, quelques jeunes gens illuminés et fanatisés parcouraient la campagne, pénétraient au galop dans les campements, tiraient des coups de feu, effrayaient bêtes et gens et insultaient les renégats qui ne voulaient pas se joindre à eux.

Illigaï Oula lui-même, le saint vénéré, le moqaddem, vit en quelques jours tout son prestige à la veille de sombrer.

Il vint chercher secours auprès de l'administrateur. Le

1ᵉʳ juin 1912, treize des meneurs étaient arrêtés et condamnés à quinze jours de prison ; sept d'entre eux se voyaient en outre infliger 100 francs d'amende. Par mesure d'hygiène, les têtes ébouriffées étaient rasées. Les fusils étaient saisis.

Le principal fauteur des troubles, Hammadoun Abou Bakar, était arrêté sur le Gourma, malgré les protestations d'Alouata, chef des Kounta, qui le revendiquait comme sien, conduit à Goundam et incarcéré. Il fut relâché, quelque temps après, sur la prière d'Illigaï même, qui voulait apaiser tout ressentiment.

Depuis ce temps, le calme est revenu.

PAUL MARTY.

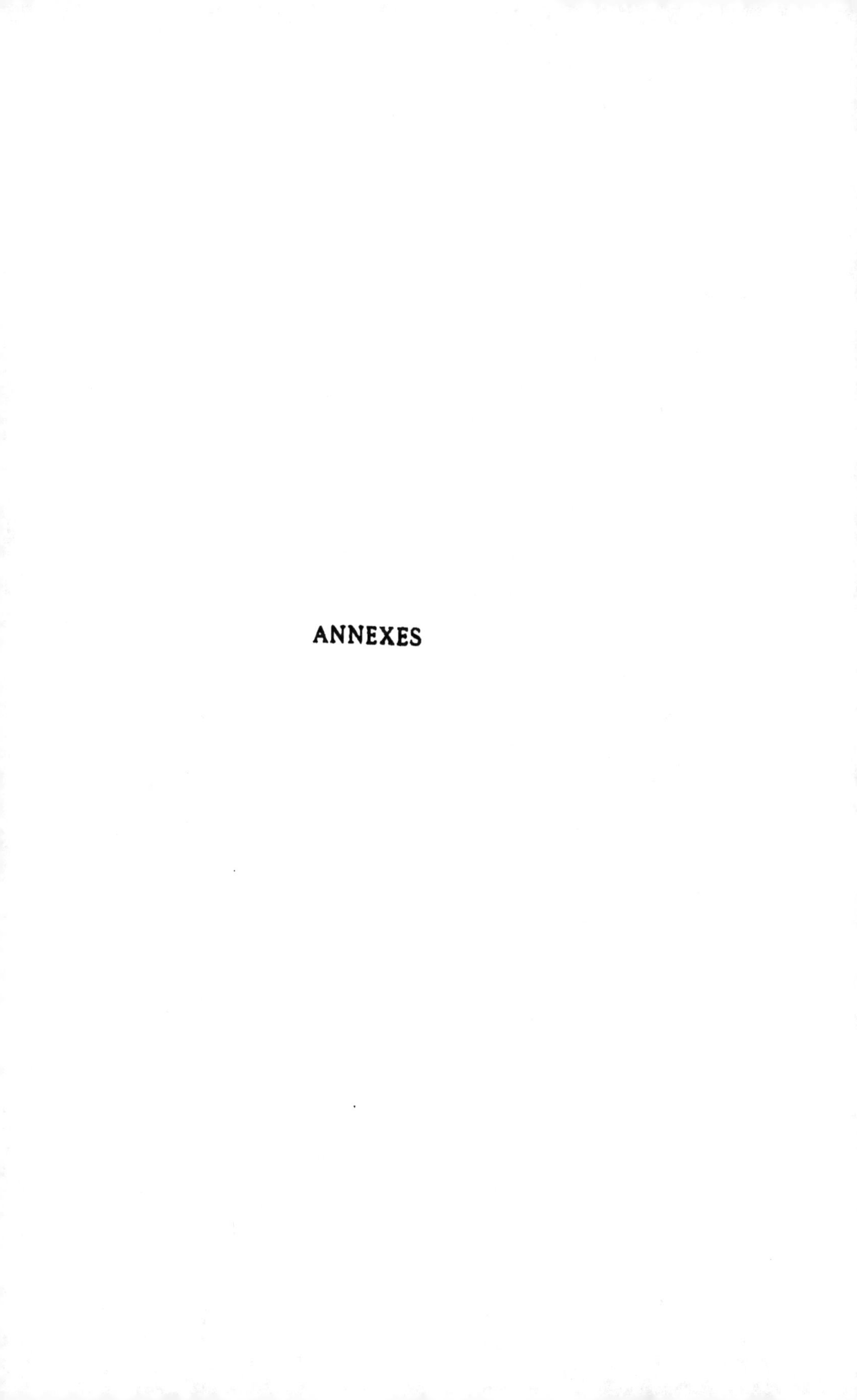

ANNEXES

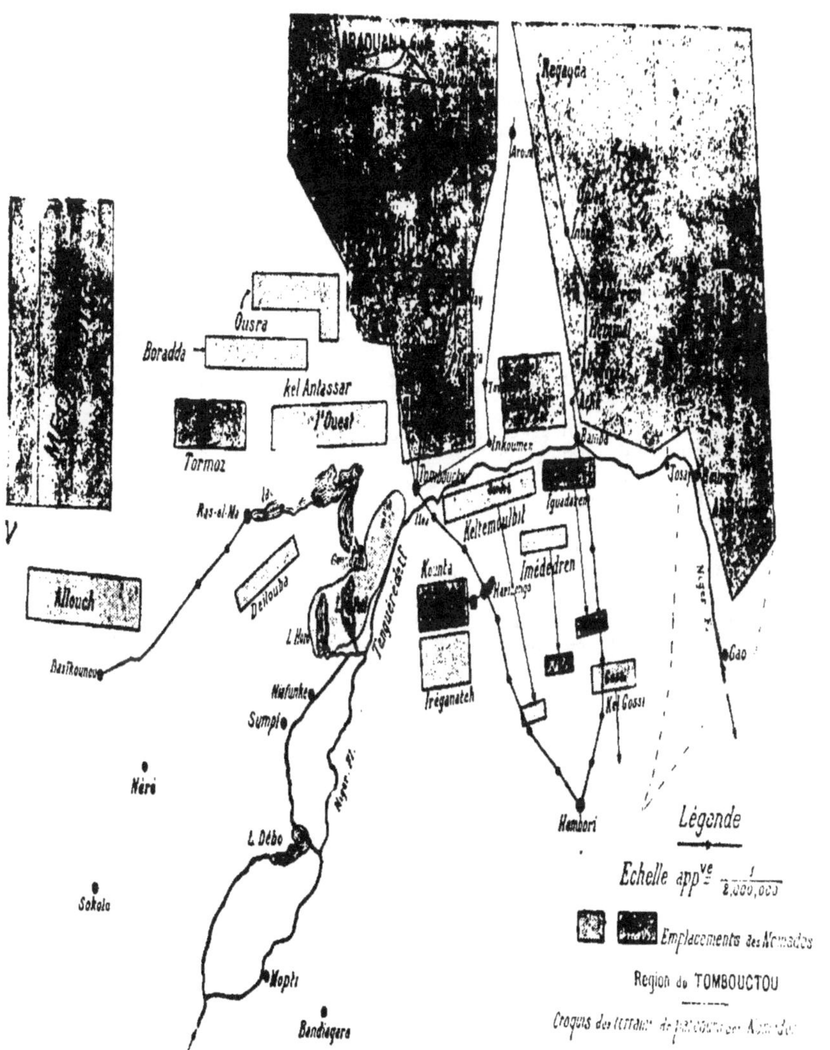
ARAOUAN
Regagda
Ousra
Boradda
kel Antassar
l'Ouest
Tormoz
Ras-el-Ma
Allouch
Deilouba
BassRounou
L Horo
Tanguereabit
Niafunke
Sumpi
Toumbouctou
Inkoumen
Keltemoulbil
Iguadaren
Imédedren
Kounta
Hartengo
Iréganateh
Kel Gossi
Gossi
Gao
Josr
Hero
L Débo
Hombori
Sokolo
Mopti
Bandiagara
Légende
Echelle app^{ve} $\frac{1}{2.000.000}$
Emplacements des Nomades
Région de TOMBOUCTOU
Croquis des terrains de parcours des Nomades

FAC-SIMILÉ DE L'ÉCRITURE D'AROUATA, CHEF D'ARAOUAN.

Salutations d'usage

D'Arouata à son chef, le chef du pays de Takrour, de la mer salée au courant d'eau froide (douce : le Niger), le Colonel, émir juste, pacificateur souverain du pays.

Je suis arrivé dans le Hodh; j'ai vu votre œuvre de pacification si parfaite. J'ai vu aussi le capitaine, qui va bien et s'emploie au rétablissement de la paix.

J'avais envoyé mes gens au puits. Les Oulad Reïlan leur ont pris une chamelle, ainsi que leurs vêtements et couvertures.

J'attends le retour d'Éli [Mahmoud, chef des Mechdouf], qui est en ce moment auprès de vous.

Mon fils (son neveu Mohammed) est tombé malade et a succombé.

Salut.

الحمد لله المستحق والصلاة والسلام على أفضل خلقه

وبعد وبالسلام الذي لا يبلى ولا يفنى والتحية التي لا تنتنا لهي

أحكام العسل مذ أقلوا طيبا والمسك استسقا في

عيونه إلى الأمير وأمير أرض التكرور من البحر المالح

إلى البحر البارد ذاك كلف أمير العادل الذي

صلح أرضه كلها غالبة بالإصلاح موجبه البيدان بلغ

أرض العوض ورعى اصلاحها لها غاية ورعى فنطبى

وعليه يغني غالية وفلاع فيها بإصلاح حظها واعلم أن الورد

ورد اللطفاء واحذوا ورده أبناء فيكم واحذوا له

نزافة وجن دوافقومه اخذوا ملحتين ودراعتها

وسى واليين وانه ينتظر قوم اعلاله يقع عليكم

والسلام عليك وكتبه واحبه   وانا ابن ... نوهي

رحمه الله

Brevet politique et religieux des Kounta.

De Zin Al-Abidin, fils du Commandeur des croyants Sidi Ahmed Al-Bekkaï, à tous les gens de la tribu des Peul Ouwarbé (au sing. Bearo) et autres, qui entendront les présentes.

Sachez que je renouvelle à Al-Hadj ibn Bou Qobba tous les pouvoirs que le Cheikh, mon père, lui a conférés, entièrement et sans aucune restriction. Obéissez-lui, et soyez-lui soumis comme vous l'êtes envers Dieu, envers son Prophète et envers nous-mêmes. Que Dieu vous bénisse les uns et les autres par vos mérites réciproques.

Écrit dans la première décade de Rabi Ier 1293.

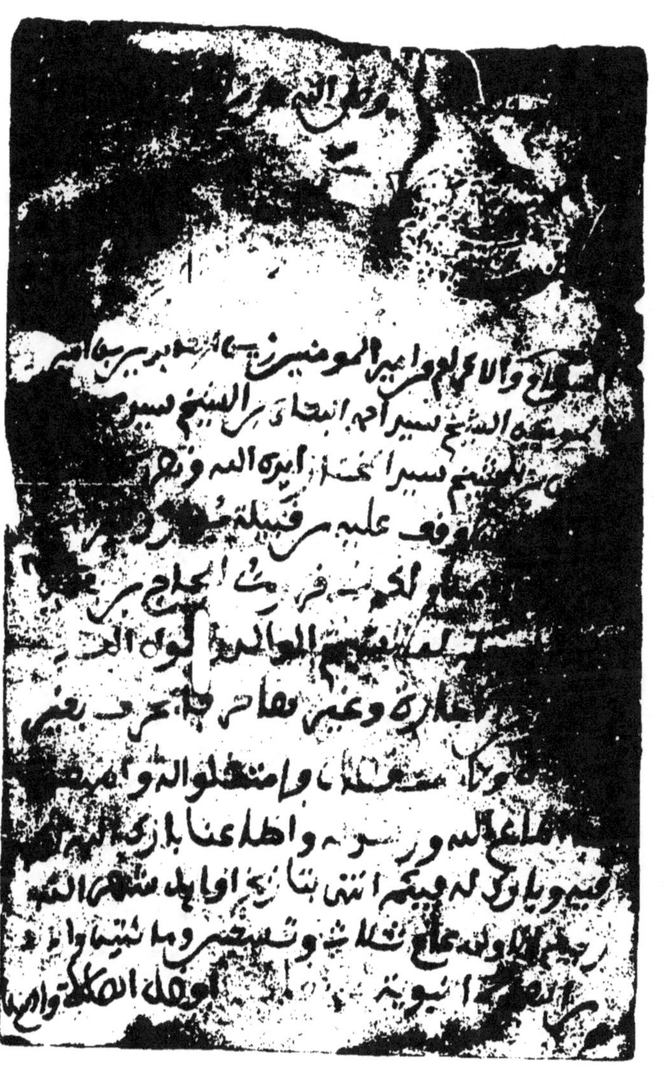

BREVET POÉTIQUE ET RELIGIEUX DES KOUNTA.

Campements de :

Abidin ould Sidi-l-Mokhtar Al-Kounti.

Hammoadi.

Oulad Al-Ouafi.

Missadja.

Ahel Baba Ahmed.

Ahel Bou Asrïa Al-Kabir.

Ahel Cheikh Sidi-l-Bakkaï.

Bakkaï ould Baye.

Ahel Cheikh Sidi Omar.

Ahel Bouaddi ould Abidin.

Bakkaï ould Sidi Lamin.

Hemmal.

Regagda.

Oulad Abd El-Qader (Regagda Cedikia).

Oulad Sidi-l-Mokhtar.

FAC-SIMILÉ D'UNE LETTRE D'AROUATA, CHEIKH D'ARAOUAN.

Louange à Dieu seul! Que son nom soit exalté! Il n'y a de durable que son domaine. Que son salut soit sur le dernier des Prophètes (Mahomet).

De la part d'Arouata ben Sidi Mohamed ben Sidi Ahmed Al-Habib à la seigneurie de M. le Gouverneur, l'homme le plus puissant, le plus glorieux, le plus digne de respect, le plus heureux, le plus influent, le héros dont la prouesse peut effrayer même des lions, commandant tous les peuples de l'Afrique Occidentale Française, blancs et noirs. C'est M. le Gouverneur, possesseur des trois armées victorieuses : l'armée française, l'armée arabe et l'armée noire.

Je viens vous dire par milliers innombrables les salutations qui conviennent à votre haute dignité. Que mon seigneur (Allah) vous donne toujours le bonheur et la chance.

Monsieur le Gouverneur.

J'ai l'honneur de vous faire savoir ce qui suit : C'est un fait absolu que je suis le plus dévoué de vos serviteurs. Il y a sept mois que je suis arrivé ici, à Tombouctou, en attendant que vous y veniez. J'ai été très content et j'ai loué beaucoup mon Dieu quand j'ai entendu annoncer votre arrivée. Toutes nos âmes ont été calmes et joyeuses en apprenant cette bonne nouvelle.

Maintenant voici, Monsieur le Gouverneur, que nous sommes arrivés ici en personne chez vous, espérant que vous pourriez nous trouver un moyen qui nous permettra de rester chez nous, sur notre terre à Araouan. Car il n'y a plus personne aujourd'hui, sauf moi seul. Je n'ai plus aucun voisin à côté de moi, ni un parent, ni un commerçant, ni rien.

Quant à moi, je suis incapable de rester tout seul et par conséquent

من عروة بن بشير محمد بن سيار نعيب الحضرة الخادم الكريم ...

j'ai un grand besoin de votre aide. Car c'est vous, Monsieur le Gouverneur, qui êtes le possesseur en réalité de tous les pays de l'Afrique Occidentale Française. Dans ce cas, c'est à vous seul de faire ce qui vous paraît bon et utile dans cette affaire. Je vous prie par conséquent d'avoir la bonté de m'aider, afin que je puisse rester à Araouan.

Ce pays-ci a besoin d'une bonne organisation et cela est impossible sans votre assistance et votre surveillance. Ses habitants d'ailleurs se sont déménagés. Il y en a qui sont actuellement à Tombouctou, d'autres qui sont partis encore plus loin. Dans le pays d'Araouan, il n'y a plus de commerce. Point de marchand, point d'acheteur, pas de vivres non plus. C'est pour cela que nous ressemblons maintenant à un arbre qui aurait perdu toutes ses feuilles. Et personne ne pourra nous mettre en bon ordre, sauf vous seul.

Je vous prie d'écrire une lettre à ce sujet aux commerçants, qui sont à Tombouctou, pour qu'ils me prêtent souvent des marchandises avec quoi je peux subsister. Avec cet emprunt, non seulement subvenir à mes besoins, mais encore j'en ferai du commerce chez moi, et enfin e rembourserai le tout aux commerçants. De cette façon alors, je pourrai rester toujours chez moi.

Je vous prie encore de nous donner la paix des gens du Sahel qui pillent souvent et sans cesse nos chameaux. Donnez-moi des renseignements précis sur ce sujet, je vous en prie. Vous n'avez qu'à faire ce que je viens de vous dire, selon votre aise et votre très vaste connaissance ; vous jugerez le nécessaire. Vous êtes le sabre et nous sommes de la viande. Les habitants d'Arouan ne peuvent jamais rester chez eux sans une grande paix, avec une protection contre les pillages continuels des gens c Nord. Et tout cela dépend de votre haute autorité. Vous êtes le seul qui pourrez améliorer cet état critique et primitif. Dès que vous signalerez cette chose aux habitants d'Araouan, ils seront prêts certainement à exécuter vos ordres.

En résumé, je viens vous déposer cette plainte, que j'ai citée plus haut, pour vous rendre compte que ma situation laisse à désirer. Je m'incline devant Votre Majesté, Monsieur le Gouverneur, en sollicitant de votre haute bienveillance une bonne assistance pour pouvoir rester dans mon pays et y gagner honnêtement ma vie.

Portez-vous bien ! Que Dieu vous fasse toujours du bien ! Je vous fais savoir que lorsque je suis arrivé ici le Commandant de notre cercle m'a fort bien reçu, que Dieu le récompense pour tout cela ! Le Commandant du Bataillon et le Commandant B... m'ont fait la même réception. Enfin tous ces supérieurs bienveillants m'ont estimé et traité avec douceur et respect. Que Dieu donne le triomphe pour toujours à nos armées glorieuses et victorieuses ! Que Dieu vous protège encore et

vous rende continuellement puissants pour que vous puissiez être toujours les vainqueurs de vos ennemis.

J'ai voulu absolument vous voir, quand j'ai appris que vous vouliez
venir ici, et j'ai attaché une grande importance à notre rencontre.

Puisse Dieu conserver toujours et protéger votre Gouvernement bien-
faisant !

(Traduction locale.)

Dans l'Aïr.

L'étendard de guerre de K...cen.

*Au cours des opérations de police qui suivirent la levée du siège
d'Agadès et nettoyèrent le Nord de l'Aïr des bandes turco-targui-
senoussisies de Kacoen, Maïam Guidi Guidi, marabout du grand chef
targui et de Tegama, sultan révolté d'Agadès, fut fait prisonnier
(août 1917). Il était porteur de l'étendard de guerre de ces deux chefs,
et ce précieux trophée, qu'il brandissait dans les combats, fut pris
avec lui.*

*C'est un carré de cotonnade blanche, de 0 m. 75 de côté environ,
attaché par une ficelle à un long bâton servant de hampe. Il est aujour-
d'hui en dépôt à Dakar.*

*Il porte le texte arabe ci-après, écrit en gros et épais caractères
noirs avec un petit bâtonnet. Les mots « Mohammed » sont seuls
écrits en une teinte rougeâtre, qui paraît être du henné.*

Traduction.

Au nom de Dieu le Clément et Miséricordieux.

Au nom de Dieu. — Dieu est le plus grand. — Que le salut soit
sur le dernier des Prophètes. — Il n'y a de Dieu qu'Allah, Mahomet
est le Prophète de Dieu. Que la bénédiction et le salut l'accompagnent.
Ce drapeau est le soutien de la religion. Il est entre les mains d'Abou
Yazid lo Ouali Abou Yahia. — (Tu vas voir, o Mahomet) « aide de la
part de Dieu est prompte victoire : avertis les croyants » (Coran). Il n'y
a de Dieu qu'Allah, et Mahomet est le Prophète de Dieu ; que la bénédiction et le salut l'accompagnent.

Louange à Dieu ; la vérité s'est fait jour et la religion du Prophète
s'est fortifiée tandis que la religion de l'infidélité est en décroissance.
Soyez avertis, o peuples de l'Islam ; je vous préviens que les peuples
du Mahdi vont paraître.

بسم الله الرحمن الرحيم
بسم الله اكبر وصل الله علي من انذر بعد لا اله الا الله
محمد رسول الله صلى الله عليه وسلم وهد العالم نصر
الدين بحق سيدى ابى يزيد الولواتي يحيى يصر من الله
وفتح قريب وبشر المومنين لا اله الا الله محمد رسول
الله صلى الله عليه وسلم الحمد لله حد جاء الحق وانصر
دين النبي ودين الطاهر سلم بسر كهم امه الاسلام
او صبكم با هد ل الامم امم المهدن بعسكر

AUTOGRAPHE DE HAMMOADI.

Traduction

Au Commandant de Tombouctou.

Vous m'aviez ordonné de réunir un goum de Kounta. Je les ai réunis. Puis votre ordre est venu de les licencier. Je les ai licenciés.

Je suis soumis à vos ordres et défenses. Mais vous saurez aujourd'hui que s'il arrive quelque trouble dans les tribus de notre territoire, vous n'aurez pas à m'adresser de blâme.

J'envoie chercher les gens et les chameaux qui sont aux abords du fleuve.

الحمد لله وحده   وصلى الله على سيدنا محمد وآله وصحبه

من عبد الله جماد بيك الى الاخ الكبير على تبيلكم
وتواصيها بسلام نامع وتحية وايكي ام وانجاز
وافعال وتعجيل واعلام ومكانز وراحكم وم
جبر الدى اعلام ما انى ام ين داجماع قوم
مس كنانز ماجعنها وا انى نى ام ي ينع قها
بعى منها وانه اوافق جنى ام ح ويطنط
وكطحا اهل اليوم ان وبسر العرو وشي يي
ارضنا ولا نلمنى بد الا انه سا يجعنا للنا س
لحوز العزي ابى ابكط طا

والسلام

LETTRE DE BAYE OULD SIDI OMAR A MOUSSA AG AMASTANE.

Traduction.

(Formules d'usage). . . . .
. . . .

Nous sommes sains et saufs comme vous le souhaitez; et nous n'avons éprouvé d'autre gène qu'en raison de l'agitation provoquée à l'Orient et à l'Occident par les sots.

Nous sommes à Dieu, et c'est à lui que nous retournons. Vous me dites que vous êtes fidèles comme dans le passé à ma recommandation. Vous n'avez pas trompé mon attente. Tant que vous persisterez dans cette attitude, vous ne récolterez que le bien, car je ne saurais vous prescrire que ce qui est conforme à votre intérêt et à celui des populations.

Depuis l'an dernier, j'ai vu que vous vous opposiez aux sottises des Hoggar : peut-être les avez-vous vus dans des actes que Dieu réprouve et que les autorités françaises n'auraient point acceptées, si elles avaient connu exactement la situation.

Vous devez préserver les pauvres de l'oppression des sots, car celle-ci est punie par Dieu, tant dans ce monde que dans l'autre.

En ce moment, levez-vous pour guider tous les musulmans et en faire vos fils comme précédemment. Pardonnez ceux que vous avez combattus ou qui vous ont offensés, rapprochez-les de vous et excusez-les auprès des autorités. En vérité, si vous faites cela, tous les gens se rangeront autour de vous comme précédemment on fit et vous récupèrerez tout ce qui est sorti de vos mains. Vous avez à mettre en garde les gens contre toute désobéissance aux ordres de l'autorité. Quiconque contrevient aux instructions de celle-ci gâte sa vie présente et future ; car, « si une guerre est amenée contre les faibles, elle amène la perte de ceux qui l'ont provoquée » comme la chose s'est vérifiée dans le passé et se révèle aux yeux de quiconque examine le présent.

. . . .

Ce qu'elles ont ordonné [les autorités] ne saurait vous être imputé, mais ce qui retombe sur vous c'est que cela ait pu être fait, car je pense que si vous aviez tenu l'autorité au courant de ce qui existait, elle n'aurait pas donné cet ordre.

De même, si vous leur aviez signalé la réalité de la situation des pauvres que les Hoggar et autres ont pillés l'année dernière, les Français n'auraient pas permis qu'ils fussent pillés.

En effet, les pauvres et les humbles qui, fuyant l'oppression, se sont réfugiés auprès de vous, en...ndaient se placer sous votre autorité, celle des Iforas et celle des Français.

Sous la protection de ces derniers, ils ne devaient point (les pauvres) subir le pillage, mais au contraire trouver une sauvegarde par une information préalable de votre part.

Réveillez-vous et sachez que cela a été la cause de l'agitation au Hogar. Faites amende honorable et revenez à vos sens, vous arrangerez ainsi vos affaires. Obéissez aux Français, conseillez-les de toutes vos forces, avisez-les de ce qu'ils ignorent et qui peut améliorer la situation.

Les notables en tout pays savent mieux que quiconque ce qui convient pour le mieux. Lorsqu'ils veulent donner leur avis cela est profitable aux autorités, aux humbles et à tous autres. Mais les excès de ceux qui gravitent autour des grands troublent la tranquillité du pays et des pauvres qui en constituent le peuplement.

Salut.

Écrit à la mi-Choual,
1335 (4 août 1917).

ANNEXE IX

SCHÉMA.

LES ORIGINES LÉGENDAIRES DES KEL ANTESSAR.

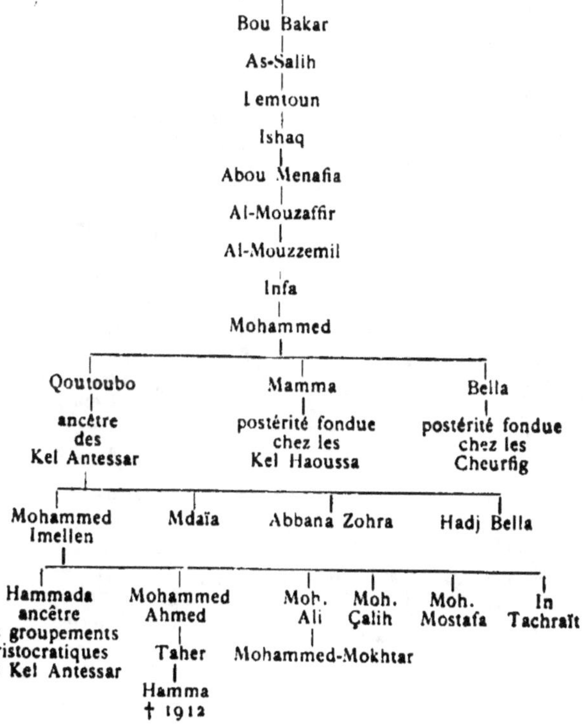
Yaqoub Al-Ansri
Bou Bakar
As-Salih
Lemtoun
Ishaq
Abou Menafia
Al-Mouzaffir
Al-Mouzzemil
Infa
Mohammed
Qoutoubo
ancêtre
des
Kel Antessar
Mamma
postérité fondue
chez les
Kel Haoussa
Bella
postérité fondue
chez les
Cheurfig
Mohammed Imellen
Mdaïa
Abbana Zohra
Hadj Bella
Hammada
ancêtre
des groupements
aristocratiques
des Kel Antessar
Mohammed Ahmed
Taher
Hamma
† 1912
Moh. Ali
Mohammed-Mokhtar
Moh. Çalih
Moh. Mostafa
In Tachraït

GÉNÉALOGIE DES CAMPEMENTS NOBLES KEL ANTESSAR DE L'OUEST.

Hamada ag Mohammed Imellen ag Qoutobo ag Mohammed ag Infa

- Eddi (K. A. de l'Ouest et de Est.)
- At-Tahil — — —
- Bettiti — — —

Doua-Doua :
- Mohammed Ali — Hakouya.
- Hamma Mostafa { Mohammed Çalih / Mohammed Mokhtar } Al-Khader

Houalan — Mohammed Ahmed :
- Çalih
- Taïfour (K. A. de l'Ouest)
- Mohammed Ouati (Ouest et Est)
- Chekhoutou —
- Oumelha (Ouest)
- N'Gouna { Mohammed N'Gouna / Hammata }
- All Ouda { Ouanta / Iouek }
- Mohammed Mokhtar
- Oubba { Ai Osali / Sakhi }
- Abou Hakarin { Illaïaye / Mohammed Çalih / Houifa / Dazza }
- Touneï { Allad

In Rallala — Ousman ag Rallala

Habda :
- Ahmed Mamma
- Mohammed { Al-Mahdi { Mohammed At-Taher / Mohammed Ali / Ahmad }
- Hamed
- Mettahil
- Ez-Zeki
- Banza

Saï (Kel Antessar de l'Ouest et de l'Est.)

Mohammed Mokhtar — —

GÉNÉALOGIE DES CAMPEMENTS NOBLES DES KEL ANTESSAR DE L'EST.

Hadj Bella ag Goutoubo ag Mohammed ag Inta
|
Ousman
|
Hellaye
|

Mohammed	Brahim † 1906 sans enfants	Saddiq	Al-Qasim	Une douzaine d'autres fils
		Ahmed Tal	Moh. Ali	Postérité chez les Kel Antessar de l'Est.

TABLEAU GÉNÉALOGIQUE DES KEL HAOUSSA.

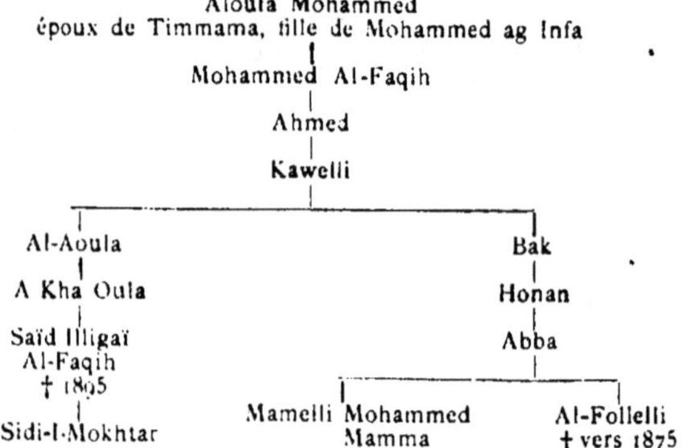

TABLEAU GÉNÉALOGIQUE DES CHEFS CHEURFIS.

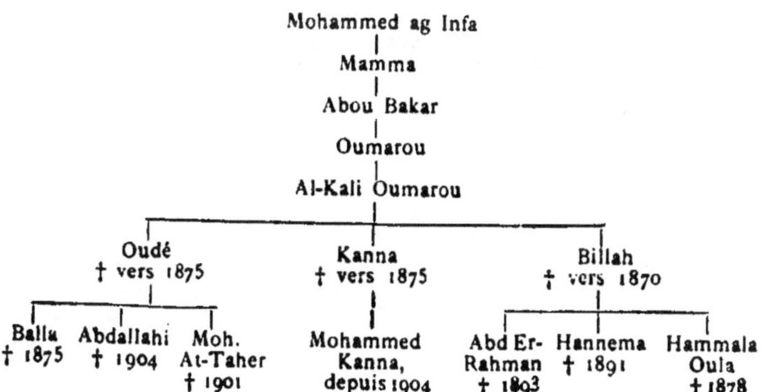

ANNEXE XIV

TABLEAU GÉNÉALOGIQUE D'UN NOTABLE CHEURFIG.

Abdallah ben Mohammed ben Hamlali ben Haoula ben Othman ben Mohammed Allamin ben Ahmed ben Ali ben Abida ben Arifou ben Abd Er-Rahman ben Amis ben Atadat ben Abou Naber ben Tounanber ben Tarerib ben Diar ben Dris ben Hassan ben Ali.

ANNEXE XV

BIBLIOGRAPHIE.

Kounta de l'Est.

*Archives du cercle et de la région de Tombouctou, des cercles de
Bamba, Gao et Hombori.*

ARNAUD (Robert), *l'Islam et la politique musulmane française en
Afrique Occidentale.*

ARNAUD (Capitaine), *Nos Confins sahariens.*

BARTH, *Voyages et découvertes dans l'Afrique Septentrionale et
Centrale* (4 volumes seulement de la traduction ITHIER).

BEN HAZERA (Maurice), *Six mois chez les Touareg du Ahaggar.*

BONNEL DE MÉZIÈRES, *le Major A. Gordon Laing.*

CAILLIÉ (René), *Journal.*

CARON, *De Saint-Louis au port de Tombouctou.*

CHEIKH MOHAMMED OULD SIDI-L-MOKHTAR AL-KABIR, *Kitab ot-Taraïf
oua at-Talaïd.*

CORTIER (Lieutenant), *D'une rive à l'autre du Sahara.*

DELAFOSSE, *Haut-Sénégal et Niger.*

DEPONT et COPPOLANI, *les Confréries religieuses musulmanes.*

DUBOIS (Félix), *Tombouctou la Mystérieuse.*

GAUTIER (E.-F.), *A travers le Sahara français* in la *Géographie,*
t. XV, année 1907.

LE CHATELIER (A.), *l'Islam dans l'Afrique Occidentale.*

LENZ (Oscar), *Tombouctou.*

MARCHAND, *la Religion musulmane au Soudan français* (1897).

MARTIN (A.-G.-P.), *les Oasis sahariennes.*

MOHAMMED KATI, *Tarikh el-Fettach.* Texte arabe et traduction française par O. HOUDAS et DELAFOSSE.

RINN, *Marabout et Khouan.*

Tarikh Kounta. Auteur inconnu, mais paraissant être Abd Allah-
ibn Sid Mohammed, des Ida Ou Al-Hadj. Cet opuscule a été traduit
avec une exactitude aussi parfaite qu'élégante dans la *Revue du Monde
Musulman* (1912) par M. Ismaël Hamet. J'ai souvent emprunté sa
traduction.

Renseignements fournis par plusieurs personnalités Kounta, Berabich et Kel Antessar et par MM. les Administrateurs De la Roncière,
Carbou, Chatelain, Roserot de Melun et Fleury, par M. le docteur Richer et par le capitaine-interprète Longobardi.

Berabich.

Archives du cercle et de la région de Tombouctou.
Barth, *Voyages* (la Traduction Ithier est incomplète).
Ben Hazera, *Six mois chez les Touareg Hoggar.*
Bonnel de Mézières, *le Major A. Gordon Laing.*
Caillié (René), *Journal.*
Delafosse (Maurice), *Haut Sénégal et Niger.*
Hacquard (Mgr A.), *Monographie de Tombouctou.*
Kitab at-Taraïf ou-at-Talaïd.
Le Chatelier, *l'Islam en Afrique Occidentale.*
Lenz (Dr.), *Tombouctou.*
Léon l'Africain, *Description de l'Afrique, tierce partie du monde.*
Édition Ch. Schefer.
Marmol, *l'Afrique.*
Revue du Monde Musulman, passim.
Tarikh des Berabich.
Tarikh général des Hassanes.
Les *Tarikh* soudanais, traductions Houdas, Delafosse, et Paul
Marty.

Renseignements fournis par MM. les administrateurs Robert Arnaud,
Bonamy et Roserot de Melun et par le docteur Richer.

Iguellad.

Archives du cercle de Goundam et de l'ex-annexe de Ras el-Ma.
Barth, *Voyages et Découvertes.*
Caron, *De Saint-Louis à Tombouctou.*
Delafosse, *Haut-Sénégal-Niger.*

Salvy (Lieutenant), *la Région de Ras el Ma,* in *la Géographie*
du 15 décembre 1910.

Renseignements fournis, surtout par Monsieur l'Administrateur de
Loppinot qui voudra bien trouver ici mes cordiaux et empressés
remerciements, et par diverses personnalités Kel Antessar. notamment
At-Taher, chef de la tribu de l'Ouest, Ahmed Tal et Al-Khader, chefs
de la tribu de l'Est, et Mohammed Gouna ; par Sidi Mokhtar, fils
d'Illigaï Oula, chef des Kel Haoussa, par Mohammed Mao, des
Cheurfig.

TABLE DES MATIÈRES

Le Gérant : PARDOUX.

4771. — Tours, Imprimerie E. Arrault et Cie.